交通运输行业物联网与云计算技术

蒋新华　邹复民　朱铨　徐翔　编著

中国铁道出版社

2014年·北京

内 容 简 介

交通运输行业作为物联网与云计算技术的典型行业应用，具有良好的示范效应和产业推广前景。本书共10章，主要内容包括：物联网技术基础，交通物联网系统结构，交通物联网主要关键技术，典型交通物联网系统及其应用案例，云计算技术基础，典型云计算系统及其应用案例，交通运输云计算平台结构，交通运输云计算平台主要关键技术，交通物联网发展思路探讨。

本书可供计算机、交通运输工程等相关专业的本科生与研究生，以及物联网与云计算技术等相关的工程技术人员学习和参考。

图书在版编目(CIP)数据

交通运输行业物联网与云计算技术/蒋新华等编著．
—北京：中国铁道出版社，2013.12
ISBN 978-7-113-17005-9

Ⅰ.①交… Ⅱ.①蒋… Ⅲ.①互联网络—应用—交通运输业②智能技术—应用—交通运输业③计算机网络—应用—交通运输业 Ⅳ.①U495-39

中国版本图书馆CIP数据核字(2014)第000151号

书　　名：交通运输行业物联网与云计算技术
作　　者：蒋新华　邹复民　朱铨　徐翔　编著

责任编辑：崔忠文　亢嘉豪　**编辑部电话：**（市）010-51873146　**电子邮箱：**dianwu@vip.sina.com
封面设计：郑春鹏
责任校对：马　丽
责任印制：陆　宁

出版发行：中国铁道出版社（100054，北京市西城区右安门西街8号）
网　　址：http://www.tdpress.com
印　　刷：北京大兴新魏印刷厂
版　　次：2014年1月第1版　2014年1月第1次印刷
开　　本：787mm×1 092mm　1/16　**印张：**10.25　**字数：**259千
书　　号：ISBN 978-7-113-17005-9
定　　价：26.00元

前　言

物联网与云计算技术是21世纪初两项重要的技术革命，引起全世界的瞩目。数据服务无疑是物联网与云计算技术发展的最终目标，其实质是一个由数据采集、数据传输、数据处理和数据服务构成的有机整体。其中，物联网的重点是实现"物一物互联"，其本质是建立一种"智慧服务"的数据服务模式，即每个"物"往往不仅是数据采集的来源，同时也是数据服务的对象，通过利用数据传输和数据处理等技术，实现对"物"自主的、自动的、智能的数据采集和服务。云计算的重点是实现"IT资源的按需服务"，不仅包括硬件资源和软件资源的按需服务，最重要的是实现数据资源的按需服务。因此，云计算必须依赖于物联网技术为其提供海量的数据资源和"物一物互联"的网络，而物联网必须依赖于云计算技术为其提供"智慧服务"的处理能力，这是两项互为依存的信息技术，在具体的科学研究与工程项目建设中需要进行整体性、全局性的规划设计与研究分析。

交通运输行业作为物联网与云计算技术的典型应用环境，具有良好的示范效应和产业推广前景，同时也必将进一步促进交通信息化的发展水平。编者尝试编著一本物联网与云计算技术在交通运输行业应用的综合性教材，以期引导研究人员和学生在已有技术的基础上进一步深入研究。

本书由蒋新华、邹复民、朱铨、徐翔编著，详细阐述了物联网与云计算技术的体系架构、关键技术及应用案例等，针对交通物联网、交通运输云计算平台的系统架构、技术体系等进行讲解。全书共10章，第1～5章主要讲述物联网及交通物联网相关内容，第6～9章主要讲述云计算技术及交通运输云计算平台相关内容，第10章针对交通物联网的发展思路进行初步探讨。

本书可供计算机、交通运输工程等相关专业的本科生与研究生，以及物联网与云计算技术等相关的工程技术人员学习和参考。

在本书编写过程中，得到了福建省交通运输厅、福建省汽车工业集团、福建省汽车运输有限公司，以及福建电信、福建移动、VMWare、IBM、华为、ESRI等公司的大力支持与配合，同时赖宏图、廖律超、方卫东等老师以及研究生胡惠淳、陈宇等人付出了辛勤劳动。本书的研究工作是在国家自然科学基金委员会资助项目(批准号:61101139),福建省重大专项专题项目(No. 2011HZ0002-1),福建省杰出青年基金项目(No. 2012J06015)资助下完成的,在此一并表示衷心的感谢。

目前,我国的物联网与云计算平台建设及其应用推广正如火如荼,若本书能为这些系统建设提供一点有价值的参考建议,这将是我们莫大的荣幸!

由于编者水平所限,书中肯定会存在错误和不足之处,恳请读者批评指正。

编 者

2013年11月于福州

目　　录

第1章 概 述

1.1 交通运输业概述

交通运输是指利用公共交通网络、设施和交通运输工具，在一定的管理体制下，使人和物产生有目的的空间位移的过程。交通运输是一个涉及人、车(船)、路、货、环境等多元交通要素的综合体系，是经济发展的基础设施和重要纽带。

现代化的交通运输方式主要有铁路运输、公路运输、水路运输、航空运输和管道运输，现代交通运输正朝着高速化、大型化、专业化、网络化和智能化方向发展。

1.1.1 交通运输业的性质及特点

一般来说，可以从三个角度来分析交通运输业的性质和特点。

(1)从马克思主义政治经济学角度来说，交通运输业属于物质生产部门。生产资料的运输与半成品、产品在各个部门之间的流通都需要交通运输来支撑，交通运输参与了价值的创造。但是运输业不产生新的产品，它只改变对象的空间位置。交通运输业产品是运输对象的空间位移，以旅客人每千米和货物吨每千米计量。改变空间位置的过程中需要消耗能源，所以交通运输行业力求将损耗降到最低，避免一切不合理的运输。交通运输对自然条件的依赖性较大，其中航空运输、水路运输、公路运输、铁路运输都受一定的自然条件影响。

(2)交通运输业具有服务性质，所以属于第三产业。运输活动创造价值，满足人们的需求并增加了社会财富，直接为国民经济建设提供积累。同时，由于这种服务特性导致需求方对运输企业的个性化要求。交通运输业还具有网络经济型的特点，即随着交通运输总产出的扩大引起平均运输成本下降。在当前发展形势下，物流服务成为交通运输业转行的基本趋势。

(3)交通运输业具有统一的服务职能、服务的公共性等基础设施具有的特点，因此也是基础设施。交通运输业具有资本密集型特点，交通路线的设计与建设和交通设备成本使得资本的有机构成比一般产业要高。交通运输业的发展会带动区域经济的发展，同时也会引起环境污染、气候变化等负面影响，带来交通运输的外部成本。但是交通运输经营企业并不承担前者产生的效益和后者的成本，这使交通运输业具有外部特征。

1.1.2 交通运输业发展现状

1. 交通基础设施现状

改革开放以来，我国的交通运输业不断发展，市场化程度不断提高，各种交通运输方式竞相发展，基本上形成了普通公路为基础，以铁路、国家高速公路为骨干，与水路、民航和管道共同组成的覆盖全国的综合运输体系，为交通信息化建设提供了良好的基础条件。

《"十二五"综合交通运输体系规划》中指出，在"十一五"期间，交通运输业在基础设施建设方面取得了显著的成绩。由铁路、公路、水路、民航和管道组成的"五纵五横"综合交通运输网络建设进程加快；铁路客运专线、区际干线及西部铁路大规模开工建设；"五纵七横"国道主干线、西部开发八条公路干线建成通车，农村公路通达和通畅水平显著提升；一批专业化煤炭、原油、铁矿石、集装箱码头投入运营；以长江、珠江等水系和京杭运河为主体的内河水运格局基本形成；枢纽和干、支线机场建设有序推进；跨区域油气骨干管网初具规模；北京、上海等特大城市轨道交通初步成网；综合交通枢纽起步建设[1]。

铁路方面：2011 年年底，中国铁路运营里程已达 9.3 万 km，路网密度 97.1 km/万平方公里，其中复线里程 3.9 万 km，电气化里程 4.6 万 km，复线率、电气化率分别提高到 42.4%和 49.4%。按照国家"十二五"综合交通运输体系规划，2012 年我国新增通车里程 6 366 km，其中高速铁路达到 3 500 km。

公路方面：2011 年底，全国公路总里程达 410.64 万 km，其中高速公路 8.49 万 km，全国公路密度为 42.77km/百平方公里。全国拥有公路营运汽车 1 263.75 万辆，拥有载货汽车 1 179.41万辆、7 261.20 万吨位，拥有载客汽车 84.34 万辆、2 086.66 万客位。到"十二五"末，全国 20 万以上人口的城市中高速公路通车率将达到 90%；农村公路通车里程将达 390 万 km，具备条件的行政村都将通公路；全国所有乡镇都将实现客运班车的通车。

水路方面：2011 年底，全国内河航道通航里程达 12.46 万 km。等级航道 6.26 万 km，占总里程的 50.3%。其中，三级及以上航道 9 460 km，五级及以上航道 2.60 万 km，分别占总里程的 7.6%和 20.8%。全国拥有水上运输船舶 17.92 万艘，净载重量 21 264.32 万吨；载客量 100.84 万客位；集装箱箱位 147.52 万 TEU（国际计量单位：长度为 20 英尺的集装箱）。全国港口拥有生产用码头泊位 31 968 个。其中，沿海港口生产用码头泊位 5 532 个；内河港口生产用码头泊位 26 436 个。全国港口拥有万吨级及以上泊位 1 762 个。其中，沿海港口万吨级及以上泊位 1 422 个；内河港口万吨级及以上泊位 340 个。全国万吨级及以上泊位中，专业化泊位 942 个，通用散货泊位 338 个，通用件杂货泊位 322 个。

2. 交通信息化现状

近年来，我国加快了信息化建设步伐，相继颁发了《公路、水路交通信息化"十一五"发展规划》、《公路、水路交通信息化工作指导意见》、《交通（公路水路）信息化建设指南》、《中国交通电子政务建设总体方案》、《公路水路交通运输信息化"十二五"发展规划》等，这些文件在推动交通信息化的进程中发挥了重要作用。"十一五"以来，交通运输行业全面推进信息化建设，切实加强部省联动、共建共享，以示范、试点工程建设为依托，不断提高信息资源开发利用水平。

截至 2011 年，我国公路水路交通政务内网、政务外网、行业专网的架构基本形成，行业专网联通了交通部与 41 个省厅级单位、90 多个大中型港口以及 190 多个政务信息报送单位。交通数据中心建设初见成效，初步构建了部省两级交通数据中心框架，形成了一批行业基础数据库，数据服务能力得到有效提升。信息化标准体系不断完善，制订了交通信息化标准建设方案，颁布了交通基础数据元集、信息资源目录体系总体框架等一系列标准规范和指南。

全国已有 28 个省（区、市）实现了部省联网，初步建立了全国道路运输经营业户、从业人员和营运车辆基础数据库，为实现全国范围道路运输信息共享和业务协同奠定了基础。全国 27 个省（区、市）开发应用了省级统一的道路运政管理系统，并由原有单一许可办证功能向运政协同管理延伸；全国 IC 卡道路运输电子证件的应用试点工作逐步开展；道路运输移动稽查系统在部分地区得到应用，有效提高了执法效率。

截至 2011 年，我国 20 个省（区、市）实现了高速公路联网监控，路网监控与信息采集设备布设逐步加密，部分高速公路重要路段实现了全程监控。国省干线交通量调查系统建设进一步加快，已建成连续式交通量观测站 1 428 个，间歇式交通量观测站 22 778 个，数据采集自动化程度逐年提高。

全国28个省(区、市)实现了高速公路联网收费,已开通电子不停车收费系统(ETC)的车道数约为1 300个,平均覆盖率(设置ETC车道收费站数量占高速公路收费站点总数量的比例)约为15%,全国ETC用户数量突破50万,提高了车辆在收费站的通过效率,降低了油耗,有效缓解了收费口交通拥堵。全国初步建设了52个重点水域船舶交通管理系统,实现了所辖水域内船舶的跟踪监控;结合卫星定位系统开发的船闸过坝管理系统,实现了船舶合理编队,提高了船闸通过能力。

交通出行信息服务系统建设已全面启动,交通运输部网站提供了全国路况快讯、公路气象预报、航道通告、海事气象等信息服务。在全国23个省(区、市)组织实施了交通信息化示范工程和推广工程,推动了各省级交通出行信息服务系统的建设。

我国部分地区已建设了公共物流信息平台,在提高物流效率、降低运输成本、提升服务质量方面进行了有益探索。

依托上海世博会入沪营运车辆联网联控专项工程,重点营运车辆动态监管的试点地区已经扩大到30个省(区、市),车辆范围由长途客运、危险品运输车辆逐步向旅游包车、重型载货汽车、半挂牵引车等重点营运车辆延伸,初步建立了全国重点营运车辆动态信息交换平台。

如今,加快推进交通运输信息化建设,以信息化带动交通运输现代化,是事关交通运输发展全局的重大紧迫任务。我国将充分利用物联网技术来推进交通信息化建设。目前交通运输业存在的不足主要是交通信息化整体水平不高,还不能适应现代交通运输业发展的需要。

交通信息化的不足主要表现在:

(1)交通信息化发展尚未覆盖交通运输现代化建设全局,信息化与业务管理和服务的融合不足,信息资源开发利用程度不高,信息资源共享水平较低,动态信息采集能力相对薄弱,尚未在规范业务、流程再造等方面实现深化应用,对行业发展的贡献程度有待提升。

(2)交通信息化的整体效益和规模效益尚未得到充分发挥,部省、地区、部门间信息化发展水平不平衡,缺乏行业综合性、区域性带动项目,发展合力有待加强。

(3)交通信息化发展环境建设相对滞后,法规、机制、资金、人才等制约信息化发展的瓶颈仍未得到有效缓解。

(4)交通信息化发展中政府引导与市场驱动结合不足,电子商务与物流信息化集成发展程度不高,行业资源和社会公共资源的整合兼容不足,信息服务领域产业化发展仍然任重道远[2]。

1.2 智能交通系统的发展现状与趋势

新兴信息技术的快速发展给交通信息化的发展提供了良好的机遇,智能交通给交通信息化提供了具体的解决方案。

世界各国对智能交通系统(ITS)还没有一个统一的定义。在我国,智能交通系统一般定义为:将先进的信息技术、通信技术、传感技术、控制技术以及计算机处理技术等技术综合运用于整个交通运输管理体系,通过对交通信息数据的实时采集、传输和处理,而建立起的一种在交通运输业大范围内发挥作用的,准确、实时、高效、便捷、安全、环保的综合运输管理系统。

智能交通系统是现代交通的发展方向,旨在解决交通拥堵及安全问题,提高交通效率,改善交通系统对自然环境的影响,降低能耗,使交通运输服务和管理智能化,打造低碳、绿色、安全、人性化、智能化无处不在的交通。

美国、日本、欧盟在智能交通系统方面投入了大量力量进行研究、开发和应用,在智能交通的发展上处于世界领先地位。我国对智能交通系统的研究应用起步相对较晚,目前我国大力重视智能交通系统的研发以促进其发展。

1.2.1 欧洲智能交通系统的发展现状

20 世纪 80 年代中期，欧洲的英国、法国和德国等国家开始积极的研究智能交通系统。1987 年，欧洲正式开始了为期七年的 PROMETHEUS 项目（Programme for European Traffic with Highest Efficiency and Unprecedented Safety，欧洲高效安全交通计划）。

1988 年，欧洲多个国家联合开始了 DRIVE（Dedicated Road Infrastructure for Vehicle Safety in Europe，车辆安全专用公路基础设施）计划，旨在完善道路设施，提高交通服务质量和安全性，降低道路环境对机动车辆的影响。

1988—1991 年进行的 DRIVE-Ⅰ计划，以基础研究和标准化工作为主。

1991 年，欧盟成立了欧洲智能交通协会（ERTICO）。欧洲智能交通协会以一个中立平台的身份把行业内的企业、政府、组织等联系起来，开展各项合作，共同促进欧洲智能交通行业的不断发展。ERTICO 的使命是在全面合作和广泛活动的基础上，促进和支持 ITS 在整个欧洲的应用，共同创建一个成功的欧洲 ITS 大市场。

1992—1994 年进行的 DRIVE-Ⅱ计划，研究集中在七个方面：需求管理、交通和出行信息、城市综合交通管理、城市间综合交通管理、辅助驾驶、货运和车队管理、公共交通管理。

1994—1998 年进行的 DRIVE-Ⅲ计划围绕道路、航空、铁路、水上运输及复合运输方式进行研究，力求在全欧范围内建立专门的交通（以道路交通为主）无线数据通信网。

1995 年，欧洲机动性运输计划 PROMTE 开始实施，ITS 发展重心转移到交通管理系统与安全系统，参与者不仅包括汽车制造商，还包括电子公司和公路管理人员。

2003 年 9 月 eSafety 列入欧盟计划[3]。旨在充分利用先进的信息与通信技术（ICT），加快安全系统的研发与集成应用，为道路交通提供全面的安全解决方案。除自主式的车载安全装置外，还需考虑车一路协调合作方式，即通过车一车以及车一路通信技术获取道路环境信息，从而更有效地评估潜在危险、优化车载安全系统。欧盟在其第 6 框架计划（FP6）中，准备启动 77 项与 eSafety 相关的研究开发项目。eSafety 重点研究安全问题，更加重视体系框架和标准、交通通信标准化、综合运输协同等技术的研究，并推动综合交通运输系统与安全技术的实用化。以下介绍 eSafety 项目的重点子项目：

I-way 项目（Intelligent Cooperative System in Cars for Road）：通过提供实时的、周围车辆和路旁设备的信息，来增强驾驶员的感知能力和对危险状况的反应能力。

Car2car 项目：推动车与车、车与路通信技术及其接口的标准化，推进车与车通信技术市场化。

PreVENT 项目：利用先进的信息、通信和定位技术，开发自主式和协调式主动安全系统，降低事故发生率和减小事故严重性。

2004 年欧洲进行了 ITS 整体体系框架的研究（FRAME 计划），将各国的体系框架统一，在统一的体系框架下，实现 ITS 开发国家之间、城市部门之间的协同开发，形成技术标准，为用户提供全方位、无缝的交通信息服务。

欧洲于 2006 年提出了合作性车路基础设施一体化系统（CVIS，Cooperative Vehicle Infrastructure System），主要目的是设计、开发和测试实现车辆之间通信以及车辆与附近的路边基础设施之间通信所需的技术，旨在提高旅客和货物的移动性以及道路交通运输系统的效率。

2006 年 1 月开始的 SAFESPOT 综合项目，旨在通过研发“安全距离助手”来避免交通事故。“安全距离助手”通过提前检测车辆旁的潜在信息、扩展司机在时间和空间上对周围环境的感知能力来提高道路交通的安全性，是一个基于车与车（V2V）和车与基础设施（V2I）通信的智能协作系统。

2006年2月，欧洲开始智能道路安全协作系统（COOPERS）的研发，该项目持续54个月，总预算超过1 680万欧元。COOPERS通过不间断的双向无线通信实现车辆与高速公路道路基础设施之间的连接，从而提高交通的安全性[4]。

2007年欧洲开始了EasyWay计划整合交通道路系统。EasyWay将持续7年时间，到2013年结束，旨在促进欧洲智能交通系统及其服务领域的和谐发展，服务包括旅行者信息服务、交通管理服务、货运和物流服务等。EasyWay提出新的综合性框架来改善交通拥堵，减少事故和对环境的影响。通过改善现有的基础设施和系统，填补网络覆盖缺口和确保走廊服务的连续性来提高服务水平[5]。

目前欧洲主要利用合作性车路基础设施一体化系统（CVIS）、智能道路安全协作系统（COOPERS）、SAFESPOT以及其他无线通信系统来实现车与道路基础设施以及车与车之间的通信，利用现有的先进ITS服务提高交通效率和安全性。

欧洲ITS研究的特点是：

(1)在广泛的ITS交通领域都进行研究与开发；

(2)EC发起组织的ITS研究着重技术的部署与评价，具有高度的研究连贯性，但是与实际的应用部署存在差距；

(3)欧洲在公路上广泛部署了车辆专用电台，可以向用户提供声音或编码信息（有多种语言广播，可接受事实交通状况报告）；

(4)将公共交通视为重要的研究内容，公交就先和公交乘客信息系统已投入使用。

(5)无论哪个国家或企业提出的交通信息系统方案，都可以在环境不同的12个国家分别进行现场试验[6]。

欧洲智能交通系统方面的发展特点及趋势如图1-1所示。

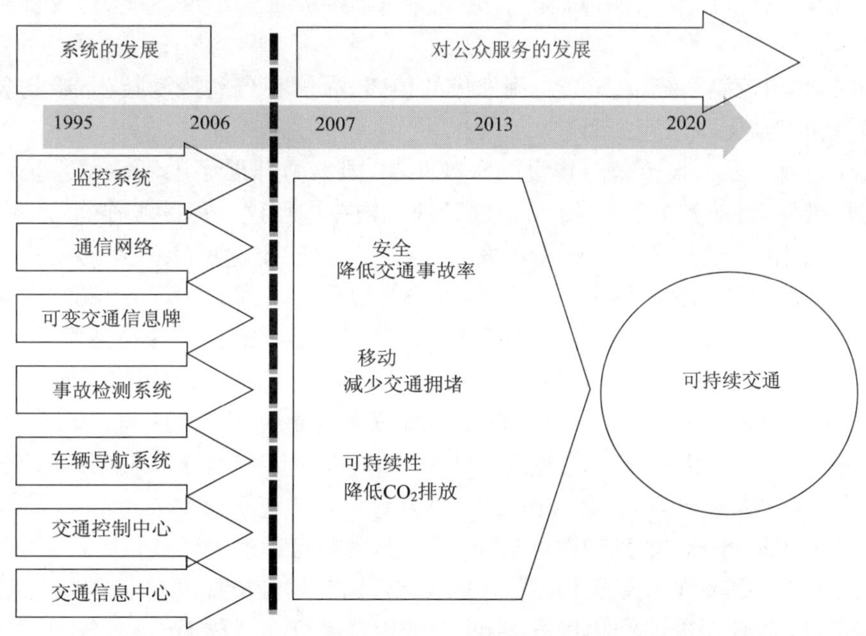

图1-1 欧洲智能交通系统及服务的发展

1.2.2 美国智能交通系统的发展现状

美国在 20 世纪 60 年代末期进行的电子路径诱导系统(ERGS,Electronic Route Guidance system)研究通常被认为是智能交通系统(ITS,Intelligent Transportation System)的萌芽,其目的是利用计算机和通信技术,帮助驾驶员找到一条从出发地到目的地的最优路线[7]。

1990 年 8 月,美国成立了智能化车辆道路系统(即 IVHS)组织,并于 1994 年更名为 ITS,该组织主要任务之一是向运输部提供有关 IVHS 计划的需求、目标、目的、计划及进展等。

1991 年美国制定了 ISTEA(综合地面运输效率方案),旨在提高整个交通路网的效率。1995 年 3 月,美国运输部首次正式出版了"国家智能交通系统项目规划",明确规定了智能交通系统的 7 大领域和 29 个用户服务功能,智能交通系统的 7 大领域即:

(1)交通管理系统(ATMS):包括城市道路信号控制、高速公路交通监控、交通事故处理等公路交通管理的各种功能,以及用来研究和评价交通控制系统运行功能与效果的三维交通模拟系统。

(2)出行信息服务系统(ATIS):向用户提供有关出行信息,改善交通需求管理,将该系统与出行和交通管理系统结合起来,驾驶员就可以通过车载或处所计算机和无线通信获得各种信息(道路条件、交通状况、服务设施位置和导游信息等),合理选择出行时间和路线。

(3)公共交通运营系统(APTS):用以提高公共交通的可靠性、安全性及生产效率。

(4)商用车辆运营系统:在州际运输管理中自动询问和接受各种交通信息,进行商用车辆的合理调度。

(5)电子收费系统(ETC):通过电子卡或电子标签由计算机自动收费,可使所有地面交通收费包括道路通行费、运输费和停车费等实现自动化,以减少用现金收费所产生的延误,提高道路的通行能力和运行效率,并可为系统管理提供准确的交通数据。

(6)应急管理系统(EMS):用以提高对突发交通事件的报告和反应能力,改善应急反应的资源配置。

(7)先进的车辆控制系统(AVCS):用先进的传感、通信和自动控制技术,给驾驶员提供各种形式的避撞和安全保障措施。

为了调动企业和私人投资公路建设的积极性,美国大力开展了电子收费系统和不停车收费系统的实验研究,目前美国已有 12 个运输管理机构在进行这方面的工作。

1998 年,美国国会通过了 TEA-21 法案,加大了对智能交通系统研发的投资。为了提高交通效率和安全性,美国联邦公路局、美国国家公路协会(AASHTO,The American Association of State Highway and Transportation Officials)、各州运输部、汽车工业联盟、ITS American 等组成的特殊联合机构提出了车路协同系统(VII,Vehicle Infrastructure Integration),VII 以道路设施为基础,通过信息与通信技术实现汽车与道路设施的集成,于 2005 年推出可以实施的产品。各州采用统一的实施模式,采用 Probe Vehicle(试验车)获取实时交通数据信息,支持动态的路径规划与诱导,提高安全和效率。VII 计划主要包括智能车辆先导(IVI)计划、车辆安全通信(VSC)计划、增强型数字地图(EDMap)计划等,并且通过美国通信委员会(FCC)为车路通信专门分配了 5.9 GHz 的专用短程通信(DSRC)频段,为驾驶员提供安全辅助控制。

图 1-2 显示了 VII 系统的结构概况,系统需采用高度分布式体系结构,灰色框中的元素是外围元素,它们使用体系或为体系提供服务。车辆的车载单元(OBE,On-Board Equipment)

采集数据通过 DSRC 方式与路边设备(RSE,Road Side Equipment)通信,RSE 将数据转发到 VII 信息交换处(VII Message Switch),这些数据用来支持 VII 网络应用程序,其中只有一小部分车辆传感器的数据被发送到 RSUs(路边单元)以支持 VII 应用程序。VII 信息交换处对数据作少量的处理后将数据发送给订阅了该数据的网络用户,该系统具备了交通物联网的雏形。因此,该架构可以被描述为一个网络中心,它的主要功能是在用户和数据源之间建立一个干预最小的连接。其流向可以简化成图 1-3 所示。

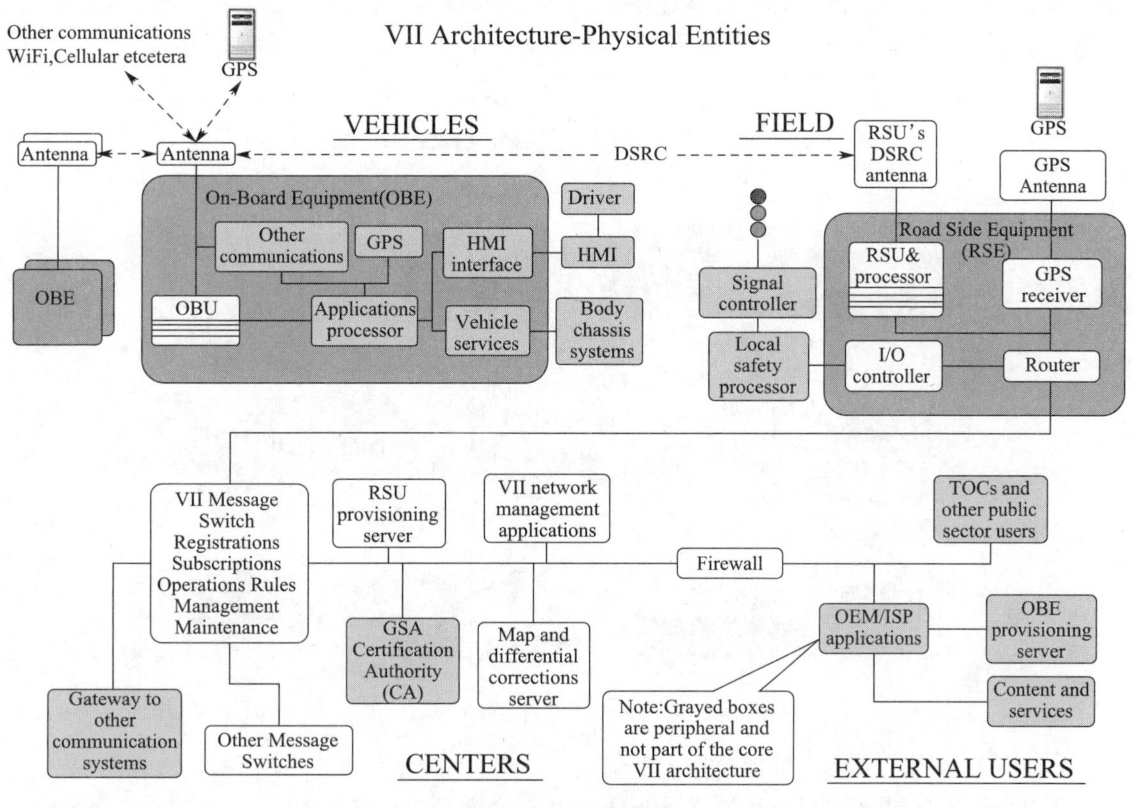

图 1-2　VII 结构概况

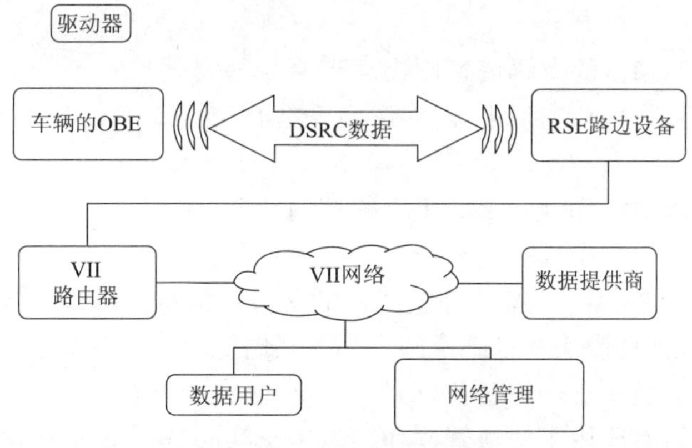

图 1-3　简化架构数据流

2009 年美国交通部(USDOT,The United States Department of Transportation)将 VII 更名为 IntelliDrive℠,更加强调了交通安全的重要性。IntelliDrive℠项目特点包括:

(1)安全:通过使用车一车、车一路无线通信技术,感知车辆周围 360°范围内的危险。

(2)交通机动性:使用多种信息技术,向出行者和运输管理者提供多种实时交通信息。

(3)环境:通过提供实时交通拥堵和其他信息,辅助出行者选择合适路线,减少环境污染。

IntelliDrive℠为美国道路交通提供了更好的安全性能和驾驶效率,它通过开发和集成各种车载、路侧设备以及通信技术,使得驾驶者在驾驶中能够做出更好、更安全的决策,系统如图 1-4所示。当驾驶员没有做出及时反应时,车辆能够自动做出响应来避免碰撞,这样明显提高了预防和减轻碰撞的能力,同时,运输系统管理者、车辆运营商、出行者都能得到所需的交通信息,以便在效率、运输成本、安全方面做出动态的决策,实现高效的客运和货运。

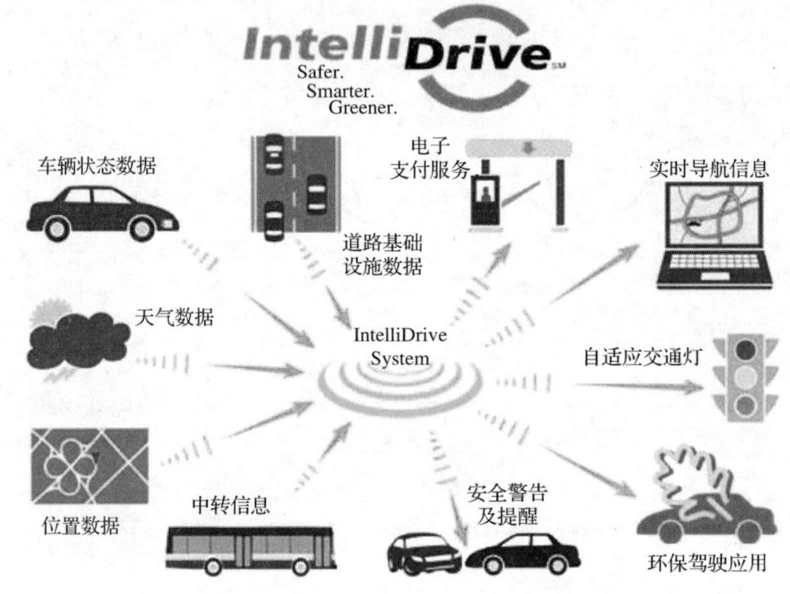

图 1-4 IntelliDrive℠系统

IntelliDrive℠未来研究目标包括:

(1)目标 1:通过连接车辆和基础设施使交通安全转型。

①增强驾驶员主动和被动安全辅助应用(例如:协助车辆驾驶员躲避紧急冲撞,这需要低延时通信)。

②提供不需要实时通信的车辆信息以提高车辆行驶安全。

③提供测试来支持管理和咨询决策,对决策系统性能的有效性进行评价以及开发和标准验证。

④提供技术支持以增强部分或全部车辆的控制性能。

⑤增强车载端应用以减少驾驶员分神。

(2)目标 2:在所有的道路上,捕获完整实时的交通流信息以支持系统运行。

①从连接的车辆、移动设备和基础设施中捕获实时数据。

②在所有的交通流模式下,捕获实时信息。

③开发能够集成所有应用于交通管理和绩效考核实时数据的技术框架。

(3)目标 3:通过车辆和基础设施的通信,实现交通管理系统性能的转型。

①开发对所有实时数据的应用程序以供交通管理者使用,确保人员和货物安全、高效地移动。

②利用实时流动性和成本化的数据来辅助道路使用者动态决策。

(4)目标4:实现“下一代”的电子支付系统。

①创建跨模式的电子支付系统(如停车付费、公共交通等)。

②定义技术框架以保证新兴地区和国家为交通运输提供财政支持政策。

(5)目标5:通过汽车和基础设施的连接实现环境管理。

①捕获车辆周围实时的环境数据。

②整合实时环境数据,以运用在交通管理和性能改进。

③为交通管理者和道路使用者提供使用实时数据在环境影响方面的应用。

(6)目标6:为基于车路协同安全性、移动性等方面的应用建立一个制度基础。

①确定和研究解决方案来解决国内和国际上的体制基础、治理、隐私问题、潜在法规和政策,以落实运输技术。

②在所有目标领域解决社会公平,以确保所有的用户在运输解决方案中受益。

在IntelliDrive℠的长期规划中,将与物联网、互联网等技术连为一体,以进一步扩展其应用功能。该研究计划从2009年开始启动,如图1-5所示,第一阶段确定为2009～2014五年时间[8],该计划旨在建立一个全国范围的,多种交通方式相结合的地面交通系统,该系统的特色在于构建一个交通网络环境,使车辆、基础设施和公众便携式设备之间能够相互通信,从而最大化实现交通安全性、移动性和环保性。如图1-5所示为IntelliDrive℠战略计划图。

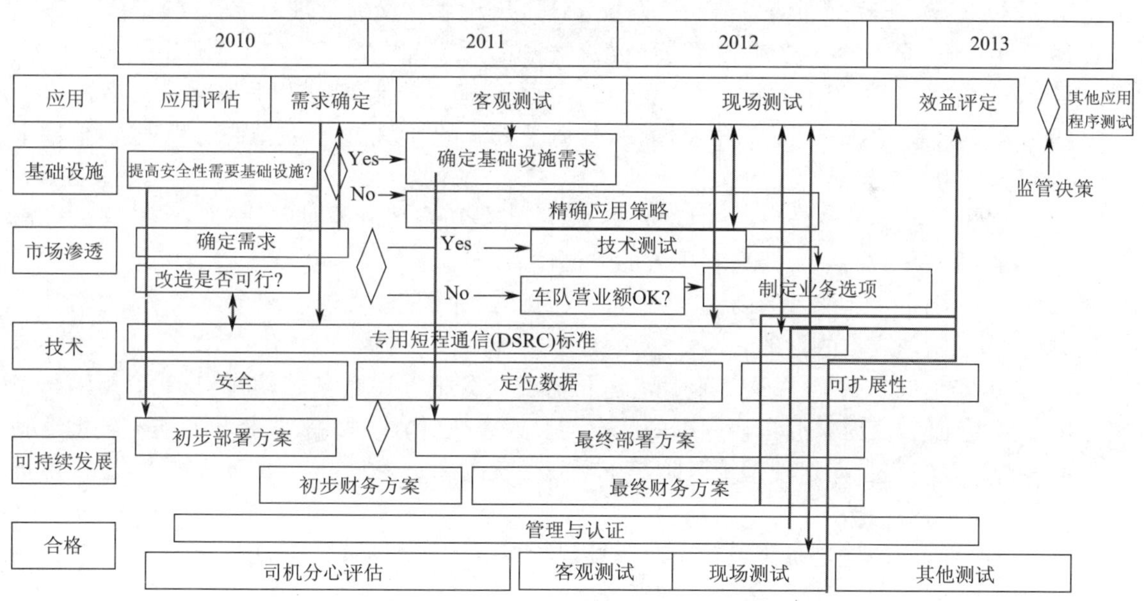

图1-5　IntelliDrive℠战略计划

美国在交通物联网建设方面根据本国的交通基础设施特点和实际需要,已建立起相对完善的交通物联网系统和技术规范标准,目前美国在IntelliDrive℠的规划下正逐步建立起一个安全、环保、高效的综合交通系统,在保证更安全、智能和环保驾驶的同时,希望建立一个更广泛的开放平台来培养和促进创新,从而带来更多的商业应用和收益。

美国在ITS建设方面独树一帜,根据本国的交通基础设施特点和实际需要,已建立起相对完善的车队管理、公交出行信息、电子收费和交通需求管理等四大系统及多个子系统和技术规范标准。其中建设发展较快的分别是:车辆安全系统、电子收费、公路及车辆管理系统、实时自动定位系统、商业车辆管理系统。

近年来美国ITS建设趋向研究ITS在美国安全体系中维护地面交通安全的作用，重点将集中在安全防御、用户服务、系统性能和交通安全管理方面。美国智能交通的一个重要目标是减少交通事故。事故自动定位信息系统能通过无线电话和其他通信设施传送信息；交通事故应变路线软件能够搜索最适宜的救援中心，并为救护人员赶赴现场规划最佳路线；路线引导软件功能包括最佳路线识别、优先调用平交口信号等，能有效地引导救护车辆快速到达事故现场；在救护现场，声像通讯设施能将抢救实况直接转送到医疗中心，以便医疗中心在伤员到达之前作好抢救手术的准备工作。

美国先进的智能交通系统具备智能、自适应地管理各种地面交通的能力，能实时地监视、探测区域性交通流运行状况，快速地收集各种交通流数据，及时分析其运行特征、预测其变化，制定最佳应变措施和方案。这方面的研究包括“车辆—道路自动化协作系统”和“设施—车辆运输自动化系统”等。同时，区域性交通网络在超越地区界限和运输方式的前提下，能够“无间隙地”整合起来，实现一体化运行目标。交通控制中心和管理系统达到网络化，交通管理中心的数据汇集有助于更有效地管理超区域性的交通系统运行[9]。

1.2.3　日本智能交通系统的发展现状

从1980年，日本就开始了智能交通系统的研究。日本政府于1991年，先后建成了路车间信息系统（RACS）、车辆交通信息与通信系统（AMTICS）和新交通管理系统（UTMS）。

1992年2月，日本建设省成立“智能公路工程顾问委员会”（the Smart way Project Advisory Committee），负责阐明智能公路计划的重要意义、基本功能、要求以及需采取的措施。

1996年7月制定“日本ITS框架体系”，致力于ITS的开发和应用、拟制进程表等；框架中将日本ITS分为9个领域[10]：

（1）先进的导航系统：能迅速实时地收集、提供堵车和旅行所需时间、交通管制、服务等信息，以实现舒适、快速地移动，提高利用者的方便性。

（2）ETC不停车自动收费系统：达到消除收费站交通拥挤、实现无现金化收费、为驾驶员提供方便、降低管理成本的目的。

（3）先进安全汽车系统（ASV）：利用各种传感器充分把握道路基础设施与车辆、车辆与车辆之间的情报通信，实时掌握车辆周围的状况与交通事故，构成对驾驶员提出警告和辅助驾驶的控制系统以及完全自动驾驶系统以防止车辆发生交通事故和防止交通事故扩大，进一步提高车辆的安全运行性能。

（4）交通管理的最优化系统包括交通信号智能控制系统、交通流引导分配系统、公共车辆优先通过控制系统和交通事故智能管理系统等。

（5）道路交通管理高效化系统包括收集和提供路面情况、道路工程施工状况、特殊车辆通行许可申请和处理的自动化、特许通行实际路线以及载荷量的自动测定等，以提高利用效率，降低物流成本。

（6）先进的公共交通系统是为提高公共交通的安全性和方便性以及公共交通经营单位的工作效率，开发与应用先进的公共交通系统。

（7）车辆运营管理系统包括车辆运输管理、智能后勤系统、新物流系统等。

（8）行人诱导系统功能包括对视觉障碍者进行道路诱导，灾害发生时进行避难地诱导以及提供行人的路径选择和设施选择诱导等。

(9)紧急车辆支援系统可以迅速收集灾害状况,对于一般车辆的行驶作出限制和对救援车辆进行引导、优化通行控制,以确保即使灾害情报通讯设施完全遭到破坏的情况下,紧急车辆支援系统仍能发挥备用功能的作用。

1996年,日本为解决城市交通拥堵、提高车辆的运行效率等问题,开始了世界上第一个基于实时道路信息及诱导方式的交通信息通信系统(VICS),如图1-6所示。VICS系统作为一个全国性的交通资讯系统,是由警察厅、邮政省(现已改为总务省)、建设省和运输省(两省现已改为国土交通省)等与民间部门合作共同推动开发而成,由VICS中心负责运营[11]。

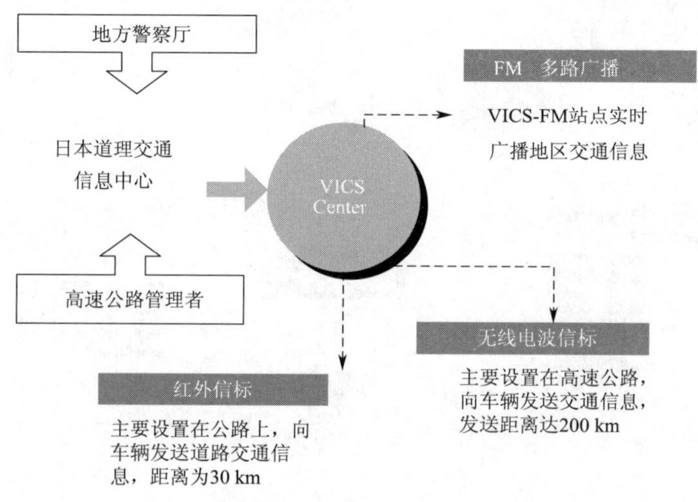

图1-6 日本VICS系统

VICS中心的运行机制是由交通管理者(公安委员会、警察厅)和道路管理者(道路公团等)双方提供交通信息,即通过布设在道路上的红外、微波、视频传感器等装置采集车流量、车速、路段的堵塞程度、交通事故等信息,采集到的信息通过无线或有线方式传送给VICS中心并进行分析和处理,处理后的交通流量、路段的堵塞程度、交通事故、道路施工等信息通过广播电台、路侧信标等方式向社会发布,同时利用FM多频广播、无线电定向波传送、光定向波的方式将道路交通信息、预计行驶时间、诱导信息等发送到使用VICS功能的车辆导航系统上,驾驶员可根据这些信息对车行路线进行判断。

1997年,日本开始研制智能型公路系统(AHS,Advanced Cruise-Assisted Highway System),它的主要应用是提供道路交通及路面情况,向驾驶者发出警报,并让控制中心按需要作紧急支持。主要作用包括:预告前方可能出现的突发意外、预告可能出现的急弯、偏离行车线警告、十字路口防撞警告、右转车辆防撞警告、行人防撞警告、报告路面最新状况如积雪、淹水、破坏等。

2001年3月高度信息通信网络社会推进本部制定"e-Japan重点计划",将ITS作为重点推进的IT对策;6月制定"e-Japan重点计划2002",重新认识作为重点推进的ITS对策。

2001年3月,电子不停车收费服务(ETC)在日本千叶等多个地区投入使用,采用5.8GHz的DSRC系统。根据日本国土交通省的资料,2005年日本不停车收费系统使用率达到50%,高速公路收费站的拥堵基本消失,同时还减少二氧化碳的排放13万吨,近两年ETC的使用率已经超过85%,每年减少二氧化碳排放19~20万吨。

2006年,日本制定"新IT改革战略",重点推进安全驾驶协作系统。

2007 年，政府与民间 23 家知名企业共同发起 Smartway 计划，用于促进土地、基础设施、运输和旅游、先进安全汽车（ASV，Advanced Safety Vehicle）的发展。Smartway 发展重点是整合日本各项 ITS 的功能及建立车上单元的共同平台，使道路与车辆能借由 ITS 咨询的双向传输而成为 Smartway 与 Smartcar，以减少交通事故和缓解交通拥堵，并在 2010 年普及全日本。

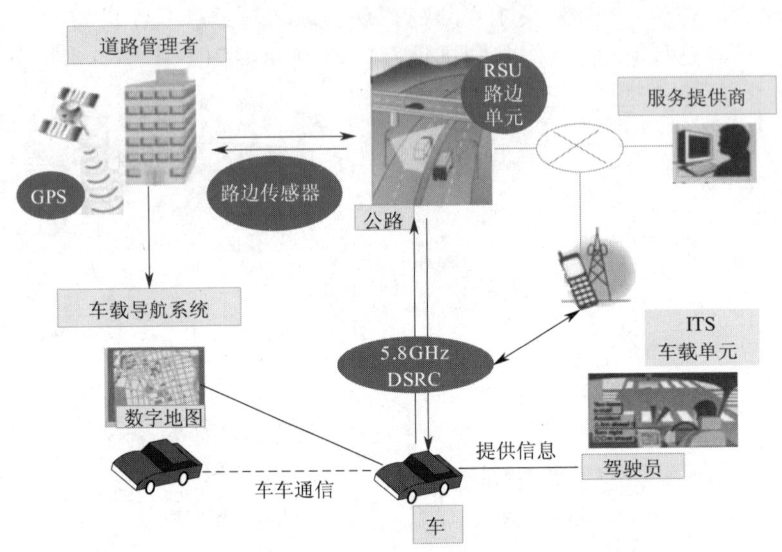

图 1-7　Smartway 框架

Smartway 框架如图 1-7 所示，车载单元 OBU 安装在车辆内具有数据处理和通信的功能，是车辆之间和车辆与其他实体进行通信的接口，并提供应用程序运行的环境，支持定位等功能。RSU（路边单元）分布于公路沿线、交叉点和任何需要即时通信的地方，其主要功能是通过 DSRC 无线链路与 OBU 通信，以及与其他远离 Internet 服务的网络实体如服务提供商和公路管理员使用的导航系统的通信。基于统一与协调一致的行动方针，Smartway 示范系统还向用户提供以下方面的信息服务：辅助安全驾驶信息服务、静止图像信息服务、浮动车信息采集服务、道路汇集援助服务、停车场电子付费服务、宽带互联网连接服务。

基于统一与协调行为方针的 Smartway 示范系统还向用户提供以下方面的信息服务：

（1）辅助安全驾驶信息服务：通过路侧架设的一系列传感器检测前方道路转弯处或视线死角区域是否发生交通阻塞或存在路面障碍物等，并通过车路通信系统向驾驶者提供实时道路信息。

（2）静止图像信息服务：通过闭路电视（CCTV）摄像机采集的道路环境状况信息，将以静止图像的形式提供给驾驶者，例如在隧道入口处可以清楚地了解到出口处的车流情况等。

（3）浮动车信息采集服务：基于浮动车技术实现实时交通信息的获取，并通过车路通信系统，连同天气、路面情况以及高危地段等信息迅速提供给临近的车辆。

（4）道路汇集援助服务：通过专用短程通信（DSRC）天线检测行驶于主干道上的车辆，当车辆接近道路汇集处时，将通过车路通信系统向有关驾驶者发出警示信息。

（5）停车场电子付费服务：通过车路通信系统实现停车场电子付费服务。

（6）宽带互联网连接服务：通过车路通信系统实现宽带互联网连接服务。构建包括智能车辆、智能公路、紧急救援系统的 Smartway，实现安全、高效、便利、舒适、低环境负荷的交通环境。

2009年,日本制定"i-Japan 战略 2015",致力于减少交通拥堵、提高物流效率和减少二氧化碳的排放。

在ITS建设模式方面,日本注重ITS诱导设施的建设。在日本,建设省组织了以丰田公司为首25家公司联合研究开发自动公路系统(AHS)。近几年,日本还投入15亿日元开发了全国公路电子地图系统,打开了车辆电子导航市场,已经有近400万套车内导航系统在市场上应用。比如,针对人多地少、城市道路狭窄、两侧高楼林立形成的城市峡谷对GPS信号的遮挡,日本采用了信标作为信息发布的重要手段,并开发双向信标设备,这在世界上独树一帜,处于先进水平。目前,日本的ITS建设主要集中在交通信息提供、电子收费、公共交通、商业车辆管理以及紧急车辆优先等方面。

在ITS管理方面,日本ITS管理注重信息采集和利用日本交通信息采集多种手段相结合,数量和分布多而广。例如,车辆检测器基本遍布主要街道,实时采集控制地区的路面交通信息,并到交通控制中心进行处理。中心计算机对采集的信息自动处理,得出当前交通流量、速度、路段堵塞程度,估算通行时间,选择一个预定交通信号控制方案,使整个道路系统达到最大通行能力。经过处理后的信息在交通控制中心显示屏上实时显示,包括关键路段、路口图像、交通状况统计、分析、评价的数据。通过遍布在全市道路范围内的显示板,发布可视化文字或图形的交通信息;通过多个广播电台和路侧广播进行路况播报;通过车载终端查询文本、图形或地图形式的交通信息;通过可接入Internet的手机查询实时交通信息。这些交通信息发布可以对交通进行诱导,在一定程度上大大提高了现有道路的通行能力,交通事故也明显减少。另外,日本在信息使用上具有大交通的理念,不同管理部门之间的信息共享程度比较高。尽管高速公路与城市道路分别由交通部门和警察部门管理,但信息可以实现互通和共享,如高速公路管理部门可为警察提供及时高速公路的交通情况和天气情况。

日本交通物联网的发展也趋向于建立一个综合的交通信息服务系统,通过集成现有的ETC、VICS和AHS等系统,为公众提供完备的交通信息服务,实现绿色、安全、高效的交通运输。

1.2.4 中国智能交通系统的发展现状

中国在ITS的研究方面起步较晚,"九五"期间,我国开始进行国家ITS体系框架、国家ITS标准体系的研究以及电子不停车等方面的试验。以国家科技攻关计划"智能交通系统技术开发和示范工程"重大项目实施为代表,掀起了全国各大城市对智能交通系统的研发、开发、应用和建设的热潮,北京、上海、广州、天津、深圳、重庆、济南、青岛、杭州、中山等十个具有不同交通特点的城市,分别进行了有关智能化交通指挥、智能化公交调度、交通共用信息平台为主要内容的智能交通应用示范工程建设。同时,一批涉及城市和城间道路交通管理的智能交通关键技术和共性技术研究以及车载信息装置、交通信息采集设备、车辆安全辅助驾驶、专用短程通讯设备等都进行了不同程度的开发和应用。

"十一五"期间,我国加快了智能交通的发展。2008年北京奥运会表明了北京的智能交通取得了突破性进展,为了保障在奥运会期间的道路畅通,北京引进很多高新技术来加强交通疏导、管理;2009年,交通运输部以上海世博道路运输安全保障工作为契机,规划建设重点营运车辆动态信息公共交换平台工程,充分整合各省(地)车辆动态信息监控资源,运用统一的信息交换标准,建设统一的全国重点营运车辆联网联控系统,实现全国范围内重点营运车辆动态信息的跨区域、跨部门信息交换和共享。2010上海世博会期间,我国集成了交通综合信息平台、道路交通信息发布系统等交通信息化项目，上海的智能交通管理水平得到提高，特别是交通诱导系统、特种车辆管理，尤其是爆炸危险物品车辆的管理方面。在2010广州亚运会期间，智能交通集成系统运作稳定，保证了亚运会的顺利进行。

1. 北京市智能交通系统发展状况

北京市智能交通已初步建成十大系统，包括现代化的交通指挥调度系统、交通事件的自动检测报警系统、自动识别“单双号”的交通综合监测系统、数字高清的综合监测系统、闭环管理的数字化交通执法系统、智能化的区域交通信号系统、灵活管控的快速路交通控制系统、公交优先的交通信号控制系统、连续诱导的大型路侧可变情报信息板和交通实时路况预测预报系统，实现了实时掌握道路交通状况、动态调整警力投入、科学预测路网流量变化、第一时间处置各种交通意外事件，为保证道路的通畅、创造良好的交通环境提供了强有力的技术支撑。

2. 上海市智能交通系统发展状况

面对高涨的交通需求，上海市政府积极采用先进的交通管理技术和手段，开发智能交通系统，努力保障城市交通的畅通。在交通控制方面，引进并国产化了澳大利亚SCAT交通信号控制系统，并立项研究了上海市实验性线路导行系统，通过智能化的手段，提高上海道路的通行能力和平面交叉口的通车效率；在交通信息服务方面，在全国率先推出“上海广播电台交通台”，引导司机及早改道、避免堵车，推出了“上海交通网站”，通过提供交通与地图智能查询、交通出行指南、交通实时动态信息等，使市民能享受到“一网在手、交通全有”的现代化信息服务；在交通收费电子化工程方面，实施的“金卡工程”促进了上海公共交通系统资费管理的升级与换代，使市民盼望已久的“一卡在手，行业通用”愿望逐步成为现实；在GPS技术应用方面，继出租汽车公司建立了GPS的实时调度系统后，公交公司率先在公交线路上，建成了GPS调度系统，并通过能显示最近车辆到站位置的电子站牌替换传统站牌，向市民提供“预计到站时间”服务；在公交优先策略上，上海首先在浦西东西机动车干道上，设立了公交专用车道，努力提高公交的运行速度。

3. 广州市智能交通系统发展状况

作为全国首批智能交通示范城市之一的广州，智能交通系统构建包括广州市交通信息共用主平台、物流信息平台、静态交通管理系统等智能交通系统的主框架。其中共用信息平台已初具规模，实现了羊城通系统、线网规划系统、出租车综合管理平台、联网售票系统、96900呼叫中心等多个子系统的连接，可以完成数据的采集、分类和有效存储、查询、订阅等相应的数据处理工作，实现了诸多的数据处理功能，提供了初步的交通数据服务功能，能够实时播报交通信息，引导交通流，对城市交通的诱导起到重要作用，为市民提供了有效的交通服务。

国家“十二五”规划计划构建综合交通运输体系，并将智能交通列为物联网规划十大领域之一。交通部印发了《公路水路交通运输信息化“十二五”发展规划》，提出“十二五”期间的发展目标包括：

(1)推进交通基础设施的数字化和智能化，交通基础设施和运输装备运行监测网络基本建成；

(2)提高信息资源开发利用水平，行业核心数据库100%建成；

(3)推进行业重大应用工程建设，包括公众服务和行业管理两类；

(4)创新信息化管理机制。规划同时还在综合运输、现代物流和城市客运等领域提出了五类建设重点，并从政策、法规、资金投入、项目评价、人才引进等7个方面给予了保障措施。各省市分别出台物联网政策发展智能交通工程，深圳市计划出台的物联网政策中也将智慧交通列为重点先行工程。

"十二五"交通信息化将朝着智能交通的目标推进，智能交通将借助物联网技术，可感知与可交互的特点，促进交通管理的精细化、行业服务的全面化、出行体验的人性化，推动安全、畅通、便捷、高效、绿色的交通运输业发展，实现交通运输业从传统产业向现代服务业的转型，进一步带动信息制造业和信息服务业的升级[12]。

1.2.5 智能交通系统的发展趋势

近几年来，信息化在全国交通行业发展迅速，信息技术的高渗透性和高集成能力，为交通信息化建设提供了良好的技术支撑，有效地改造和提升了交通传统产业。建设前期，全国交通信息化建设围绕以政务内网、政务外网和行业专网为基本构架的交通政务信息网络平台建设取得新进展，建设了一批业务应用系统，在各业务领域初步实现了管理的信息化，有效提高了交通行业管理水平，交通信息资源得到进一步整合和积累，信息共享的范围逐步延伸和扩大，信息化对交通行业发展的促进效应逐步得到体现。随后，交通信息化建设工作以提高政府决策、监管、服务和应急保障能力为目标，以信息资源的整合与开发利用为重点，采用最新信息化技术，以"智慧交通"为发展目标，实现对交通运输过程中的人、车(船)、路、货、环境等多元交通要素的信息进行有效集成，建立起大范围、全时空、实时、准确、高效的智能交通运输综合管理系统，从而全面提高交通行业管理和服务水平，为社会公众提供全面的交通信息服务。交通信息化建设的持续推进将有力促进交通物联网产业的快速形成与可持续性发展，形成共生共赢的交通信息化服务产业链。

新兴信息技术的快速发展给交通信息化的发展提供了良好的机遇，特别是近几年随着物联网和云计算技术的迅速发展，给交通信息化提供了良好的着力点，智能交通系统的发展与物联网和云计算的发展和应用息息相关。

交通物联网作为物联网技术在交通运输行业的应用，是以信息感知、泛在网络和云计算等技术为支撑，实现交通运输系统中人、车(船)、路、货、环境等多元交通要素信息的融合处理，有机集成交通信息的数据采集、传输、处理与服务的综合体系。没有交通物联网与云计算做支撑，就无法实现真正意义上的智能交通。加快交通物联网和云计算技术的发展和应用，是促进智能交通发展的强动力。

1. 加快交通物联网与云计算的结合，构建智能交通云

目前的交通系统，由于通信系统和发布系统一般采用的都是独立的专用系统，成本较高，整个系统相对封闭，影响了智能交通系统的普及。采用云计算模式构建智能交通云对于一些中小城市而言，只需要租用相应的服务。这样大大降低了智能交通系统的门槛，有利于智能交通系统的普及。智能交通云不仅仅可以向交通管理部门提供服务，还可以向社会公众提供服务，从而使智能交通系统从一个相对封闭的系统变成开放的系统。传统的交通系统建设，首先确定应用方向，然后确定收集信息的种类，所以传统交通系统的信息种类受限于系统的应用目的，信息来源封闭，种类单一。采用云计算以后，其低成本和规模效应促进了系统的普及范围，这大大地扩大了信息来源。

2. 重视ITS新技术的节能减排，发展低碳出行、绿色交通

随着经济的高速发展，能源问题和环境问题日益突出。2011年中国智能交通年会主题报告中总结了未来各国智能交通系统的发展的目标，即科技创新、低碳、高效、安全、便捷。国际

能源机构(IEA)的统计数据表明,2011 年交通领域的石油消耗占全球总石油消耗的 57%以上,预计到 2020 年将超过 62%。同时交通能源消耗是局部环境污染和全球温室气体排放的主要来源之一。通过 ITS 新技术来实现节能减排,是发展低碳出行、绿色交通的必然选择。

3. 充分利用车路协同系统来提高交通安全水平

提高交通安全是发展交通物联网的一个重要内容,通过分析各国的交通物联网现状可知,从美国的 VII 到 IntelliDrive^{SM},更加强调了交通安全的重要性,欧盟的 eSafety 计划也旨在为道路交通提供全面的安全解决方案,日本的 Smartway 计划的主要目标放在减少交通事故和缓解交通拥堵,而这些计划的研究重点都在于发展车路协同系统,车路协同系统充分利用先进的信息与通信技术,通过车一车、车一路信息的交互和共享,有效地评估潜在危险、提高道路交通安全和缓解交通拥堵,是交通物联网发展的技术热点,对提高道路交通的安全具有十分重要的作用。

4. 建立一个统一的交通物联网标准体系和适宜的交通物联网运营模式

交通物联网高度综合性和整合性决定了标准化是其建设过程中的重要技术基础,标准体系建设主要包括交通物联网标准体系和交通物联网云平台技术规范及数据元格式等核心标准草案的编制与推广,从而引导和规范行业的健康发展;并通过标准化促进交通物联网系统在全国范围的应用示范和推广。

同时,交通物联网系统能否实现应用推广及可持续性发展的关键因素之一还在于是否有一个成功的运营模式,平台运营主要是为了形成一个产业链上下游合作共赢的良性运营模式,形成围绕信息服务多实体共生、多方共赢的局面,支撑交通物联网应用工程的可持续建设和服务,LBS 应用服务、VICS 系统等成功案例可以给予我们良好的借鉴意义[13]。

1.3　物联网在交通运输中的作用

交通物联网作为物联网在交通运输领域的应用,得到了国家发改委、国家交通运输部和国家标准化管理委员会等相关部门的高度重视。在国家标准委和国家发改委统一部署下,国家标准委先后发文批准了国家物联网基础标准工作组和六大行业物联网应用标准工作组,并在 2012 年 1 月 6 日率先成立了物联网交通领域应用标准工作组,包括地方政府、行业主管部门以及相关企业在内的约 40 家成员单位,关注于交通运输行业物联网应用标准体系建设,覆盖了包括道路、水路、民航、铁路等在内的整个大交通领域,为交通运输行业物联网应用标准提供技术支撑。

2012 年 3 月 21 日,温家宝总理主持召开国务院常务会议讨论通过了《"十二五"综合交通运输体系规划》,并于 2012 年 7 月 23 日正式印发。规划中明确提出,在未来五年我国要按照"适度超前"的原则,"推进交通信息化建设,大力发展智能交通,提升交通运输的现代化水平"。

交通运输是一个涉及人、车(船)、路、货、环境等多元交通要素的综合体系,在交通运输领域推广应用物联网技术,可以对人、车(船)、路、货、环境等要素的信息进行有效集成,建立起大范围、全时空、实时、准确、高效的智能交通运输管理系统,从而提高交通运输服务能力和水平,并同时促进物联网产业的快速形成与可持续发展,形成共生共赢的信息化服务产业链。

1.3.1　交通运输从业人员管理

从业人员是交通运输生产的主体,是提升交通运输效率和安全生产水平最核心的要素,利用IC卡和人脸识别等物联网技术可有效实现交通运输从业人员的管理。在统一的IC卡道路运输电子证件的标准规范的基础上，用摄像头采集从业人员的脸部图像，并通过人脸识别与IC卡上的人脸图像进行匹配，进一步识别和确认从业人员的身份。充分利用IC卡道路运输电子证件在全国范围内具有的通读与互认性、不可伪造性、数据存储量大以及与信息系统能够快速便捷交换数据等显著优点，以及人脸识别技术的友好性和优越性，来解决运输行业内存在多年的道路运输证件伪造泛滥、异地稽查困难等问题，推动从业人员资质信用体系建设等管理手段的创新，从而实现行业的动态管理，推动道路运输管理和服务手段的重大变革。

这种从业人员身份识别方式创新了从业人员管理手段，实现了道路运输业务办理的信息化和自动化，提高了动态数据采集效率和准确性，在规范道路运输市场秩序、强化安全监督管理、提升道路运输管理和服务水平等方面可发挥重要作用。

1.3.2　车船管理

车船是交通运输生产的载体，利用RFID和GPS等物联网技术可有效提升车船的管理服务水平。

传统的运输证采用纸制证件，由于纸制证件自身的局限性，给交通运输管理工作带来了很大的麻烦和弊端：传统的运输证件主要以纸质证件为主，证件本身只有车船（企业）相关信息，无其他相关内容，长期使用可能会导致证件信息模糊、污损，且不易长期保存，而且车辆的违章信息、事后追踪处理信息都无法体现出来，在路面查车时也无法从证件中得知车辆是否已经处理完毕，对于车辆的事后追踪处理从证本中也是无法体现，其次伪造证件现象时有发生，随意更改审验时间、车辆吨（座）位等相关信息，难以分辨真假性，对源头监管、路面稽查、事后追踪处理工作带来不便。

通过运用RFID技术（IC卡）和GPS等先进的技术手段实现车船管理与服务，以车船的RFID电子标签为信息源，GPS提供的身份标识和定位信息为辅助，提供动态的、立体的、严密的、准确的车船身份识别服务，同时通过GPS模块对识别的违法犯罪车船进行追踪。基于IC卡运输电子证件的车船身份识别服务创新交通行业运输管理手段，可实现运输业务办理的信息化和自动化，提高动态数据采集效率和准确性，在规范交通行业运输市场秩序、强化安全监督管理、加强源头治超、提升交通行业运输管理和服务水平等方面将发挥重要的作用。

1.3.3　交通基础设施管理

道路等交通基础设施是交通运输生产的另一个载体，利用传感器等物联网技术可实现交通基础设施更为全面的动态管理与服务。

随着道路和车辆的日益增多，为了减少路面状况对交通造成的不利影响，及时的道路养护工作显得越来越重要。道路养护分为日常养护、定期养护、特别养护以及改善工程四类。一方面可以通过震动、形变等传感器技术对桥隧隧道等关键交通基础设施进行实时监测，同时还可以利用车载传感技术实现全路网的动态监测，例如在部分营运车辆上加装震动和视频等传感设备实现动态的车感道路养护信息监测，通过提取和分析车流量、车辆颠簸状况等信息挖掘道路路面信息和道路可养护时间，从而实现及时合理的道路养护服务，减少道路损坏时所带来的交通延误，降低交通事故率，提高道路通行能力。

基于车载传感等物联网技术的交通基础设施管理服务系统可实现的主要功能包括路基、路面、桥梁的健康状态动态监测和道路沿线电气与环卫绿化等设施的动态信息采集与管理服务，同时可提供损坏路段的道路材料、车流量和天气等交通环境与天气环境信息，从而实现更为合理快捷的道路养护服务。

1.3.4 货物跟踪管理

基于物联网的支持，电子标签承载的信息就可以实时获取，从而清楚地了解到产品的具体位置，进行自动跟踪。对制造商而言，原材料供应管理和产品销售管理是其管理的核心，物联网的应用使得产品的动态跟踪运送和信息的获取更加方便，对不合格的产品及时召回，降低产品退货率，提高自己的服务水平，同时也提高了消费者对产品的信赖度。另外，制造商与消费者信息交流的增进时期对市场需求做出更快的响应，在市场信息的捕捉方面就夺得了先机，从而有计划地组织生产，调配内部员工和生产资料，降低投资风险。

1.3.5 促进交通物流发展

物联网借助互联网、RFID 等无线数据通信技术，实现了单个商品的识别与跟踪。基于这些特性，将其应用到物流的各个环节，保证商品的生产、运输、仓储、销售及消费全过程的安全和时效，将具有广阔的发展前景。

客运与货运是交通运输生产的目的，利用物联网技术可有效提升交通运输生产的效率，特别是交通物流效率。物流业是物联网技术较早落地的行业之一，目前已有一批先进的现代物流系统具备了信息化、数字化、网络化、集成化、智能化、柔性化、敏捷化、可视化、自动化的物联网技术特征，它们一般采用了红外、激光、无线、编码、认址、自动识别、定位、无接触供电、光纤、数据库、传感器、RFID、卫星定位等物联网技术。

通过推广应用物联网技术，将实现物流过程的可视化智能管理，提升物流与生产的联动水平。物联网技术使交通物流公共信息平台的建设与应用推广成为可能，从而有望显著加快交通物流信息技术创新应用与集成应用，提升公共物流信息服务并推进物流信息化标准的应用，培植第三、第四方物流，带动新型交通物流信息服务产业发展。

目前，物联网在物流业的应用主要有如下趋势：

(1)智慧供应链与智慧生产融合。随着 RFID 技术与传感器网络的普及，物与物的互联互通，将给企业的物流系统、生产系统、采购系统与销售系统的智能融合打下基础，而网络的融合必将产生智慧生产与智慧供应链的融合，企业物流完全智慧地融入企业经营之中，打破工序、流程界限，打造智慧企业。

(2)智慧物流网络开放共享，融入社会物联网。物联网是聚合型的系统创新，必将带来跨行业的网络建设与应用。如一些社会化产品的可追溯智能网络能够融入社会物联网，开放追溯信息，让人们可以方便地借助互联网或物联网手机终端，实时便捷地查询、追溯产品信息。这样，产品的可追溯系统就不仅仅是一个物流智能系统，它将与质量智能跟踪、产品智能检测等紧密联系在一起，从而融入人们的生活。

(3)多种物联网技术集成应用于智慧物流。目前在物流业应用较多的感知手段主要是 RFID 和 GPS 技术，今后随着物联网技术发展，传感技术、蓝牙技术、视频识别技术、M2M 技术等多种技术也将逐步集成应用于现代物流领域，用于现代物流作业中的各种感知与操作。例如温度的感知用于冷链物流，侵入系统的感知用于物流安全防盗，视频的感知用于各种控制环节与物流作业引导等。

(4)物流领域物联网创新应用模式不断涌现。物联网带来的智慧物流革命远不是人们能够想到的以上几种模式，随着物联网的发展，更多的创新模式会不断涌现，是未来智慧物流大发展的基础。

1.4 云计算在交通运输中的作用

1.4.1 促进既有系统应用推广，转变交通信息化发展方式

通过“十一五”期间的努力，目前各地已建成一大批交通信息化系统并投入运行使用。以福建省为例，这些正在建设或已建成的交通信息化应用系统与平台在提供交通地理公共信息、营运车辆卫星定位安全服务、公众出行交通信息服务、智能停车场等交通物联网信息服务方面发挥了重大作用，显著提升了交通信息服务水平。但是，由于交通运输是一个涉及人、车(船)、路、货、环境等多元交通要素的综合体系，而目前这些信息系统通常均只能提供某一项或几项应用服务，其应用推广的商业价值有限，普及推广程度不一，不能很好地支持行业监管。同时，这些既有应用系统之间的应用服务整合不足，不能提供满足公众真正需求的综合性交通物联网信息服务。

利用云计算技术“资源池化、按需服务”的特点，对接、整合既有系统，将其向公众、企业、政府部门和开发人员开放的应用服务进行统一的应用推广和商业运营，从而可以充分地挖掘既有系统的应用潜力，显著地提升交通信息服务水平，促进交通信息化建设的可持续发展。

1.4.2 整合交通数据资源，提升交通信息化服务管理水平

云计算技术的运用，将使交通信息化基础设施更趋完善，信息采集能力进一步提高，形成“协同共享”的交通信息化整合数据资源体系，从而极大提升交通信息化服务管理水平。通过建设交通运输云计算服务基地，可使交通信息网络在公路水路管理部门及重点企业的覆盖率达到100%，公路、航道、港口、营运车辆、船舶、业户、人员等行业的基础性数据库覆盖率达到100%，全面建成“国家-省-市-县”四级集数据、语音、视频为一体的交通信息通信网络，进一步提升交通数据中心的数据融合能力。

同时，交通运输云计算平台的建设将促进多种运输方式间信息共享与协同，从而以信息化为抓手，打通公路、水路及港口枢纽之间的信息通道，有效衔接多种运输方式，提升信息的整合和服务建设，加强各种运输方式相关信息资源的交换和共享，构建便捷、高效、绿色、安全的现代综合交通运输体系。

云计算技术的引入，还将推进横向扩展平台服务范围、纵向扩展平台服务功能，实现与交通运输行业物联网应用整合与服务平台相关的政务平台、交通数据中心、交通地理信息公共服务平台、交通动态位置信息服务平台、公众出行交通信息服务系统、交通视频监控系统等以及平台系统之间信息的互联互通，实现平台与区域交通运输云计算平台、国家交通运输公共信息共享平台的对接与数据共享。

1.4.3 规范应用开发框架，促进交通信息化标准体系建设

云计算的关键技术之一，就是基于Map-Reduce的规范应用开发框架，主要包括：开发规范、数据标准、代码标准、接口标准，此外还包括技术标准性能指标、应用服务标准等。这些标准保证了平台与外部系统的数据交换，为开发人员提供了良好的应用系统开发环境，促进了交通信息化标准体系的建设。

通过为交通运输行业的信息共享互联提供符合“云计算”模式的数据标准依据，并进一步将这些标准推广及应用，实现跨区域、跨行业的平台数据共享互联，促进交通运输行业实际应用系统业务流程和业务管理的标准化，可极大提升交通运输行业信息化、信息标准化快速发展。

另一方面，针对交通运输行业的上下游企业，通过普及使用标准化物流信息系统、条码/全球卫星定位系统（GNSS）/地理信息系统（GIS）视频等现代物流信息技术，运用高效、便捷、科学的交通信息化云计算技术，实现企业运输管理业务的升级换代，降低交通运输成本，促进业务管理协同，将有效提升企业的信息化水平和市场竞争力。

1.4.4　优化系统联动机制，增强交通应急处置能力

处置交通突发事件是一个系统工程，需要各职能部门协同配合和共同努力，在党委、政府统一领导下，充分发挥各自的职能作用，做到整体联动。但是，既有应用系统联动不足，不能很好地支持应急指挥。通过充分利用云计算等现代高科技手段所实现的交通运输数据“集中、共享、服务”，可规划和建设起一个统一、高效、反应敏捷、安全可靠的现代化交通应急指挥调度系统，将语音、数据、图像集为一体，实现以信息网络为基础、各系统有机互动为特点的交通信息化基础设施。它通过集成的信息网络和通信系统，将治安、消防、卫生急救、交通事故等应急指挥与调度集成在一个管理体系中，通过共享指挥平台和基础信息，实现统一接警、统一指挥、联合行动、快速反应，为市民提供更加便捷的紧急救援服务，为政府处置各种交通紧急与灾害事件提供技术支持，为城市公共交通安全提供技术保障。

通过充分利用云计算等信息技术加强交通监测预警，可大幅提高对突发事件的快速反应能力，从而利用信息技术有效聚集信息、优化配置应急保障资源、提高应急指挥能力，并面向社会及时发布信息。

第 2 章　物联网技术基础

2.1　物联网概述

2.1.1　物联网的定义

物联网的英文名称为“The Internet of Things”，简称 IoT，即“物物相连的互联网”有两层意思：第一，物联网的核心和基础仍然是互联网，是在互联网基础之上延伸和扩展的一种网络；第二，其用户端延伸和扩展到了任何物品与物品之间，进行信息交换和通信。

这里的“物”要满足以下条件才能被纳入“物联网”的范围：

(1)要有相应信息的接收器；

(2)要有数据传输通道；

(3)要有一定的存储功能；

(4)要有 CPU；

(5)要有操作系统；

(6)要有专门的应用程序；

(7)要有数据发送器；

(8)遵循物联网的通信协议；

(9)在世界网络中有可被识别的唯一编号。

1999 年，麻省理工学院 Auto-ID 研究中心提出，物联网实际是 RFID 技术和互联网的结合应用。利用 RFID 技术，通过计算机互联网实现物品(商品)的自动识别和信息的互联与共享。物联网被定义为把所有物品通过射频识别(RFID)和条码等信息传感设备与互联网连接起来，实现智能化识别和管理。

2005 年，国际电信联盟(ITU)发布了在《The Internet of Things》报告中对物联网概念进行扩展，提出任何时刻、任何地点、任意物体之间的互联。无所不在的网络和无所不在的计算的发展愿景，除 RFID 技术外，传感器技术、纳米技术、智能终端等技术将得到更加广泛的应用。

2008 年，欧洲智能系统集成技术平台(EPoSS)发布《Internet of Things in 2020》的报告分析预测了未来物联网的发展，认为 RFID 和相关的识别技术是未来物联网的基石，应该更加侧重于 RFID 的应用及物体的智能化。物联网被定义为有具有标识、虚拟个性的物体或对象所组成的网络，这些标识和个性等信息在智能空间使用智慧的接口与用户、社会和环境进行通信。

2009 年 8 月，温家宝总理提出“感知中国”，物联网被定义为一个基于互联网、传统电信网等的信息承载体，让所有能够被独立寻址的普通物理对象实现互联互通的网络。它具有普通对象设备化、自治终端互联化和普适服务智能化 3 个重要特征。

2009 年 9 月，在北京举办的“物联网与企业环境中欧研讨会”上，欧盟委员会信息和社会媒体司 RFID 部门负责人 Lorent Ferderix 博士给出了欧盟对物联网的定义：物联网是一个动态的全球网络基础设施，它具有基于标准和互操作通信协议的自组织能力，其中物理的和虚拟的“物”具有身份标识、物理属性、虚拟的特性和智能的接口，并与信息网络无缝整合。物联网将与媒体互联网、服务互联网和企业互联网一道，构成未来互联网。

在 EPC 基于 RFID 的物联网定义里，物联网是在计算机互联网的基础上，利用 RFID、无线数据通信等技术，构造一个覆盖世界上万事万物的 Internet of Things。在这个网络中，物品(商品)能够彼此进行“交流”，而无需人的干预。其实质是利用射频自动识别(RFID)技术，通过计算机互联网实现物品(商品)的自动识别和信息的互联与共享。

我国中科院把基于传感网的物联网定义为随机分布的集成有传感器、数据处理单元和通信单元的微小节点，通过一定的组织和通信方式构成的网络。

中国式物联网的定义指的是将无处不在(Ubiquitous)的末端设备(Devices)和设施(Facilities)，包括具备“内在智能”的传感器、移动终端、工业系统、楼控系统、家庭智能设施、视频监控系统等和“外在使能”(Enabled)的，如贴上 RFID 的各种资产(Assets)、携带无线终端的个人与车辆等“智能化物件或动物”或“智能尘埃”(Mote)，通过各种无线/有线的长距离/短距离通讯网络实现互联互通(M2M)、应用大集成(Grand Integration)以及基于云计算的 SaaS 营运等模式，提供安全可控乃至个性化的实时在线监测、定位追溯、报警联动、调度指挥、预案管理、远程控制、安全防范、远程维保、在线升级、统计报表、决策支持、领导桌面(集中展示的 Cockpit Dashboard)等管理和服务功能，实现对“万物”的“高效、节能、安全、环保”的“管、控、营”一体化。

从以上定义看出，物联网的基本定义是指通过传感器、射频识别(RFID)装置、条码、全球定位系统、激光扫描器等各种传感设备，按约定的协议，把任何物品与互联网/通信网连接起来，进行信息交换和通信，以实现各种应用(智能化识别、定位、跟踪、监控和管理等)的一种网络。

虽然我国对物联网也还没有一个统一的标准定义，但从物联网本质上看，物联网是现代信息技术发展到一定阶段后出现的一种聚合性应用与技术提升，将各种感知技术、现代网络技术和人工智能与自动化技术聚合与集成应用，使人与物智慧对话，创造一个智慧的世界。因为物联网技术的发展几乎涉及到了信息技术的方方面面，是一种聚合性、系统性的创新应用与发展，也因此才被称为是信息技术的第三次革命性创新。

物联网的本质如图 2-1 所示，概括起来主要体现在三个方面：一是互联网特征，即对需要联网的物一定要能够实现互联互通的互联网络；二是识别与通信特征，即纳入物联网的物一定要具备自动识别与物物通信(M2M)的功能；三是智能化特征，即网络系统应具有自动化、自我反馈与智能控制的特点。

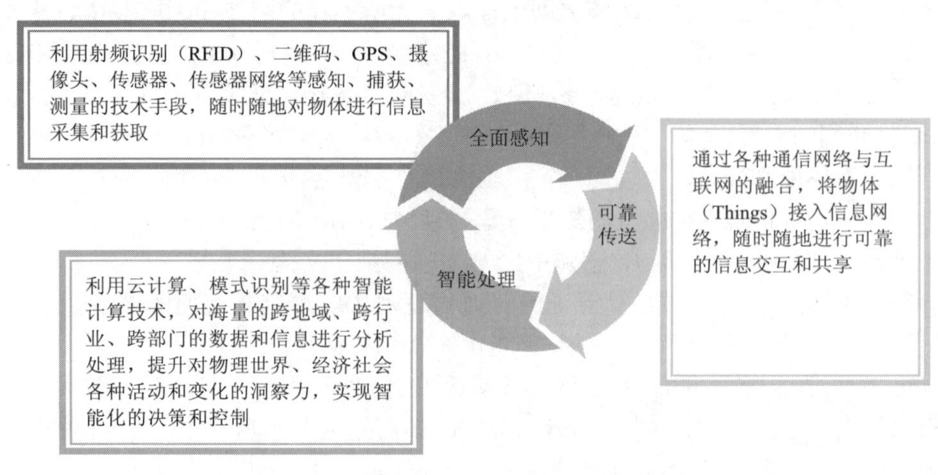

图 2-1　物联网的本质

和传统的互联网相比，物联网有其鲜明的特征。首先，它是各种感知技术的广泛应用。物联网上部署了海量的多种类型传感器，每个传感器都是一个信息源，不同类别的传感器所捕获的信息内容和信息格式不同。传感器获得的数据具有实时性，按一定的频率周期性的采集环境信息，不断更新数据。

其次，它是一种建立在互联网上的泛在网络。物联网技术的重要基础和核心仍旧是互联网，通过各种有线和无线网络与互联网融合，将物体的信息实时准确地传递出去。在物联网上的传感器定时采集的信息需要通过网络传输，由于其数量极其庞大，形成了海量信息，在传输过程中，为了保障数据的正确性和及时性，必须适应各种异构网络和协议。

最后，物联网不仅仅提供了传感器的连接，其本身也具有智能处理的能力，能够对物体实施智能控制。物联网将传感器和智能处理相结合，利用云计算、模式识别等各种智能技术，扩充其应用领域。从传感器获得的海量信息中分析、加工和处理出有意义的数据，以适应不同用户的不同需求，发现新的应用领域和应用模式。

2.1.2 物联网产生的背景

物联网的概念一般认为是 1999 年由 MIT Auto-ID 中心的 Ashton 教授在研究 RFID 时最早提出来的，国内当时不叫“物联网”而叫“传感网”。我国中科院等单位也在 1999 年同时启动了传感网的研究和开发，因此我国在该领域的研究和应用与国外基本保持同步。

1999 年，在美国召开的移动计算和网络国际会议提出了“传感网是下一个世纪人类面临的又一个发展机遇”。

2003 年，美国《技术评论》提出传感网络技术将是未来改变人们生活的十大技术之首。

2005 年 11 月 17 日，在突尼斯举行的信息社会世界峰会(WSIS)上，国际电信联盟发布了《ITU 互联网报告 2005：物联网》，引用了“物联网”的概念。报告指出，无所不在的“物联网”通信时代即将来临，世界上所有的物体从轮胎到牙刷、从房屋到纸巾都可以通过因特网主动进行交换。射频识别技术(RFID)、传感器技术、纳米技术、智能嵌入技术将得到更加广泛的应用。

根据 ITU 的描述，在物联网时代，通过在各种各样的日常用品上嵌入一种短距离的移动收发器，人类在信息与通信世界里将获得一个新的沟通维度，从任何时间任何地点的人与人之间的沟通连接扩展到人与物和物与物之间的沟通连接。物联网概念的兴起，很大程度上得益于国际电信联盟(ITU)2005 年以物联网为标题的年度互联网报告。自此以后，许多国家已纷纷开始“无处不在物联网”的发展战略。随着日韩基于物联网的“泛在社会”战略、欧洲“物联网行动计划”以及美国“智能电网”、“智慧地球”、中国的“感知中国”等计划纷纷出台，各国都把物联网建设提升到国家战略来抓，通过大力加强本国物联网建设，来占领这个后 IP 时代制高点，从而推动和引领未来世界经济的发展。

2009 年 1 月 28 日，奥巴马与美国工商业领袖举行了一次“圆桌会议”，IBM 首席执行官彭明盛首次提出“智慧地球”概念。随后，IBM 大中华区首席执行官钱大群公布了“智慧地球”的发展策略，即把新一代 IT 技术充分运用在各行各业之中，例如把感应器嵌入和装备到电网、铁路、桥梁、隧道、公路、建筑、供水系统、大坝、油气管道等各种物体中形成物联网。提议获得了奥巴马总统的积极肯定，并很快被提升为国家物联网的发展战略。

2009 年 8 月，温家宝总理在视察中科院无锡物联网产业研究所时，对于物联网应用也提出了一些看法和要求。自温总理提出“感知中国”以来，物联网被正式列为国家五大新兴战略性产业之一，写入 2010 年中国政府工作报告，物联网在中国受到了全社会极大的关注，其受关注程度是在美国、欧盟以及其他各国不可比拟的。

2.1.3 物联网应用系统的组成

通用的物联网应用系统可以分为四个部分：RFID 系统、中间件系统（Savant 系统）、物联网对象名解析系统和互联网。

物联网应用于物流整个过程，产品生产出来后就为其贴上存储有 EPC 码（产品电子代码）的电子标签，直到产品经历整个生命周期。EPC 码作为它的唯一身份标识，除了存储产品的完整信息外，还可以通过该 EPC 代码在物联网上实时地查询和更新产品的相关信息，即可同时进行产品信息的读取和写入，在物流的各个环节实现产品的定位追踪。

每件产品都加上标签之后，在产品的生产、运输和销售过程中，识读器将不断收到一连串的产品 EPC 码。整个过程中最为重要、同时也是最困难的环节就是传送和管理这些数据。Auto-ID 中心提出一种名叫 Savant 的软件中间件技术，相当于该新式网络的神经系统，负责处理各种不同应用的数据读取和传输。

EPC 码在开放式的、全球性的追踪物品的网络中需要一些特殊的网络结构。因为标签中只存储了产品电子代码，计算机还需要一些将产品电子代码匹配到相应商品信息的方法。这个角色就由对象名称解析服务（ONS）担当，它是一个自动的网络服务系统。

中间件系统利用这些 EPC 码，通过 Internet 在 ONS 上获取包含该产品信息的 EPC 信息服务器的 IP 地址，从而掌握产品所处的状态。另外还可以根据具体需要，通过本地 EPC 信息服务器和原 EPC 信息服务器进行产品数据的记录和修改。

2.2 物联网技术的发展历史

从本质上看，物联网是现代信息技术发展到一定阶段后出现的一种聚合性应用与技术提升，将各种感知技术、现代网络技术和人工智能与自动化技术聚合与集成应用，使人与物智慧对话，创造一个智慧的世界，被称为是信息产业的第三次革命性创新。

物联网的发展历程如图 2-2 所示。物联网的概念是在 1999 年提出来的。1999 年，在美国召开的移动计算和网络国际会议提出了“传感网是下一个世纪人类面临的又一个发展机遇”。而在国内，1999 年中科院上海微系统所等单位开始了物联网的相关工作研究，并呼吁成立国际物联网标准特别工作组。

2003 年，美国《技术评论》提出传感网络技术将是未来改变人们生活的十大技术之首。

2005 年 11 月 17 日，在突尼斯举行的信息社会世界峰会（WSIS）上，国际电信联盟（ITU）发布《ITU 互联网报告 2005：物联网》，正式提出了“物联网”的概念。报告指出，无所不在的“物联网”通信时代即将来临，世界上所有的物体从轮胎到牙刷、从房屋到纸巾都可以通过因特网主动进行交换，射频识别技术（RFID）、传感器技术、纳米技术、智能嵌入技术将得到更加广泛的应用。自此以后，许多国家已纷纷开始“无处不在物联网”的发展战略。随着日韩基于物联网的“泛在社会”战略、欧洲“物联网行动计划”以及美国“智能电网”、“智慧地球”、中国的“感知中国”等计划纷纷出台，各国都把物联网建设提升到国家战略来抓，通过大力加强本国物联网建设，来占领这个后 IP 时代制高点，从而推动和引领未来世界经济的发展。

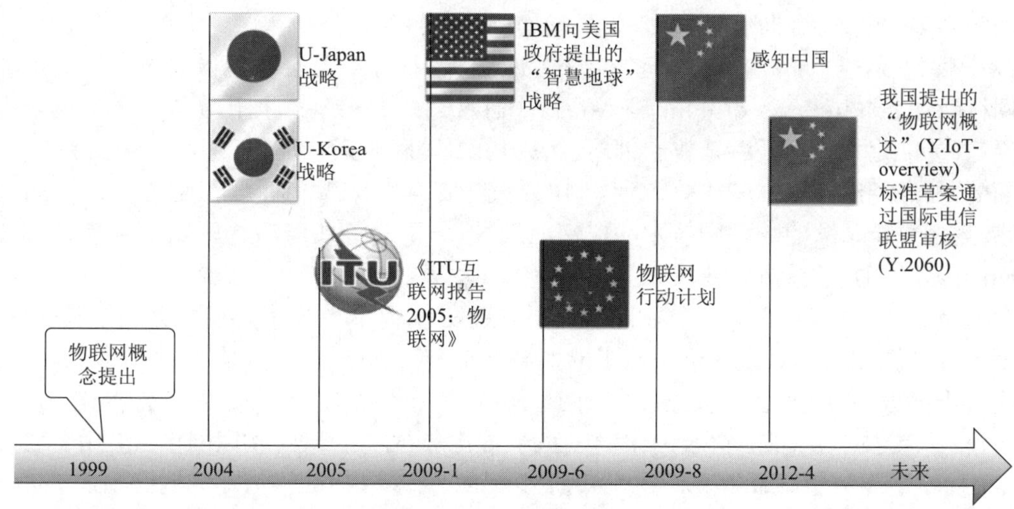

图 2-2　物联网发展历程

1. 美国物联网发展状况

美国毫无疑问在信息技术领域具有垄断地位，他们非常重视物联网的战略地位，在国家情报委员会(NIC)发表的《2025 对美国利益潜在影响的关键技术》报告中，将物联网列为六种关键技术之一。

2009 年 1 月 28 日，奥巴马与美国工商业领袖举行了一次“圆桌会议”，IBM 首席执行官彭明盛首次提出“智慧地球”概念。随后，IBM 大中华区首席执行官钱大群公布了“智慧地球”的发展策略，即把新一代 IT 技术充分运用在各行各业之中，例如把感应器嵌入和装备到电网、铁路、桥梁、隧道、公路、建筑、供水系统、大坝、油气管道等各种物体中形成物联网。提议获得了奥巴马总统的积极肯定，并很快被提升为国家物联网的发展战略。

IBM 前首席执行官郭士纳认为 IT 技术每隔 15 年发生一次变革，人们称之为“十五年周期定律”：1965 年前后发生的变革以大型机为标志，1980 年前后以个人计算机的普及为标志，而 1995 年前后则发生了互联网革命。每一次这样的技术变革都引起企业间、产业间甚至国家间竞争格局的重大动荡和变化，例如 20 世纪 90 年代，美国政府的“信息高速公路”战略建设美国国家信息基础结构，创造了巨大的经济和社会效益。而今天这个新的“十五年周期”的开始，物联网作为振兴经济、确立竞争优势的关键战略为美国和全世界所关注。目前，物联网技术已被列为美国振兴经济的两大重点之一。

美国在物联网技术方面的优势较为明显，EPCglobal 成为事实上的业界标准，RFID、无线传感网络、下一代互联网(IPv6)、云计算技术等也首先在美国开展研究，主要技术由美国企业所掌控。在国家层面上，美国在更大方位地进行信息化战略部署，力图主导全球物联网的发展，确保美国在国际上的信息控制地位。

2. 欧洲物联网发展状况

欧洲在信息化发展中落后美国一步，但作为世界上最大的区域性经济体，欧盟建立了相对完善的物联网政策体系，是世界范围内第一个系统提出物联网发展和管理计划的机构。从最初的信息化战略框架到物联网产业逐渐成熟起来后出台的一系列行动计划、框架计划、战略研究路线图等，涵盖了技术研发、应用领域、标准制定、管理监控、未来愿景等。

2009 年是欧盟物联网发展的重要纪年，从欧盟委员会到物联网领域的专业研究项目组，先后颁布了多份规划欧洲物联网未来发展动向的相关报告。

6月，欧盟委员会向欧盟议会、理事会、欧洲经济和社会委员会及地区委员会递交了《欧盟物联网行动计划》(Internet of Things-An action plan for Europe)，提出了包括物联网管理、安全性保证、标准化、研究开发、开放和创新、达成共识、国际对话、污染管理和未来发展等在内9个方面的14点行动内容。其中，管理体制的制定、安全性保障和标准化是行动计划的重点。此外，计划还描绘了欧盟物联网技术的应用前景，提出了改善政府对物联网的管理，推动欧盟物联网产业发展的10条政策建议。

9月，欧盟第七框架RFID和物联网研究项目簇发布了《物联网战略研究路线图》研究报告，提出了新的物联网概念，并进一步明确了欧盟到2010年、2015年、2020年三个阶段物联网的研究路线图，同时罗列出包括识别技术、物联网架构技术、通信技术、网络技术、软件等在内的12项需要突破的关键技术，以及航空航天、汽车、医药、能源等在内的18个物联网重点应用领域。

11月，欧盟委员会以政策文件的形式对外发布了《未来物联网战略》，计划让欧洲在基于互联网的智能基础设施发展上引领全球，除了通过ICT研发计划投资4亿欧元，启动90多个研发项目提高网络智能化水平外，欧盟委员会拟在2011—2013年间每年新增2亿欧元进一步加强研发力度，同时拿出3亿欧元专款，支持物联网相关公司合作短期项目建设。

12月，欧洲物联网项目总体协调组也发布了《物联网战略研究路线图》，将物联网研究分为感知、宏观架构、通信、组网、软件平台及中间件、硬件、情报提炼、搜索引擎、能源管理、安全等10个层面，系统地提出了物联网战略研究的关键技术和路径。

2010年，在欧盟第七框架计划(FP7)发布的“2011年工作计划”中，确立了2011—2012年期间ICT领域需要优先发展的项目，并对有关未来互联网的研究指出将加强云计算、服务型互联网、先进软件工程等相关协调与支持活动。

除了上述欧盟框架计划之外，欧盟还有以下3个项目组织在对物联网进行研究和推动，见表2-1。

表2-1 欧盟物联网研究机构

项目组	研究方向
CERP-IOT，欧洲物联网项目组	成立于2007年，研究重点为RFID技术
GRIFS，全球标准互用性论坛	GRIFS由欧洲委员会资助，于2008年成立，目标是提高协作，使全球RFID标准互用性最大化。GRIFS项目发起的论坛，在项目结束后将通过全球在RFID领域主要活动的标准组织之间的谅解备忘录继续建设性的工作
ETSI，欧洲电信标准协会	ETSI一直致力于物联网的标准化工作，将物联网定义为ETSI委员会战略政策题目，目前正在制定M2M的标准架构

3. 日本物联网发展状况

日本是世界上第一个提出“泛在”战略的国家，“泛在网”即广泛存在的网络，它以无所不在、无所不包、无所不能为基本特征，以实现在任何时间、任何地点、任何人、任何物都能顺畅地通信的目标。目前，随着经济发展和社会信息化水平的日益提高，构建“泛在网络社会”，带动信息产业的整体发展，已经成为一些发达国家和城市追求的目标。

日本是较早启动物联网应用的国家之一。从20世纪90年代中期以来，日本政府相继制定了多项国家信息技术发展战略，有序地开展了大规模的信息基础设施建设，为其后国家物联网的发展奠定了良好的基础。进入21世纪以来，日本仍然积极推进IT立国战略，政府于

2000 年首先提出了“IT 基本法”，其发展历程主要涵盖三个主要阶段：E-Japan—E-Japan Ⅱ—U-Japan。日本政府还十分重视采取政策引导的方式推动物联网的发展，根据市场需求变化，对当前的应用给予政策上的积极鼓励和支持，对于长远的规划，则制定了国家示范项目，并用资金等相关扶持方式吸引企业投入技术的研发和推广应用。

2003 年 1 月，IT 战略总部提出了推行“E-Japan”战略的口号。

2004 年，日本总务省提出“U-Japan”计划，旨在推进日本信息通信技术建设，发展无所不在的网络和相关产业，计划到 2010 年将日本建设成一个“任何时间、任何地点、任何人、任何物”都可以上网的环境，并由此催生新一代信息科技革命。

近年来，日本在信息技术应用方面的各种排行榜上远落后于北欧各国。对此，日本的有识之士指出，日本的数字鸿沟在不断扩大，在行政、医疗、教育等领域的信息技术应用程度方面，日本与世界先进国家的差距也在扩大。

全球金融危机爆发后，为了尽快实现经济复苏，同时也作为 U-Japan 战略的后续发展战略，日本 IT 战略本部于 2009 年 7 月 6 日发布了新一代的信息化战略—“I-Japan 战略 2015”，目标是实现以国民为中心的数字安心、活力社会。在 I-Japan 战略中，强化了物联网在交通、医疗、教育和环境监测等领域的应用。

日本政府认识到目前已进入到将各种信息和业务通过互联网提供的“云计算”时代。政府希望，通过执行“I-Japan”战略，开拓支持日本中长期经济发展的新产业，要大力发展以绿色信息技术为代表的环境技术和智能交通系统等重大项目。

“I-Japan”战略由三个关键部分组成，一是建立电子政务，医疗保健和人才教育核心领域信息系统；二是培育新产业；三是整顿数字化基础设施。

“I-Japan”战略旨在构建一个以人为本、充满活力的数字化社会，让数字信息技术如同空气和水一般融入每个角落，并由此改革整个经济社会，催生新的活力，积极实现自主创新。

“I-Japan”战略的要点在于实现数字技术的易用性，突破阻碍数字技术适用的各种壁垒，确保信息安全，最终通过数字化和信息技术向经济社会渗透，打造全新的日本。

2010 年 5 月 17 日，日本总务省发布了“智能云研究会报告书”，制定了“智能云战略”，目的在于借助云服务，推动整个社会系统实现海量信息和知识的集成和共享，该战略及技术战略内容包括促进下一代云计算技术的研发和推进标准化活动。

4. 中国物联网发展状况

在我国，2009 年 8 月温家宝总理视察中科院无锡物联网产业，正式提出了“感知中国”的概念，随后物联网被正式列为国家五大新兴战略性产业之一。此后，发改委、工信部等部委会同有关部门，在新一代信息技术方面开展研究，以形成支持新一代信息技术的一些新政策措施，从而推动我国经济的发展。

中国陆续出台的系列物联网产业发展政策，为国内物联网产业的发展创造了良好的产业环境，包括物联网在内的新一代信息技术明确为国家七个重点产业之一并列入“十二五”重点发展规划。相关政策规定见表 2-2。各地政府也迅速部署，大力支持。

表 2-2　中国物联网产业发展政策

政策名称	发布日期	政策要点
《国家中长期科学和技术发展规划纲要》	2006 年 2 月	将“传感器网络及智能信息处理”列入信息产业及现代服务业领域的优先发展主题

续上表

政策名称	发布日期	政策要点
《信息产业科技发展“十一五”计划和2020年中长期规划(纲要)》	2008年11月	对物联网发展做了整体布局,提出打造完整产业链,形成产业群体
《国家发展改革委办公厅关于当前推进高技术服务业发展有关工作的通知》	2010年7月	开展物联网应用服务,重点在精细农牧业、工业智能生产、交通物流、电网、金融、医疗卫生等领域
《国务院关于加快培育和发展战略性新兴产业的决定》	2010年10月	● 支持物联网企业大力发展有利于扩大市场需求的专业服务、增值服务等新业态 ● 促进物联网的研发和示范应用
《关于印发进一步鼓励软件产业和集成电路产业发展若干政策的通知》	2011年1月	● 进一步加大对科技创新的支持力度 ● 进一步落实和完善相关营业税优惠政策 ● 大力支持重要的软件和集成电路项目建设 ● 鼓励、支持软件企业和集成电路企业加强产业资源整合
《中华人民共和国国民经济和社会发展第十二个五年规划纲要》	2011年3月	全面提高信息化水平,推进物联网研发应用
《物联网发展专项资金管理暂行办法》	2011年4月	● 支持企业自主创新 ● 支持物联网技术研发与产业化、标准研究与制订、应用示范与推广、公共服务平台等方面的项目
《关于做好2011年物联网发展专项资金项目申报工作的通知》	2011年5月	● 重点支持技术研发、产业化、应用示范与推广、标准研制与公共服务四类项目 ● 以物联网关键核心技术及重点产品的研发和产业化为支持重点,注重统筹规划
《物联网“十二五”发展规划》	2012年2月	● 大力攻克核心技术等八大主要任务 ● 建设关键技术创新等五大工程,建立统筹协调机制等五大保障措施 ● 在智能工业、智能农业、智能物流、智能交通、智能电网、智能环保、智能安防、智能医疗、智能家居领域开展应用示范工程

2009年,中关村物联网产业联盟正式成立。2009年底,“中国电信物联网应用和推广中心”、“中国电信物联网技术重点实验室”在江苏无锡成立,标志着中国第一个“物联网城市”在无锡正式启程。

2010年1月,传感网技术产业联盟在无锡成立。5月,我国首个针对物联网、传感产业融资的“物联网产业基金”签约设立。

2012年4月,国际电信联盟(ITU-T)第13研究组会议审议通过了我国提出的“物联网概述”(Y. IoT-overview)标准草案,标准编号为Y. 2060。这是全球第一个物联网总体性标准,由我国工业和信息化部电信研究院在2011年5月发起立项,该标准涵盖物联网的概念、术语、技术视图、特征、需求、参考模型、商业模式等基本内容,对于指导和促进全球物联网技术、产业、应用、标准的发展具有重要意义。

自1999年起,中国科学院相关研究所、高校和部分企业在传感网、物联网的许多技术领域已开展科学研究、产业化攻关,支持了从传感器、信号传输、信息处理、系统集成和示范应用等多方面的研发和产业化工作，在一些关键技术上实现了突破。

我国与美欧日韩等同为物联网技术领先国家，是物联网国际标准的主要制定国之一，在建立自主标准方面具有一定优势，并有主导标准的机会。在政府的重视下，我国在传感器网络接口、标志、安全、传感器网络与通信网融合发展、泛在网体系架构等相关技术标准的研究已取得了一些进展，具备攻坚物联网国际标准的能力。不过在物联网总体标准体系建设方面，目前国内外并没有形成统一标准。

虽然我国各地政府机构正在积极地开展物联网相关产业发展工作，如建设园区，成立产业联盟，但是全国范围内尚未进行统筹规划，部门之间、地区之间、行业之间的分割情况较为普遍，缺乏顶层设计，资源共享不足，加上规划意识不强、协调机制薄弱，凸现出难以形成产业规划、研究成本过高、资源利用率过低、无序重复建设现象严重的态势。

纵观我国物联网的技术创新，相当一部分是在原有信息化技术基础上的深化和发展，通过增加新功能，使之具备物联网特性。但由于这不是从无到有的原生态创新，所以也很难形成核心技术，导致大量采用国外技术，在专利方面受制于人，在信息安全方面没有保障。比如，传感器芯片作为传感网技术的核心，从技术到制造工艺，我国均落后于美国等发达国家。更导致物联网数据采集环节的传感器、电子标签的成本过高，从而拖累整个物联网行业的发展。在第十三届高交会上，工信部科技司副司长李力也表示，目前，我国物联网企业核心技术和高端产品与国外差距较大，高端综合集成服务能力不强，缺乏骨干龙头企业，应用水平较低，且规模化应用少，信息安全方面存在隐患等。

2.3 物联网企业现状

在交通运输行业推广应用中，物联网技术可对人、车(船)、路、货、环境等交通要素的数据进行有效集成，在推动交通信息化的同时建立起大范围、全时空、实时、准确、高效的智能交通运输管理系统，从而提高交通运输服务水平。可见物联网技术在推进交通信息化建设、发展智能交通的进程中发挥着关键作用。

目前物联网产业正处于蓬勃发展时期。我国的物联网产业发展已初具规模，国家自然科学基金、863、973 等都对物联网产业给予了较多的支持，《国家中长期科技发展规划纲要(2006—2020)》在重大专项、优先主题、前沿技术三个层面均列入传感网的内容，正在实施的国家科技重大专项也将无线传感网作为主要方向之一，对若干物联网关键技术领域与重要应用领域给予支持。我国在传感器、通信、网络等方面拥有众多自主知识产权产品和专利，与国外基本处于同一起跑线。中科院上海微系统所已获得无线传感网、微型传感器、芯片设计等许多重大创新科技成果。在传感网的盲源分离、多目标协同识别、跟踪定位等领域的部分关键技术居世界先进水平，在智能交通等领域已有若干成功案例。中科院上海微系统所还牵头组建了传感网产学研上海联盟，另外，哈尔滨工业大学、清华大学、北京邮电大学、西北工业大学、天津大学和国防科技大学等高校在国内也较早开展了传感网及物联网的研究，华为技术、中兴通讯、普天通信、中电集团、中电科技等大型企业也加入了研究行列。

我国大力发展物联网产业的环境已经初步形成。在政府层面，除江苏无锡以外，北京、上海、广东、福建、山东、浙江等信息产业较为发达的区域也已经着手制定规划，部分大企业也开始进行市场进入研究。

就福建省而言，该省拥有传感器、网络传输、数据处理等基本完善的产业链，出现了一批在某些领域产品研发和应用推广全国的领先企业。全省已有100多家从事物联网研发、生产、应用、服务的机构和企业。

1. 技术研发部分领先

福建省在传感仪表、自动化控制、电子回执、射频读卡器、自助终端、物联网操作系统级中间件平台等领域的研发居国内领先水平，并已成立三个RFID应用研究中心，在技术成果转化方面初见成效。

2. 应用市场持续拓展

福建省产品在全国智能监控系统应用较为广泛，传感仪表已进入国外市场，二维码智能识读机具、各式标签、智能卡、RFID读写设备、网络终端等已在国内广泛应用。在相关政府部门的主导下，福建省已经陆续建设了交通运政管理系统、营运车辆卫星定位安全服务系统、道路运输车辆运营管理系统、交通地理信息系统等交通信息化平台，通信运营商从2002年起就开始为行业客户量身打造集数据采集、传输、处理和业务管理于一体的"全球眼"、定位服务、安全监控、智能停车场、掌上公交等物联网解决方案，积累了丰富的物联网运营经验。RFID等物联网技术在厦门入岛收费及高速公路运营方面得到了较好的应用。

3. 通信网络设施先进

福建省已经建成一个国内领先、初步达到世界先进技术水平的信息网络体系。高速有线和无线宽带网络覆盖全省，97%和100%建制村实现有线和无线上网，移动电话普及率、有线宽带、网站、网民、域名总数等相关指标分别位居全国第4～6位。福建是中国移动在全国进行TD-SCDMA试验网建设的首批省份之一，加上电信CDMA2000和联通WCDMA的3G网络改造建设，第三代移动通信基础设施基本完善，具备在更高水平、更深层次和更大范围上推进泛在信息网络和无线信息技术应用的基础和条件[14]。

我国物联网产业发展有一定进展，但也存在许多问题。

1. 企业规模偏小

目前有众多企业开始涉足物联网领域，但企业规模普遍偏小，缺乏龙头企业带动形成产业集群，产业联动效应不足。特别是在应用领域缺乏大型企业，难以支撑以应用为牵引带动产业的发展路线。在运营与服务环节中，运营商也是初步进入该领域，市场仍处于探索阶段，拉动效应不明显。

2. 技术标准缺乏

我国在传感网国际标准制定中具备一定话语权，处于较为领先的位置。但总的来说，标准发展仍相当滞后于应用发展。在"共性平台＋应用子集"的标准架构下，共性技术发展不够成熟，应用子集也不够丰富，特别是行业标准规范的缺失，大大制约了物联网产品的产业化与应用的工程化。

3. 创新体系不完善

我国有众多高校科研院所、企业展开了物联网技术研究，然而以企业为主体的创新体系尚未建立，产学研合作不够紧密，科技成果产业化进程较慢。

4. 应用数量层次偏低

全国范围内已经出现了一些物联网应用，但总的来说，现有应用数量仍不足以带动产业发展。部分领域应用技术水平与工程化程度较低，一些深层次的问题仍没有得到解决，市场风险仍然较大，难以实现规模化发展[15]。

第3章　交通物联网系统结构

要深入研究交通物联网的体系架构，必须首先了解交通物联网的应用需求。国家《公路水路交通运输信息化“十二五”发展规划》等相关政策中，在交通基础设施（运输设备）监测、交通信息资源整合、公众服务能力、行业管理与决策支持等方面提出了具体的建设目标，也从国家层面上提出了交通物联网应用的建设需求。

通过开展交通物联网应用建设，制定交通信息资源共享与交换规范，充分利用和整合已有的物联网信息服务资源，建立人、车（船）、路、货、环境一体的自主采集与服务模型，为信息服务或信息开发企业提供资源服务，延伸更多的交通物联网应用，为政府、行业以及公众提供服务，推动交通运输信息化基础设施进一步完善，显著提升交通信息服务水平，形成共生共赢的信息化服务产业链，促进交通信息化建设的可持续发展。

由此可见，交通物联网是以“智慧交通”为发展方向，核心是对交通信息数据的采集、传输、处理和服务，其系统功能模型可定义如图 3-1所示。

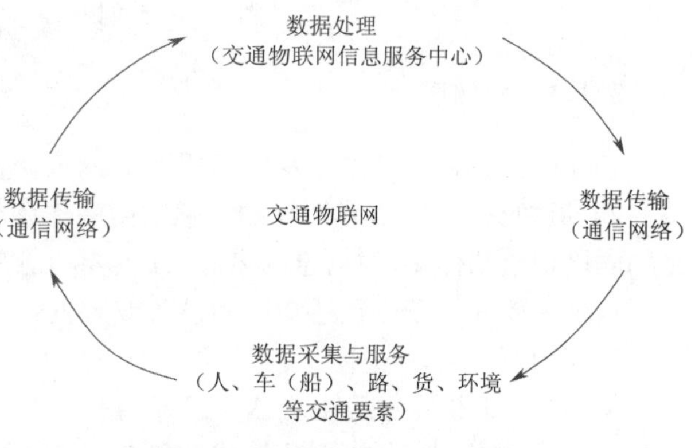

图 3-1　交通物联网系统功能模型

（1）信息采集：包括信息的感知和信息的识别；

（2）信息传输：包括信息发送、传输和接收等环节；

（3）信息处理：对海量数据和信息进行分析和处理，实现对事物的认知以及利用已有的信息产生新的信息，即制定策略的过程；

（4）信息服务：信息最终发挥效用的过程，通过控制策略调整对象的行为，使对象处于预期的运动状态。

由此可见，交通物联网是一个以数据为核心，综合利用各种信息技术，有效集成各交通要素的数据采集、传输、处理与服务，并形成数据流的正向反馈的闭环系统。基于其数据流的正向反馈特性，可以预见交通物联网技术的研究与应用推广即将迎来快速的、可持续的增长。其中，全面感知、泛在网络和云计算等新兴信息技术为交通物联网的应用推广提供了全面的技术支撑。

3.1　体系结构

交通物联网可以理解为物联网技术在交通运输行业的应用，是物联网和交通运输相结合的产物。交通物联网以信息感知、泛在网络和云计算等技术为支撑，实现交通运输系统中人、车（船）、路、货、环境等多元交通要素信息的融合处理，有机集成交通信息的数据采集、传输、处理与服务的综合体系。

结合目前在业界公认的物联网三层体系架构[16]，如图 3-2 所示，交通物联网体系结构包含三层：底层是数据采集的感知层，利用 RFID 技术、传感器、摄像头、GPS 等随时随地获取交通信息；第二层是数据传输的网络层，将底层感知的交通信息通过各种网络实时准确地传递给上层进行分析和处理；第三层则是数据处理和提供数据服务的应用层，利用云计算、模糊识别等各种智能计算技术，对海量交通数据和信息进行分析和处理，对交通各要素实施智能化的控制，应用层同时也是物联网和用户的接口。

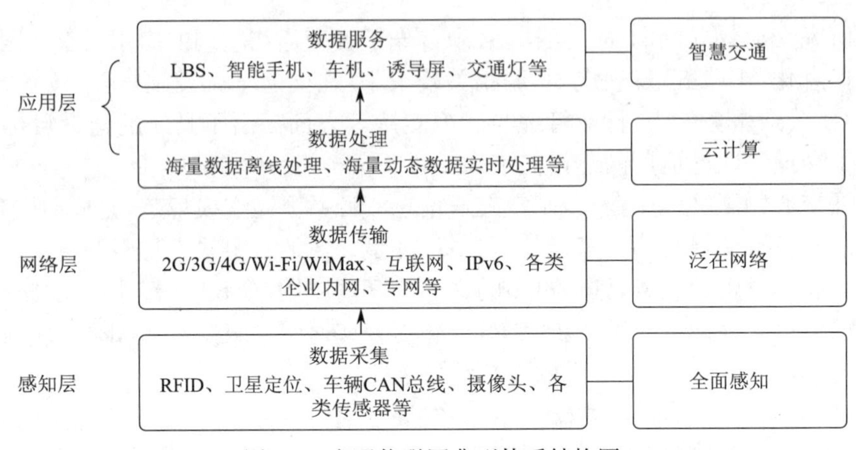

图 3-2　交通物联网典型体系结构图

3.1.1　感知层

感知层由各种传感器以及传感器网关构成，包括温度传感器、湿度传感器、RFID 标签和读写器、摄像头、GPS 等感知终端。感知层的作用相当于人的眼耳鼻喉和皮肤等神经末梢，它是物联网识别物体、采集信息的来源，其主要功能是识别物体和采集信息。

这里主要介绍工作在感知层的设备或装置：

1. RFID 标签

RFID 标签由耦合元件及芯片组成，每个 RFID 标签具有唯一的电子编码，附着在物体上标识目标对象，俗称电子标签或智能标签。标签的外形尺寸主要由天线决定，而天线又取决于工作频率和对作用距离的要求。目前有四种频率的标签在使用中比较常见，即低频标签（125 kHz或 134. 2 kHz），高频标签（13. 56 MHz），超高频标签（868～956 MHz）以及微波标签（2. 45 GHz 和 5. 8 GHz），如日本的电子不停车收费系统采用 5. 8 GHz 的频段。频率越高，作用距离就越大，数据传输率也就越高，识别标签的外形尺寸就可以做得更小，但成本也就越高。

按照标签内部是否供电，RFID 标签可分为被动、半被动（也称作半主动）和主动三类，2. 45 GHz和 5. 8 GHz 射频电子标签多为半被动标签。

被动式标签没有内部供电电源，其内部集成电路通过接收到的电磁波进行驱动，这些电磁波是由 RFID 读取器发出的。当标签接收到足够强度的讯号时，可以向读取器发出数据。这些数据不仅包括 ID 号（全球唯一标示 ID），还可以包括预先存在于标签内 EEPROM 中的数据。由于被动式标签具有价格低廉，体积小巧，无需电源的优点，目前市场的 RFID 标签主要是被动式的。

半主动式标签里内置了一个小型电池，电力恰好可以驱动标签，使得标签处于工作的状态。这样的好处在于，天线可以不用管接收电磁波的任务，充分作为回传信号之用。比起被动式,半主动式有更快的反应速度,更好的效率。

与被动式和半被动式不同的是,主动式标签本身具有内部电源供应器,用以供应内部标签所需电源以产生对外的讯号。一般来说,主动式标签拥有较长的读取距离和较大的记忆体容量,可以用来储存读取器所传送来的一些附加信息。

2. RFID 读写器

RFID 读卡器是一种能阅读电子标签数据的自动识别设备,它能自动识别目标对象并获取相关数据,即便标签被他物遮盖或者不可见,读取器只要靠近射频标签就可以读取,读写器可工作于各种恶劣环境,可识别高速运动物体(如移动的车辆)并可同时识别多个标签, 操作快捷方便。

表 3-1 列出了不同频段的读卡器读取电子标签的几项参数。

表 3-1　读卡器参数表

工作频率	协议	最大读取距离	受方向影响	数据传输速率
125 kHz	ISO 11784/11785 ISO 18000-2	10 cm	无	慢
13.56 MHz	ISO/IEC 14443	10 cm	无	较慢
	ISO/IEC 15693	单向 180 cm 双向 100 cm	无	较快
860～930 MHz	ISO 18000-6	10 m	一般	读快 写较慢
2.45 GHz	ISO 10374 ISO 18000-4	10 m	一般	较快
5.8 GHz	ISO 18000-5	10 m 以上	一般	较快

3. 传感器

传感器是机器感知物质世界的“感觉器官”,用来感知信息采集点的环境参数,它可以感知热、力、光、电、声、位移等信号,为物联网系统提供最原始的信息。随着电子技术的不断进步,传统的传感器正逐步实现微型化、智能化、信息化、网络化。目前道路交通系统中所用传感器类型很多,如环形线圈、磁场传感器、基于微波、超声、红外及视频等的传感器。

环型感应线圈车辆检测器是最为传统的检测器,一直沿用至今。其性能稳定、抗干扰能力强。可检测经过指定点的车辆,计算交通流参数,通过合理分布的线圈传感器组,可在路口采集检测范围内的车辆感应信号序列,经数字化、智能化信号处理和信号识别,提取出相关的交通流数据。

环形感应线圈车辆检测器的主要功能有:测定指定车道的交通流数据(车流量、占有率)、检测指定路段的交通流状况、与其他类型检测器和监控设备相配合,以多传感器融合的方式,完成特定事件的检测和处理(如逆向行驶、超速行驶等违章检测)。

微波传感器广泛应用于高速公路和城市道路管理监测系统,可同时探测 8 条车道,收集各车道的车流量、道路占用率和平均速度等数据,并可探测静止车辆的排队状况。传感器的输出信号与一般常见的检测器兼容,可通过数据接口与控制系统相连或直接替代传统的多个感应线圈探测器。

超声波检测器采用悬挂式安装,由超声波探头、通信电路、控制部分组成,通过向探测区域不断地发送超声波并接收返回的超声波，根据接收与返回的时间差来确定有无车辆通过等数据，从而实现对交通流数据的检测。

红外检测器检测精度容易受到风、雪、雨等自然环境的影响，工作现场的灰尘、冰雾也会影响系统的正常工作。视频检测器可以同时完成多条车道的交通参数采集，还具有采集视频图像的功能，安装调试设置灵活，检测区域面积大，维护简单，但是其检测精度受到天气等周围环境的影响较大。

磁场传感器具有体积小，易于安装，可提供大量交通管理信息，检测精度不受环境影响，安装过程中对路面破坏程度小，不易被重型车辆损坏，可以检测静止的车辆等优点。

无线网络传感器是一种集传感器、控制器、计算能力、通信能力于一身的嵌入式设备。它们跟外界物理环境交互，将收集到的信息通过传感器网络传送给其他的计算设备，如传统的计算机等。随着传感器技术、嵌入式计算技术、通信技术和半导体与微机电系统制造技术的飞速发展，制造微型、弹性、低功耗的无线网络传感器已逐渐成为现实。无线网络传感器一般集成一个低功耗的微控制器（MCU）以及若干存储器、无线电/光通信装置、传感器等组件，通过传感器、动臂机构以及通信装置和它们所处的外界物理环境交互。一般说来，单个传感器的功能是非常有限的，但是当它们被大量地分布到物理环境中，并组织成一个传感器网络，再配置以性能良好的系统软件平台，就可以完成强大的实时跟踪、环境监测、状态监测等功能。

震动传感器可用来采集车与路之间的震动情况，从而实现道路状况的自动检测。

4. 浮动车

浮动车是指安装有 GPS（全球定位系统）和无线通信装置的普通车辆（如出租车、公交车、警车等），它能够采集车辆的位置、行驶方向和速度，且能够与交通数据中心进行信息交换。浮动车对分析道路运行状况、拥堵原因、提供交通诱导服务等方面起到重要的作用。

3.1.2 网络层

网络层由各种私有网络、互联网、移动通信网、网络管理系统等组成，其主要功能是负责采集数据和服务数据无处不在的双向传输。相当于人的神经中枢和大脑，负责传递和处理感知层获取的信息。

3.1.3 应用层

应用层的主要功能包括两个方面：

一方面应用层相当于人体的大脑处理感知层获取的信息。如何快速、实时地处理感知层所获取的海量交通信息，一直是交通物联网面临的关键问题，云计算的出现就是为了解决这个难题。它是为了实现 IT 资源的按需服务（可能需要付费），由多种产品和服务集成起来的端到端的解决方案。

云计算平台作为应用层的支撑平台，负责数据信息的集中、实时分析和处理，这部分主要涉及云计算平台中的硬件云服务。硬件的云服务是指通过分布式计算和虚拟化技术搭建超级服务器资源池，以提供所需的 CPU、存储、网络和其他基本的计算资源，使海量动态交通信息实时处理和离线处理成为可能。

另一个方面，应用层是交通物联网和用户（包括人、组织和其他系统）的接口，它与行业需求结合，实现行业监管、政府决策、应急处置、公众服务等应用，这部分主要涉及云计算平台软件和数据的云服务。

软件的云服务，是指通过将用户可采用的开发语言和工具(例如 Java，python，.Net 等)以及应用系统部署到硬件资源池上，以免费或按需租用方式向技术开发者或者企业客户提供软件研发的基础平台和应用程序。

数据的云服务，是指通过将数据资源以方便用户访问和使用的方式部署到软硬件资源池上，以免费或按需租用方式向技术开发者或者企业客户提供软件研发和应用的数据资源。

从交通物联网的功能和本质上看，其关键点在于海量交通元数据如何基于网络进行传输、分析和处理，并对各交通要素实施智能化的控制[17,18]，进而提供车载信息服务(TSP)、车载互联网应用等应用服务，实现“智慧交通”的发展目标。其中，海量数据的分析、处理是重点和难点，要解决这个问题，就必须建立一个功能强大的业务服务平台。云计算正是为了解决平台问题而出现的一种全新的、完整的体系架构，它使得物联网在互联网基础之上的延伸和发展能够得以实现[19,20]。云计算对于交通物联网的海量数据处理起到了重要的支持作用[21-23]，没有云计算，物联网就会成为“物离网”——一个一个的信息孤岛，没有云计算平台支持的物联网价值不大。因此，云计算技术的发展和应用，更进一步促进了交通物联网的发展。

3.2　系统架构

交通物联网应用系统实质是一个以数据为中心的包括采集、传输、处理和服务 4 个环节的应用系统。以车载信息服务应用系统为例，其系统架构可设计如图 3-3 所示。

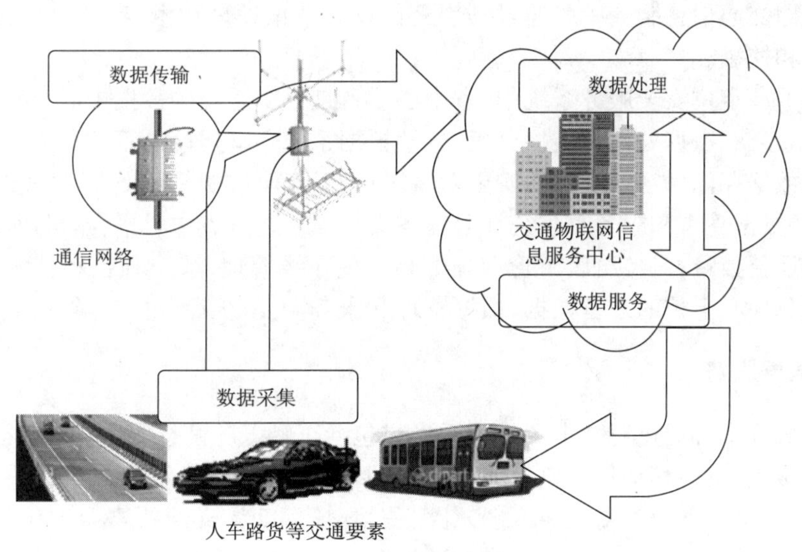

图 3-3　车载信息服务应用系统架构

从图 3-3 可知，每个交通要素通常既是交通物联网的数据采集源，也同时是交通物联网的数据服务对象。数据服务是物联网与云计算技术的终极目标，交通物联网实质上是一个由数据采集、数据传输、数据处理和数据服务构成的有机整体。

3.2.1　数据采集

以车联网信息服务为例，数据采集通过车辆 CAN 总线、各类传感器以及摄像头等动态采集车辆身份信息、车身工况信息、驾驶员操作信息、载乘与载货信息、位置速度信息以及车辆周边的各种传感信息等数据。

而在电子不停车收费(ETC)系统中则利用 RFID、地磁感应识别器、摄像头和红外感知系统来采集识别车辆的固有信息。

营运车辆卫星定位安全服务系统中利用 GPS 装置来采集车辆的行驶速度、方向和当前位置。

3.2.2 数据传输

数据传输即将采集到的交通数据通过各种通信技术(如 3G、4G 和 Wi-Fi 等)实时地传送到交通物联网信息服务中心。

电子不停车收费中路边收费站通过互联网与管理中心实现互联互通。

营运车辆卫星定位安全服务系统中,安装在车上的移动车载终端通过 GPRS/CDMA1X 网络与省中心平台通信,为提高系统可靠性可以利用短消息作为部分数据通道备份,省中心与当地移动公司短信网关和 GPRS/CDMA1X 网关间通过专线接入。管理分中心通过互联网与省中心平台实现互联互通,实施对辖区在网车辆的管理功能,实时反映在网运营车辆数量。并实施对辖区工作站的管理、监控和协调。同时管理分中心支持工作站上传的运营数据统计,以及根据管理和服务需要,统计分析各类数据。

3.2.3 数据处理

数据处理即交通信息服务中心通过利用云计算等数据处理技术,实现对海量动态交通数据的实时处理和挖掘。

营运车辆卫星定位安全服务系统中,省中心平台是整个系统的数据中心,负责在网车辆的数据通信、数据存储、数据处理及数据分发;各地根据系统要求建设的管理分中心,负责对辖区内在网车辆的数据存储、数据处理,并实施对辖区内在网车辆的管理及监控,实时反映在网车辆运营状态,并根据管理和服务需求统计分析各类数据。通过省中心平台,可以实时反映全省营运汽车在网运营数量;对各设区市管理分中心实现在线管理、系统升级和技术支持等;统计各设区市管理分中心上传的运营数据;根据管理和服务需要,统计分析各类数据。

3.2.4 数据服务

交通信息服务中心通过对数据的处理后形成包括车辆工况信息服务、实时路况信息服务、交通地理信息服务、交通移动位置信息服务、交通基础设施运行信息服务、交通视频监控信息服务、出行策划信息服务等覆盖人、车(船)、路、货、环境等 5 大交通要素全方位的交通物联网信息服务,并进而通过各种通信技术提供交通物联网信息的按需服务。

营运车辆卫星定位安全服务系统中,省中心可为政府各相关行业招标人管部门(交通、公安、交警、安监、建设等)提供平台接口和信息服务,实现资源共享。相关行业管理部门(交通、公安、交警、安监、建设等)可以通过身份认证接入到省中心平台,根据省中心的授权实现对在网车辆的跟踪管理及各类信息服务,并可利用平台提供的接口功能实现与自身信息系统互联互通;相关企业通过认证的接入方式根据省中心的授权实现信息共享;对于个人用户,可通过网上查车系统实时监控及管理所属车辆信息,也可通过手机短信方式查询车辆实时位置信息。

基于营运车辆卫星定位安全服务系统,可以提供交通地理信息公共服务、交通动态位置信息服务、公众出行交通信息服务等信息服务。

数据的按需服务是物联网技术应用的根本目的。例如对于公众驾车出行交通信息服务。交通物联网信息服务中心可根据用户当前的车辆工况、驾驶速度、当前所在位置的道路健康状态与周边环境以及前方道路的实时拥堵状态等信息，智能地按需提供危险驾驶行为预警、谨慎驾驶路段提醒、实时路况语音提示、周边配套信息友情服务等交通信息服务。

3.3　技术体系

参照交通物联网的体系架构，对交通物联网涉及的核心技术进行归类和梳理，可以形成如图 3-4 所示的交通物联网技术体系模型。其中，海量交通元数据信息的感知、采集和传输是交通物联网的基础，计算与实时处理是交通物联网的核心支撑，服务和应用则是交通物联网的最终价值体现。

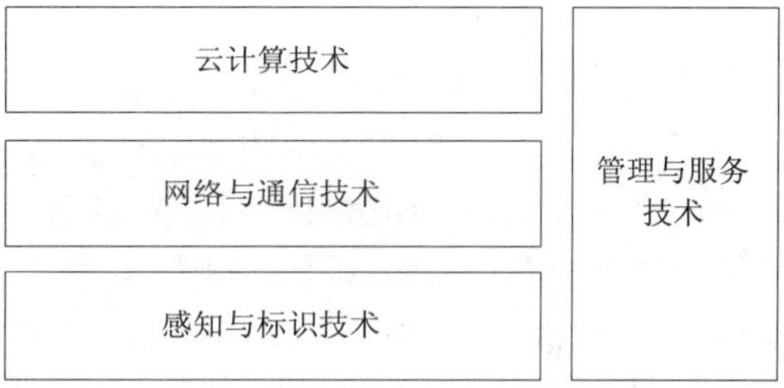

云计算技术

网络与通信技术

感知与标识技术

管理与服务技术

图 3-4　交通物联网的技术体系模型

3.3.1　感知与标识技术

感知和标识技术是交通物联网的基础，负责采集交通事件和数据，实现交通信息的感知和识别，包括多种发展成熟度差异性很大的技术，如 RFID、条码、WSN、雷达、摄像头、红外等多种标识手段。其中 RFID 已被公认为是物联网的构建基础和核心[24]。RFID 技术在交通运输行业有着广泛的应用，如智能交通领域、物流领域等。目前典型应用包括道路运政管理、水路运政管理、港口管理及海事管理、高速公路联网收费与不停车收费、多路径识别、车辆管理、集装箱管理、船舶管理、货物管理、堆场管理等。

1. 传感技术

传感技术利用传感器和多跳自组织传感器网络等，协作感知、采集交通运输系统中各交通要素的信息。目前这方面的研究热点包括泛在传感网等，它是物联网末梢所采用的关键技术之一[25,26]。泛在传感网是由多个传感节点组成的分布式无线自组织网络，用来感知物体周围环境的物理参数发生变化的信息，一般提供局域或小范围内各交通要素之间的信息交换。

泛在传感网的研究已经取得了一些重要的进展[25-27]，形成了一些典型的传感器节点平台，也有了各种传感器网通信协议，中间件技术的研究也相继展开，协同控制等应用研究也取得了初步成果。

2. 识别技术

识别技术涵盖物体识别、位置识别和地理识别等诸多方面，对各交通要素的识别是实现交通物联网全面感知的基础。交通物联网标识技术是以 RFID、二维码标识为基础的，对象标识体系是交通物联网的一个重要技术点。以 RFID 为例，RFID 技术在交通运输行业有着广泛的应用，如智能交通领域、物流领域等。目前典型应用包括道路运政管理、水路运政管理、港口管理及海事管理、高速公路联网收费与不停车收费、多路径识别、车辆管理、集装箱管理、船舶管理、货物管理、站场管理等。RFID 融合了信息技术、计算机技术、网络技术、射频技术等最新技术，利用射频信号或空间耦合（电感或电磁耦合）的传输特性，实现对物的自动识别。目前有源标签、无源标签及半无源标签均得到了发展，标签成本不断降低，行业的应用规模不断扩大，其安全性正成为大家关注的重点[28]。

从应用需求的角度，识别技术首先要解决的是对象的全局标识问题，需要研究物联网的标准化物体标识体系，进一步融合及适当兼容现有各种传感器和标识方法，并支持现有的和未来的识别方案[29]。

通过对比美国、中国、日本在该领域的专利状况，美国和日本研发方向多样，技术实力较强，中国则呈快速发展态势[30]。

3.3.2 网络与通信技术

网络是交通物联网信息传递和服务支撑的基础设施，通过泛在的互联功能，实现感知信息高可靠性、高安全性传送。

1. 接入与组网

交通物联网的网络技术涵盖泛在接入和骨干传输等多个层面的内容，主要有 Internet、3G、4G、Wi-Fi 等。但是无论使用哪种技术进行通信，通信设备都需要分配一个唯一编号，即 IP 地址。目前 IPv4（互联网协议第四版）地址总数为 2^{32}，即大约 43 亿，已经在 2011 年 2 月 3 日正式宣告枯竭。IPv6 采用 128 位（2^{128}）地址长度，几乎可以不受限制地提供地址。按保守方法估算 IPv6 实际可用的 IPv6 数量，几乎可以给地球上的每个物体都分配到一个 IP 地址，这不但解决了网络地址资源数量的问题，同时也为物联网的发展提供了基础支持条件，即每个“物”都可以赋以独一无二的地址[31]。

在通信网络方面我国具有较强的基础，下一代互联网关键技术 IPv6 的开发进展与世界同步，拥有自主知识产权标准的第三代移动通信标准 TD-SCDMA 已经在全国范围内推广，目前已被国际上广泛接受和认可。2012 年 1 月 20 日，我国提出的 TD-LTE 正式成为 4G 标准之一。

交通物联网的网络接入是通过网关来完成的，文献[32]中的 Multi-Radio 高性能网关，支持 802.11n 和 IPv6 协议，且可同时支持三个嵌入式 Wi-Fi 模块的操作，实验测试结果也表明其完全能够满足交通物联网的网络传输需求。

而以传感器网络为代表的末梢网络在规模化应用后，面临与骨干网络的接入问题，并且其网络技术需要与骨干网络进行充分协同，这些都将面临着新的挑战，需要研究固定、无线和移动网及 Ad-hoc 网技术、自治计算与联网技术等。

2. 通信与频管

交通物联网需要综合各种有线及无线通信技术，其中近距离无线通信技术将是物联网的研究重点。由于物联网终端一般使用工业科学医疗（ISM）频段进行通信（免许可证的 2.4 GHz ISM 频段，全世界都可通用），频段内包括大量的物联网设备以及现有的无线（Wi-Fi）、超宽带（UWB）、ZigBee、蓝牙等设备，频谱空间将极其拥挤，制约物联网的实际大规模应用。为提升频谱资源的利用率，让更多物联网业务能实现空间并存，需切实提高物联网规模化应用的频谱保障能力，保证异种物联网的共存，并实现其互联互通的操作。

3.3.3 云计算技术

作为信息产业的又一大创新，云计算技术一经提出便得到工业界、学术界的广泛关注，各国政府也纷纷将云计算列为国家战略，投入了相当大的财力和物力用于云计算的部署。在我国，北京、上海、福建、深圳、杭州、无锡等省市均开展了云计算服务创新试点示范工程建设；交通运输、电力、电信、石油石化等行业也启动了相应的云计算发展计划，以促进产业信息化。

云计算是一种新兴的计算模型和商业模式,但其本质上并非一个全新的概念,它是由集群计算、效用计算、网格计算、服务计算等技术发展而来,主要关键技术包括:数据存储技术、数据管理技术、编程模型和任务调度模型、安全与隐私保护等。从交通物联网系统体系架构中可以看到,云计算技术为交通物联网提供了重要的支撑平台,交通物联网必须依赖于云计算技术为其提供“智慧交通”服务的处理能力。

针对交通运输行业数据信息量大、信息实时处理要求性高、数据共享的高可用性以及高稳定性等需求[17,18],需要通过云计算技术搭建统一的数据处理平台,实现数据信息的共享与协同,并通过云挖掘技术实现对海量多源交通信息数据的动态、实时处理。同时云计算平台通过虚拟化等技术,整合服务器、存储、网络等硬件资源,优化系统资源配置比例,实现应用的灵活性,同时能提升资源利用率,降低总能耗以及运维成本[33]。

其中,海量交通信息数据的分析与处理技术是交通物联网应用大规模发展面临的主要挑战之一,而对交通物联网海量数据的存储和管理是海量交通信息数据分析与处理面临的首要问题。对于数据存储而言,既要考虑存储系统的 I/O 性能,又要保证文件系统的可靠性与可用性。目前,云计算的数据存储技术主要有谷歌的非开源的 GFS(Google File System)和 Hadoop 开发团队开发的 GFS 的开源实现 HDFS(Hadoop Distributed File System),具有高可靠性、高访问性能、在线迁移/复制、自动负载均衡、元数据与数据分离等特性。未来的发展将集中在超大规模的数据存储、数据加密和安全性保证以及继续提高 I/O 速率等方面。数据管理技术必须能够高效的管理大数据集,目前比较领先的是谷歌的 BigTable 数据管理技术,同时 Hadoop 开发团队正在开发类似 BigTable 的开源数据管理模块。由于采用列存储的方式管理数据,如何提高数据的访问效率以及查询效率是未来数据管理技术必须解决的问题。

海量数据的分析与处理目前普遍采用的是类似 MapReduce 的分布式处理开发框架,MapReduce 通过简单的编程接口为并行处理可划分的海量数据提供了支持,向程序员屏蔽了任务调度、数据存储和传输等细节,非常适合解决海量数据处理问题的伸缩性需求。近几年来,MapReduce 技术已经获得了广泛的关注和实际应用,研究人员围绕 MapReduce 开展了深入的研究,包括 MapReduce 应用领域的扩展、MapReduce 性能的提升、MapReduce 易用性的改进以及 MapReduce 实时数据流处理能力的增强等。文献[34]在高性能计算环境下基于 MapReduce 架构搭建了海量数据处理平台,实验结果表明,存储系统的读写速度受限是整个系统性能的瓶颈,内存数据库技术可以保证海量数据信息的快速流通。传统类型的基于磁盘 I/O 的数据库架构是将数据统一放在磁盘上,而内存数据库则将数据库所有或部分数据放置在内存中运行,避免了 I/O 操作,从而系统可以获得极高的性能,因此内存数据库性能较传统磁盘数据库有明显优势。同时,分布式数据库通过将海量数据基于 MapReduce 架构分散在多个服务器节点上,当进行任何计算时,多个服务器节点可并发执行数据运算任务,大大缩短了运算时间。基于此,分布式内存数据库非常适合海量数据的实时处理,有望解决交通物联网的海量交通信息数据的数据库计算瓶颈问题。

3.3.4 管理与服务技术

1. 系统管理

随着交通物联网网络规模的扩大、承载业务的多元化和服务质量要求的提高以及影响网络正常运行因素的增多,管理与支撑技术是保证交通物联网系统实现“可运行、可管理、可控制”的关键,包括运维保障体系、标准规范保障体系、网络管理和安全保障等方面。

2. 应用服务

随着无线通信技术和智能移动终端的快速发展，基于位置的服务（LBS，Location Based Service）在交通、物流领域得到了广泛应用，它能够根据移动对象的位置信息提供个性化服务。但 LBS 不仅仅局限在交通行业，它几乎涵盖了生活中的所有方面。其在移动互联网时代毋庸置疑是座巨大的金矿，各大厂商都在发力。

LBS 是交通物联网提供按需服务的主要技术，例如，司机可以利用内置 GPS 功能的智能手机查找最近的加油站，也可制定行车线路。它主要是通过移动通信运营商的无线通信网络（如 GSM 网、CDMA 网）或外部定位方式（如 GPS）获取移动终端用户的位置信息（地理坐标或大地坐标），在地理信息系统（GIS，Geographic Information System）平台的支持下，为用户提供相应服务的一种增值业务。LBS 包括两层含义：确定移动设备或用户所在的地理位置；提供与位置相关的各类信息服务。

而在云计算的背景下，LBS 面临着诸多挑战，包括海量移动对象当前和将来位置索引、隐私保护等。

第 4 章　交通物联网主要关键技术

4.1　数据采集技术

4.1.1　RFID

1. RFID 概述及工作原理

射频识别技术(RFID,Radio Frequency Identification)是一种非接触的自动识别技术,基本原理是利用射频信号和空间耦合(电感或电磁耦合)或雷达反射的传输特性,实现对被识别物体的自动识别并获取相关数据。识别工作无须人工干预,可工作于各种恶劣环境。RFID 技术可同时识别高速运动物体和多个标签,操作快捷方便。

在感知层中最重要的技术就是 RFID 技术,它对物联网的实现起着决定性的作用。

如图 4-1 所示,最基本的 RFID 系统由四部分组成,即标签、读取器、天线和应用软件系统。电子标签是射频识别系统的数据载体,由标签天线和标签专用芯片组成。RFID 阅读器(读写器)通过天线与 RFID 电子标签进行无线通信,可以实现对标签识别码和内存数据的读出或写入操作。典型的阅读器由高频模块(发送器和接收器)、控制单元、阅读器天线以及接口单元组成。

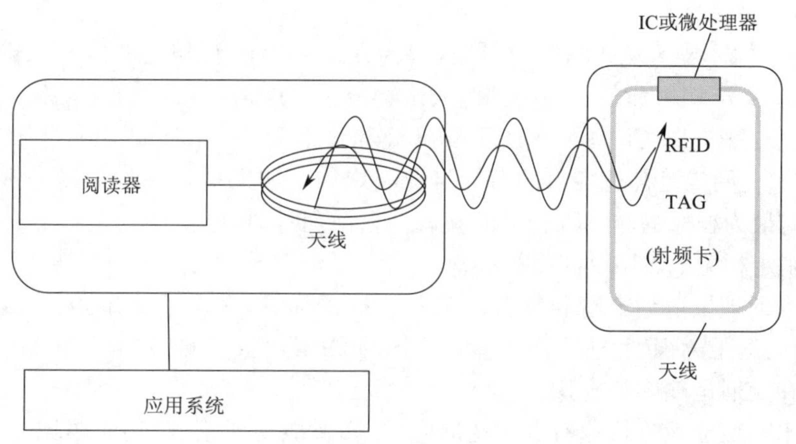

图 4-1　RFID 基本工作流程示意图

其基本工作流程为:阅读器通过发射天线发送一定频率的射频信号,当射频卡进入发射天线工作区域时产生感应电流,射频卡获得能量被激活;射频卡将自身编码等信息通过卡内置发射天线发送出去;系统接收天线接收到从射频卡发送来的载波信号,经天线调节器传送到阅读器,阅读器对接收的信号进行解调和解码后送到后台主系统进行相关处理;主系统根据逻辑运算判断该卡的合法性,针对不同的设定做出相应的处理和控制,发出指令信号控制执行机构动作。

射频识别系统的基本工作方式分为全双工(Full Duplex)、半双工(Half Duplex)和时序(SEQ)系统。全双工表示射频标签与读写器之间可在同一时刻互相传送信息。半双工表示射频标签与读写器之间可以双向传送信息,但在同一时刻只能向一个方向传送信息。

在全双工和半双工系统中,射频标签的响应是在读写器发出的电磁场或电磁波的情况下发送出去的。因为与阅读器本身的信号相比,射频标签的信号在接收天线上是很弱的,所以必须使用合适的传输方法,以便把射频标签的信号与阅读器的信号区别开来。在实践中,人们对从射频标签到阅读器的数据传输一般采用负载反射调制技术将射频标签数据加载到反射回波上(尤其是针对无源射频标签系统)。

时序方法则与之相反,阅读器辐射出的电磁场短时间周期性地断开。这些间隔被射频标签识别出来,并被用于从射频标签到阅读器的数据传输。其实,这是一种典型的雷达工作方式。时序方法的缺点是:在阅读器发送间歇时,射频标签的能量供应中断,这就必须通过装入足够大的辅助电容器或电池进行补偿。

2. RFID 的发展历程

RFID 直接继承了雷达的概念,并由此发展出一种生机勃勃的 AIDC(自动识别和数据采集)新技术——RFID 技术。

在 20 世纪中,无线电技术的理论与应用研究是科学技术发展最重要的成就之一。

1941—1950 年。雷达的改进和应用催生了 RFID 技术,1948 年奠定了 RFID 技术的理论基础。

1951—1960 年。早期 RFID 技术的探索阶段,主要处于实验室的实验研究。

1961—1970 年。RFID 技术的理论得到了发展,开始了一些应用尝试。

1971—1980 年。RFID 技术与产品研发处于一个大发展时期,各种 RFID 技术测试得到加速,出现了一些最早的 RFID 应用。

1981—1990 年。RFID 技术及产品进入商业应用阶段,各种规模应用开始出现。

1991—2000 年。RFID 技术标准化问题日趋得到重视,RFID 产品得到广泛采用,逐渐成为人们生活中的一部分。

2004 年是 RFID 技术发展的关键时期,因为在这一年所有相关的技术标准陆续发布,以满足美国商业巨头沃尔玛和美国国防部等大量物流应用所需。目前制定 RFID 标准的组织比较著名的有三个:ISO、以美国为首的 EPCglobal 和日本的 Ubiquitous ID Center,而这三个组织对 RFID 技术应用规范都有各自的目标与发展规划。如果从发展的角度来观察全球 RFID 标准制定,当前最为积极的非 EPCglobal 莫属。目前,我国也已经成立了一个 RFID 国家标准工作组,正在制定相关的 RFID 国家标准。

RFID 技术的理论得到丰富和完善。单芯片电子标签、多电子标签识读、无线可读可写、无源电子标签的远距离识别、适应高速移动物体的 RFID 已成为现实。

3. RFID 在交通运输中的应用

RFID 技术在交通运输行业有着广泛的应用,如智能交通领域、物流领域等。目前典型应用包括道路运政管理、水路运政管理、港口管理及海事管理、高速公路联网收费与不停车收费、多路径识别、车辆管理、集装箱管理、船舶管理、货物管理、堆场管理等。

(1)电子不停车收费

以瑞典的斯德哥尔摩为例,这里的交通拥堵问题较为严重,是通过采用交通收费系统来缓解道路拥堵的问题。收费系统通过自动识别车身上安装的 RFID 标签,根据不同时段对通过的车辆进行收费,高峰时段多收费,其他时段少收费。道路收费系统对缓解斯德哥尔摩的交通拥堵问题和提高市民的生活总体质量起到了立竿见影的作用。

如香港的“八达通”卡、台北的“悠游卡”等,国内的 ETC 系统等,都是基于 RFID 技术。

高速公路自动收费系统是 RFID 技术最成功的应用之一。目前中国的高速公路发展非常快,地区经济发展的先决条件就是有便利的交通条件,而高速公路收费却存在着收费员贪污路费及交通拥堵等一些问题。RFID 技术应用在高速公路自动收费上能够充分体现它非接触识别的优势，让车辆高速通过收费站的同时自动完成收费，同时也解决了贪污和拥堵的问题。

(2)电子营运证

目前上海出租汽车行业 5 万辆出租车将全部安装电子营运证，其相当于营运证副证。与原纸质的营运证副证相比，电子营运证的芯片内记载着车辆号、营运公司、车型等信息，成为出租车唯一的电子"身份证"。利用电子标签的防伪性、专有性及快速读取、可识别等特点，交通执法和公安人员将能有效打击"克隆车"、"套牌车"等非法营运"黑车"。

(3)集装箱运输、场站(港口)及枢纽管理

基于 RFID 的集装箱管理系统能够对集装箱运输的物流和信息流进行实时跟踪，从而消除集装箱在运输过程中可能产生的错箱、漏箱事故，加快通关速度，提高运输安全性和可靠性，从而全面提升集装箱运输的服务水平。典型的基于 RFID 的应用方案应该包括硬件系统和软件系统两个方面，硬件系统由 RFID 自动识别系统和通信系统组成，软件系统包括 RFID 信息管理系统和与之整合的港口集装箱管理系统。集装箱上的电子标签可以记录固定信息，包括序列号、箱号、持箱人、箱型、尺寸等，还可以记录可改写信息，如货品信息、运单号、起运港、目的港、船名航次等。集装箱 RFID 自动识别系统完成装箱点数据输入、集装箱信息实时采集和自动识别；通信系统完成数据无线传输；集装箱信息管理系统完成对集装箱信息的实时处理和管理，能完成数据统计与分析，向客户提供集装箱信息查询服务。而港口集装箱管理系统可以监测、记录经过道口的集装箱、拖运车辆、事件发生时间、操作人员、集装箱堆放位置等信息，具有形象的 2D 集装箱堆场地图和放箱、找箱功能。

在集装箱运输方面，典型应用有上海港一烟台港电子标签集装箱示范航线、中国上海港一美国萨凡纳港电子标签集装箱航线、青岛港双层集装箱班列智能化装载系统等。利用 RFID 技术对进出港区的集装箱车辆进行自动识别，可有效提高闸口通过速度，减少集疏港作业的拥堵现象，体现了管理智能化、物流可视化、信息透明化的理念和发展趋势。

(4)铁路车号自动识别

铁路车号自动识别系统是在所有铁路机车、货车上安装电子标签，在所有区段站、编组站、大型货运站和分界站设置地面识别设备，在车站信息中心机房配置专门计算机建立车站集中管理系统，并在铁路管理部门建立铁路运输管理信息系统。铁路车号自动识别系统与车站集中管理系统保持实时通信联系、时间校对，接收车站集中管理系统的查询报文，并根据查询要求发送应答报文或者过车报文，完成在待机状态下的设备监测和过车数据传送。当有列车通过时，系统采集过车信息，形成过车数据，然后经车站集中管理系统计算机处理后为铁路运输管理信息系统等提供列车、车辆 、集装箱实时追踪。由于车速较快，铁路车号自动识别系统属于高频系统。

4.1.2　卫星定位技术

卫星定位技术是使用卫星对某物进行准确定位的技术，可以实现导航、定位、授时等功能，用来引导飞机、船舶、车辆以及个人安全、准确地沿着选定的路线，准时到达目的地，还可以应用到手机等追寻。目前，卫星定位技术主要包括全球定位系统(GPS，Global Positioning System)、北斗、格罗纳斯和伽利略 4 大系统。

1. 卫星定位系统概述

(1)GPS

GPS 可以为地球表面绝大部分地区(98%)提供准确的定位、测速和高精度的时间标准。

系统由美国国防部研制和维护,可满足位于全球任何地方或近地空间的军事用户连续精确的确定三维位置、三维运动和时间的需要。GPS 起始于 1958 年美国军方的一个项目,1964 年投入使用。20 世纪 70 年代,美国陆海空三军联合研制了新一代卫星定位系统 GPS 。主要目的是为陆海空三大领域提供实时、全天候和全球性的导航服务,并用于情报收集、核爆监测和应急通讯等一些军事目的。到 1994 年, 24 颗 GPS 卫星星座布设完成,全球覆盖率达到 98%。利用 GPS 定位卫星,可以在全球范围内实现实时定位、导航等功能。GPS 功能必须具备 GPS 终端、传输网络和监控平台三个要素,可以提供车辆定位、防盗、反劫、行驶路线监控及呼叫指挥等功能。

(2)北斗卫星导航系统

北斗卫星导航系统是继美国的全球定位系统(GPS)和俄罗斯的 GLONASS(格罗纳斯)之后第三个成熟的卫星导航系统。北斗卫星导航系统是中国自行研制开发的区域性有源三维卫星定位与通信系统(CNSS),可在全球范围内全天候、全天时为各类用户提供高精度和高可靠的定位、导航、授时服务,并兼具短报文通信能力。2012 年中国航天科技集团公司将发射 6 颗北斗二号卫星,完成一期十六颗卫星的发射与组网,其定位精度有望达到 10 m 左右,初步应用到交通运输、气象、渔业等行业,2020 年将形成全球覆盖能力。2012 年 2 月 25 日,中国第 11 颗北斗导航卫星已在西昌卫星发射中心成功发射升空,基本实现了我国大部分地区的覆盖。表 4-1 为北斗卫星已发射时间表。

表 4-1　北斗卫星已发射时间表

<table>
<tr><th>日期</th><th>火箭</th><th>卫星</th><th>轨道</th><th>系统世代</th></tr>
<tr><td>2000 年 10 月 31 日</td><td>长征三号 A</td><td>北斗-1A</td><td>GEO</td><td rowspan="4">北斗一号</td></tr>
<tr><td>2000 年 12 月 21 日</td><td>长征三号 A</td><td>北斗-1B</td><td>GEO</td></tr>
<tr><td>2003 年 5 月 25 日</td><td>长征三号 A</td><td>北斗-1C</td><td>GEO</td></tr>
<tr><td>2007 年 2 月 3 日</td><td>长征三号 A</td><td>北斗-1D</td><td>GEO</td></tr>
<tr><td>2007 年 4 月 14 日</td><td>长征三号 A</td><td>北斗-M1</td><td>MEO</td><td rowspan="13">北斗二号</td></tr>
<tr><td>2009 年 4 月 15 日</td><td>长征三号 C</td><td>北斗-G2</td><td>GEO</td></tr>
<tr><td>2010 年 1 月 17 日</td><td>长征三号 C</td><td>北斗-G1</td><td>GEO</td></tr>
<tr><td>2010 年 6 月 2 日</td><td>长征三号 C</td><td>北斗-G3</td><td>GEO</td></tr>
<tr><td>2010 年 8 月 1 日</td><td>长征三号 A</td><td>北斗-I1</td><td>IGSO</td></tr>
<tr><td>2010 年 11 月 1 日</td><td>长征三号 C</td><td>北斗-G4</td><td>GEO</td></tr>
<tr><td>2010 年 12 月 18 日</td><td>长征三号 A</td><td>北斗-I2</td><td>IGSO</td></tr>
<tr><td>2011 年 4 月 10 日</td><td>长征三号 A</td><td>北斗-I3</td><td>IGSO</td></tr>
<tr><td>2011 年 7 月 27 日</td><td>长征三号 A</td><td>北斗-I4</td><td>IGSO</td></tr>
<tr><td>2011 年 12 月 2 日</td><td>长征三号 A</td><td>北斗-I5</td><td>IGSO</td></tr>
<tr><td>2012 年 2 月 25 日</td><td>长征三号 C</td><td>北斗-G5</td><td>GEO</td></tr>
<tr><td>2012 年 4 月 30 日</td><td>长征三号 B</td><td>北斗-M3</td><td>MEO</td></tr>
<tr><td>2012 年 4 月 30 日</td><td>长征三号 B</td><td>北斗-M4</td><td>MEO</td></tr>
</table>

注:GEO(Geosynchronous Eearth Orbit):地球静止轨道卫星;IGSO(Inclined Geosynchronous Satellite Orbit):倾斜轨道同步卫星;MEO(MediuMEarth Orbit):中高轨卫星;LEO(Low Earth Orbit):低轨卫星。

北斗卫星导航系统由空间端、地面端和用户端三部分组成,可在全球范围内全天候、全天时为各类用户提供高精度、高可靠的定位、导航、授时服务，并兼具短报文通信能力。如图 4-2 所示为北斗卫星定位系统示意图。

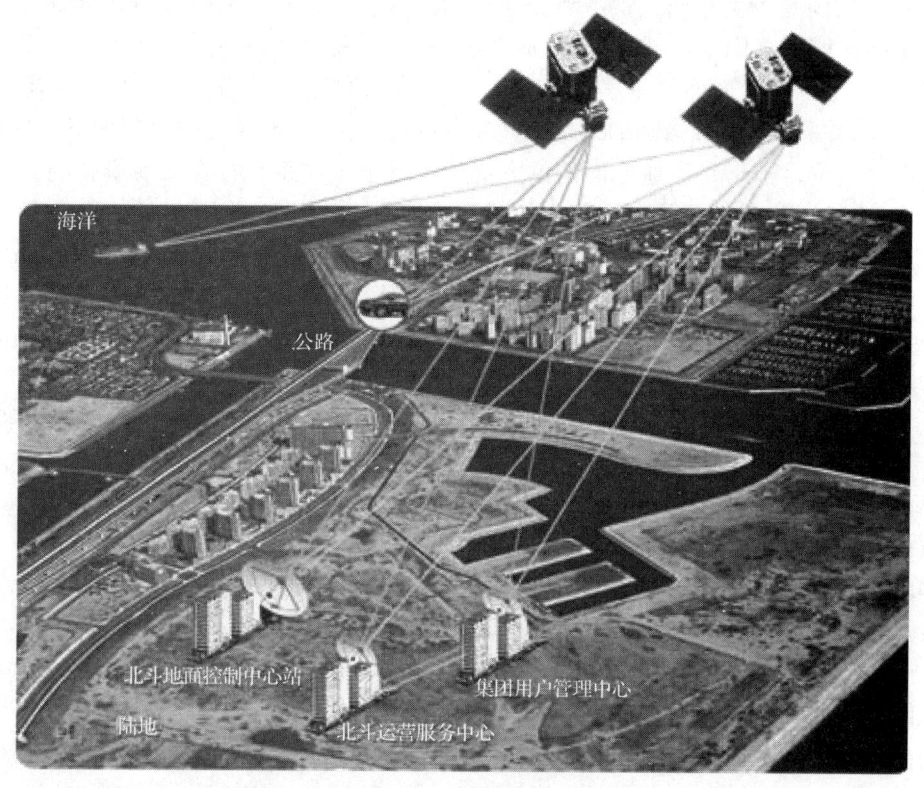

图 4-2　北斗卫星定位系统示意图

空间端包括 5 颗静止轨道卫星和 30 颗非静止轨道卫星。

地面端包括主控站、注入站和监测站等若干个地面站。

用户端由北斗用户终端以及与美国 GPS、俄罗斯格罗纳斯(GLONASS)、欧洲伽利略(GALILEO)等其他卫星导航系统兼容的终端组成。2012 年 3 月，我国正式推出全球首款“北斗+GPS”双系统车载导航产品。

(3)其他定位系统

格罗纳斯系统又称 GLONASS 全球导航卫星系统，是由俄罗斯研发的卫星导航系统，类似于美国的全球定位系统(GPS)、中国的北斗卫星定位系统及欧盟的伽利略定位系统。该系统由苏联在 1976 年组建，现在由俄罗斯政府负责运营。1991 年组建成具备覆盖全球的卫星导航系统，从 1982 年 12 月 12 日开始，该系统的导航卫星不断得到补充，至 1995 年，该系统卫星在数目上基本上得到完善，但随着俄罗斯经济不断走低，该系统也因失修等原因陷入崩溃的边缘。但 2001 年到 2010 年 10 月俄罗斯政府已经补齐了该系统需要的 24 颗卫星。截止到 2013 年 5 月 GLONASS 全球导航系统卫星的数量已经增加到 30 颗(24 颗正常工作，4 颗备用，1 颗测试中)，实现了全球定位导航，卫星导航范围可覆盖整个地球表面和近地空间，定位精度达到 2.8 m 左右。

伽利略定位系统(Galileo)是欧盟一个正在建造中的卫星定位系统，有“欧洲版 GPS”之称，也是继美国现有的“全球定位系统”(GPS)、俄罗斯的格罗纳斯(GLONASS)系统及中国的北斗卫星导航系统外，第四个可供民用的定位系统，预计会于2014年开始运作并在2019年完工。

2. GPS 发展历程

GPS 系统的前身为美军研制的一种子午仪卫星定位系统（Transit），1958年研制，1964年正式投入使用。该系统用5～6颗卫星组成的星网工作，每天最多绕过地球13次，并且无法给出高度信息，在定位精度方面也不尽如人意。然而，子午仪系统使得研发部门对卫星定位取得了初步的经验，并验证了由卫星系统进行定位的可行性，为GPS系统的研制埋下了铺垫。

由于卫星定位显示出在导航方面的巨大优越性及子午仪系统存在对潜艇和舰船导航方面的巨大缺陷，美国海陆空三军及民用部门都感到迫切需要一种新的卫星导航系统。为此，美国海军研究实验室（NRL）提出了名为Tinmation的用12～18颗卫星组成10 000 km高度的全球定位网计划，并于1967年、1969年和1974年各发射了一颗试验卫星，在这些卫星上初步试验了原子钟计时系统，这是GPS系统精确定位的基础。而美国空军则提出了621-B的以每星群4～5颗卫星组成3～4个星群的计划，这些卫星中除1颗采用同步轨道外其余的都使用周期为24 h的倾斜轨道。该计划以伪随机码（PRN）为基础传播卫星测距信号，其具有强大的功能，当信号密度低于环境噪声的1%时也能将其检测出来；伪随机码的成功运用是GPS系统得以取得成功的一个重要基础。海军的计划主要用于为舰船提供低动态的二维定位，空军的计划能提供高动态服务，然而系统过于复杂。

由于同时研制两个系统会造成巨大的费用，而且这两个计划都是为了提供全球定位而设计的，所以1973年美国国防部将两者合二为一，并由国防部牵头的卫星导航定位联合计划局（JPO）领导，还将办事机构设立在洛杉矶的空军航天处。该机构成员众多，包括美国陆军、海军、海军陆战队、交通部、国防制图局、北约和澳大利亚的代表。

最初的GPS计划在联合计划局的领导下诞生了，该方案将24颗卫星放置在互成120°的六个轨道上。每个轨道上有4颗卫星，地球上任何一点均能观测到6～9颗卫星。这样，粗码精度可达100 m，精码精度为10 m。由于预算压缩，GPS计划不得不减少卫星发射数量，改为将18颗卫星分布在互成60°的6个轨道上。然而这一方案使得卫星可靠性得不到保障，1988年又进行了最后一次修改：21颗工作星和3颗备份星工作在互成30°的6条轨道上。这也是现在GPS卫星所使用的工作方式。

GPS计划的实施共分三个阶段：

（1）第一阶段为方案论证和初步设计阶段

从1978年到1979年，由位于加利福尼亚的范登堡空军基地采用双子座火箭发射4颗试验卫星，卫星运行轨道长半轴为26 560 km，倾角64°，轨道高度20 000 km。这一阶段主要研制了地面接收机及建立地面跟踪网，结果令人满意。

（2）第二阶段为全面研制和试验阶段

从1979年到1984年，又陆续发射了7颗称为BLOCK I的试验卫星，研制了各种用途的接收机。实验表明，GPS定位精度远远超过设计标准，利用粗码定位，其精度就可达14 m。

（3）第三阶段为实用组网阶段

1989年2月4日第一颗GPS工作卫星发射成功，这一阶段的卫星称为BLOCK II和BLOCK IIA。此阶段宣告GPS系统进入工程建设状态。1993年底使用的GPS网即（21＋3）GPS星座已经建成，今后将根据计划更换失效的卫星。

3. GPS 定位原理

GPS的定位原理就是利用空间分布的卫星以及卫星与地面点的距离交会得出地面点位

置。简言之,GPS 定位原理是一种空间的距离交会原理。

设想在地面待定位置上安置 GPS 接收机,同一时刻接收 4 颗以上 GPS 卫星发射的信号。通过一定的方法测定这 4 颗以上卫星在此瞬间的位置以及它们分别至该接收机的距离,据此利用距离交会法解算出测站 P 的位置及接收机钟差 δt。

如图 4-3,设时刻 t_i 在测站点 P 用 GPS 接收机同时测得 P 点到四颗 GPS 卫星 S_1、S_2、S_3、S_4 的距离 d_1、d_2、d_3、d_4,通过 GPS 电文解译出四颗 GPS 卫星的三维坐标 (X_j, Y_j, Z_j),$j=1,2,3,4$,用距离交会的方法求解 P 点的三维坐标 (X, Y, Z) 的观测方程为:

$$\begin{cases} d_1=\sqrt{(X-X_1)^2+(Y-Y_1)^2+(Z-Z_1)^2+c\delta t} \\ d_2=\sqrt{(X-X_2)^2+(Y-Y_2)^2+(Z-Z_2)^2+c\delta t} \\ d_3=\sqrt{(X-X_3)^2+(Y-Y_3)^2+(Z-Z_3)^2+c\delta t} \\ d_4=\sqrt{(X-X_4)^2+(Y-Y_4)^2+(Z-Z_4)^2+c\delta t} \end{cases} \quad \text{(式 4-1)}$$

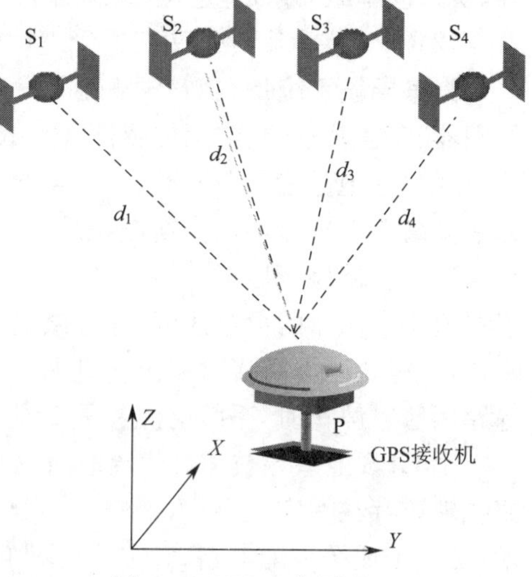

图 4-3　GPS 定位原理

式中,c 为光速,δt 为接收机钟差。

利用 GPS 进行定位的方法有很多种。若按照参考点的位置不同,则定位方法可分为:

(1)绝对定位:即在协议地球坐标系中,利用一台接收机来测定该点相对于协议地球质心的位置,也叫单点定位。这里可认为参考点与协议地球质心相重合。GPS 定位所采用的协议地球坐标系为 WGS-84 坐标系,因此绝对定位的坐标最初成果为 WGS-84 坐标。

(2)相对定位:即在协议地球坐标系中,利用两台以上的接收机测定观测点至某一地面参考点(已知点)之间的相对位置。也就是测定地面参考点到未知点的坐标增量。由于星历误差和大气折射误差有相关性,所以通过观测量求差可消除这些误差,因此相对定位的精度远高于绝对定位的精度。

按用户接收机在作业中的运动状态不同,定位方法可分为:

(1)静态定位。即在定位过程中,将接收机安置在测站点上并固定不动。严格来说,这种静止状态只是相对的,通常指接收机相对于其周围点位没有发生变化。

(2)动态定位。即在定位过程中,接收机处于运动状态。

GPS 绝对定位和相对定位中,又都包含静态和动态两种方式,即动态绝对定位、静态绝对定位、动态相对定位和静态相对定位。

若依照测距的原理不同,又可分为测码伪距法定位、测相伪距法定位、差分定位等。

4. GPS 在交通运输中的应用

(1)车载 GPS

当通过硬件和软件做成 GPS 定位终端用于车辆定位的时候,称为车载 GPS,但光有定位还不行,还要把这个定位信息传到报警中心或者车载 GPS 持有人那里,称之为第三方。所以 GPS 定位系统中还包含了 GSM/3G 网络通信(手机通信),通过 GSM/3G 网络用短信的方式把卫星定位信息发送到第三方。通过微机解读短信电文,在电子地图上显示车辆位置,这样就实现了车载 GPS 定位。

与此同时,在车上安装相应的探测传感器,利用车载 GPS 定位的 GSM/3G 网络通信功能，同样能把防盗报警信息发送到第三方，或者把这个报警电话、短信直接发送到车主手机上，完成车载 GPS 防盗报警。这里可以看出，车载 GPS 定位的 GSM/3G 网络部分实际上是一个智能手机，可以和第三方互相通信，还可以把车辆被抢，司机被劫、被绑架等信息发送到第三方，所以说车载 GPS 是定位、防盗、防劫的。

(2)GPS 在汽车导航和交通管理中的应用

汽车导航系统是在 GPS 基础上发展起来的一门新型技术，是由 GPS 导航、自律导航、微处理器、车速传感器、陀螺传感器、CD-ROM 驱动器、LCD 显示器等组成。

通过 S 卫星信号(三颗以上)，求出该点的经纬度坐标、速度、时间等信息，进行 GPS 定位。为了提高汽车导航定位精度，通常采用差分 GPS 技术。当汽车行驶到高速公路、地下隧道、高层楼群等遮掩物而搜索不到 GPS 卫星信号时，系统可自动导入自律导航系统，这时由车速传感器检测出汽车的行进速度，通过微处理单元的数据处理，从速度和时间中直接计算出行进的距离，陀螺传感器直接检测出前进的方向，陀螺仪还可自动存储各种数据，即使在因更换轮胎等原因暂时停车时，系统也能够重新设定。

由 GPS 卫星导航和自律导航所测到的汽车位置坐标数据、行进的方向都会与实际行驶的路线轨迹存在一定误差，为了修正这两者的误差，与地图上的路线统一，需要采用地图匹配技术，加一个地图匹配电路，对汽车行驶的路线和电子地图上道路误差进行实时相关匹配，自动修正，这时地图匹配电路是通过微处理单元的整理程序进行快速处理，得到汽车在电子地图上的准确位置，以指示出准确行驶路线。CD-ROM 用于存储道路数据等信息，LCD 显示器用于显示导航的相关信息。

GPS 导航系统与电子地图、无线电通信网络和计算机车辆管理信息系统相结合，可实现车辆跟踪与交通管理等诸多功能，这些功能主要包括：

(1)车辆跟踪：通过车载 GPS 接收机，使驾驶员能够随时知道自己的具体位置。通过车载电台将 GPS 定位信息发送给调度指挥中心，调度指挥中心便可随目标移动，及时掌握各车辆的具体位置，并在大屏幕电子地图上显示出来，还能实现多窗口、多车辆、多屏幕同时跟踪。利用该功能可对重要车辆及货物进行跟踪运输，能促进交通管理及物流事业的快速发展。

(2)话务指挥：指挥中心能够监测区域内车辆运行状况，对被监控车辆进行合理调度。指挥中心还能随时与被跟踪目标通话，进行实时管理。

(3)紧急援助：通过 GPS 定位及监控管理系统能够对发生事故或遇有险情的车辆进行紧急援助。监控台的电子地图显示报警目标和求助信息，规划最优援助方案，并以报警声光提醒值班人员进行应急处理。

(4)信息查询：为用户提供主要物标，如旅游景点、宾馆、医院等数据库，用户可以在电子地图上根据需要进行查询。查询的资料能以文字、语言和图像的形式显示，并在电子地图上显示其位置。同时，监测中心能够利用监测控制台对区域内的任意目标所在位置进行查询，车辆信息将以数字形式在控制中心的电子地图上显示出来。

(5)提供出行路线规划和导航：是汽车导航系统的一项重要辅助功能，它包括人工线路设计和自动线路规划。人工线路设计是由驾驶者根据自己的目的地设计起点、终点和途经点等，自动建立线路库。自动线路规划是由驾驶者确定起点和目的地，由计算机软件按要求自动设计最佳行驶路线，包括最快的路线、最简单的路线、通过高速公路路段次数最少的路线等的计算。线路规划完毕后，显示器可在电子地图上显示设计线路，并同时显示汽车运行路径与运行方法。

GPS 技术在汽车导航和交通管理工程中的研究和应用目前在中国还处于起步阶段，而国外在这方面的研究早就开始并已取得了一定的成效。

加拿大卡尔加里大学设计了一种动态定位系统，该系统包括一台捷联式惯性系统，两台 GPS 接收机和一台微机，能测定已有道路的线形参数，为道路管理系统服务。

美国研制了应用于城市的道路交通管理系统，该系统利用 GPS 和 GIS 建立道路数据库，在数据库中包含有各种现时的数据资料，如道路的路面状况、准确位置、沿路设施等，该系统于 1995 年正式运行，为城市道路交通管理发挥了重要作用。

近年来，国外研制了各种应用于车辆诱导的系统，其中车辆位置的实时确定以往主要依据惯性测量系统和车轮传感器，随着 GPS 的发展及其所显示出的优越性，使它有取代前两种方法的趋势。用于城市车辆诱导的 GPS 定位一般是在城市中设立一个基准站，车载 GPS 实时接收。基准站发射的信息，经过差分处理便可计算出实时位置，把目前所处位置和所要到达的目标在道路网中进行优化计算，就能在道路电子地图上显示出到达目标的最优化路线，为公安、消防、急救、抢修等车辆服务。

4.1.3　车辆 CAN 总线

1. CAN 总线概述

控制器局域网络(CAN，Controller Area Network)总线属于现场总线的范畴，它是一种有效支持分布式控制或实时控制的串行通信网络。

CAN 最初是由德国的 BOSCH 公司为汽车监测、控制系统而设计的。现代汽车越来越多地采用电子装置控制，如发动机的定时、注油控制，加速、刹车控制(ASC)及复杂的抗锁定刹车系统(ABS)等。由于这些控制需检测及交换大量数据，采用硬接信号线的方式不但烦琐、昂贵，而且难以解决问题，采用 CAN 总线上述问题便得到很好的解决。CAN 总线最终成为国际标准(ISO 11898-1)，是国际上应用最广泛的现场总线之一。

在北美和西欧，CAN 总线协议已经成为汽车计算机控制系统和嵌入式工业控制局域网的标准总线，并且拥有以 CAN 为底层协议专为大型货车和重工机械车辆设计的 J1939 协议。近年来，其所具有的高可靠性和良好的错误检测能力受到重视，被广泛应用于汽车计算机控制系统和环境温度恶劣、电磁辐射强和振动大的工业环境。

与一般的通信总线相比，CAN 总线的数据通信具有突出的可靠性、实时性和灵活性。由于其良好的性能及独特的设计，CAN 总线越来越受到人们的重视。它在汽车领域上的应用是最广泛的，世界上一些著名的汽车制造厂商，如 BENZ(奔驰)、BMW(宝马)、PORSCHE(保时捷)、ROLLS-ROYCE(劳斯莱斯)和 JAGUAR(美洲豹)等都采用了 CAN 总线来实现汽车内部控制系统与各检测和执行机构间的数据通信。

CAN 总线特点包括：

(1)可以多主方式工作，网络上任意一个节点均可以在任意时刻主动地向网络上的其他节点发送信息，而不分主从，通信方式灵活。

(2)网络上的节点(信息)可分成不同的优先级，可以满足不同的实时要求。

(3)采用非破坏性位仲裁总线结构机制，当两个节点同时向网络上传送信息时，优先级低的节点主动停止数据发送，而优先级高的节点可不受影响地继续传输数据。

(4)可以采用点对点、一点对多点(成组)及全局广播几种传送方式接收数据。

(5)直接通信距离最远可达 10 km(速率 5 kbit/s 以下)。

(6)通信速率最高可达 1 Mbit/s(此时距离最长 40 m)。

(7)节点数实际可达 110 个。

(8)采用短帧结构,每一帧的有效字节数为 8 个。

(9)每帧信息都有 CRC 校验及其他检错措施,数据出错率极低。

(10)通信介质可采用双绞线,同轴电缆和光导纤维,一般采用廉价的双绞线即可,无特殊要求。

(11)节点在错误严重的情况下,具有自动关闭总线的功能,切断它与总线的联系,以使总线上的其他操作不受影响。

2. CAN 技术的发展

20 世纪 80 年代,Bosch 的工程人员开始研究用于汽车的串行总线系统,因为当时还没有一个网络协议能完全满足汽车工程的要求。参加研究的有 Mercedes-Benz 公司、Intel 公司和德国两所大学的教授。

1986 年,Bosch 在 SAE(汽车工程人员协会)大会上提出了 CAN。

1987 年,INTEL 就推出了第一片 CAN 控制芯片 82526;随后 Philips 半导体推出了 82C200。

1992 年,CIA(CAN In Automation)用户组织成立,之后制定了第一个 CAN 应用层"CAL"。

1993 年,CAN 的国际标准 ISO11898 公布。从此 CAN 协议被广泛的用于各类自动化控制领域。

1994 年开始有了国际 CAN 学术年会(ICC)。

1994 年美国汽车工程师协会以 CAN 为基础制定了 SAEJ1939 标准,用于卡车和巴士的控制和通信网络。

到今天,几乎每一辆欧洲生产的轿车上都有 CAN;高级客车上有两套 CAN,通过网关互联;1999 年就有近 6 千万个 CAN 控制器投入使用;2000 年销售 1 亿多 CAN 的芯片;2001 年用在汽车上的 CAN 节点数目超过 1 亿个 。但是轿车上基于 CAN 的控制网络至今仍是各大公司自成系统,没有一个统一标准。

1993 年 CAN 成为国际标准 ISO11898(高速应用)和 ISO11519(低速应用)。CAN 的规范从 CAN 1.2 规范(标准格式)发展为兼容 CAN 1.2 规范的 CAN2.0 规范(CAN2.0A 为标准格式,CAN2.0B 为扩展格式),目前应用的 CAN 器件大多符合 CAN2.0 规范。

3. CAN 总线技术原理

(1)CAN-BUS 系统组成

CAN-BUS 系统由 CAN 收发器、数据传输终端和数据传输线组成,如图 4-4 所示。

CAN 收发器:安装在控制器内部,同时兼有接受和发送的功能,将控制器传来的数据转化为电信号并将其送入数据传输线。

数据传输终端:是一个电阻,防止数据在线端被反射以回声的形式返回而影响数据的传输。

数据传输线:双向数据线,由高低双绞线组成。

CAN 总线采用双绞线自身校验的结构,既可以防止电磁干扰对传输信息的影响,也可以防止本身对外界的干扰。系统中采用高低电平两根数据线,控制器输出的信号同时向两根通讯线发送,高低电平互为镜像。并且每一个控制器都增加了终端电阻,以减少数据传送时的过调效应。

原则上 CAN 总线用一条导线就足以满足功能要求,但该总线系统上还是配备了第二条导线。在此导线上,信号是按相反顺序传送的,这样可有效抑制外部干扰。

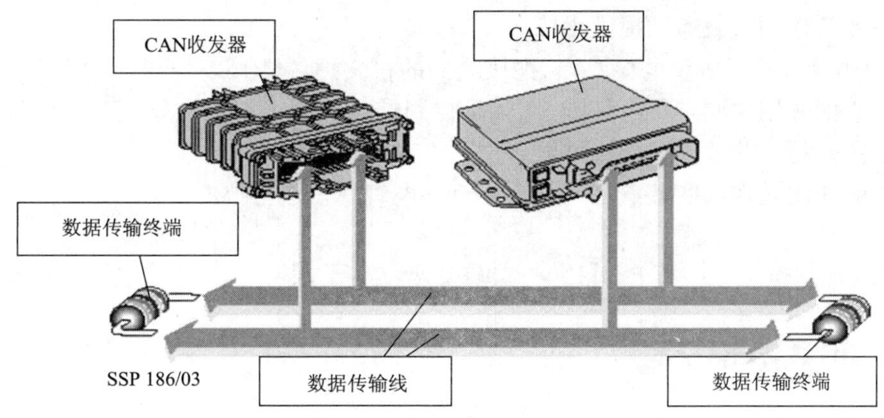

图 4-4　CAN 总线系统组成

(2)CAN 协议规范

CAN 为串行通信协议,能有效地支持具有很高安全等级的分布实时控制。CAN 的应用范围很广,从高速的网络到低价位的多路接线都可以使用 CAN。在汽车电子行业里,使用 CAN 连接发动机控制单元、传感器、防刹车系统等,其传输速度可达 1 Mbit/s。同时,可以将 CAN 安装在卡车本体的电子控制系统里,诸如车灯组、电气车窗等,用以代替接线配线装置。

技术规范的目的是为了在任何两个 CAN 仪器之间建立兼容性。但是,兼容性有不同的方面,比如电气特性和数据转换的解释。为了达到设计透明度以及实现灵活性,根据 ISO/OSI 参考模型,CAN 2.0 规范细分为以下不同的层次:数据链路层和物理层(如图 4-5 所示)。

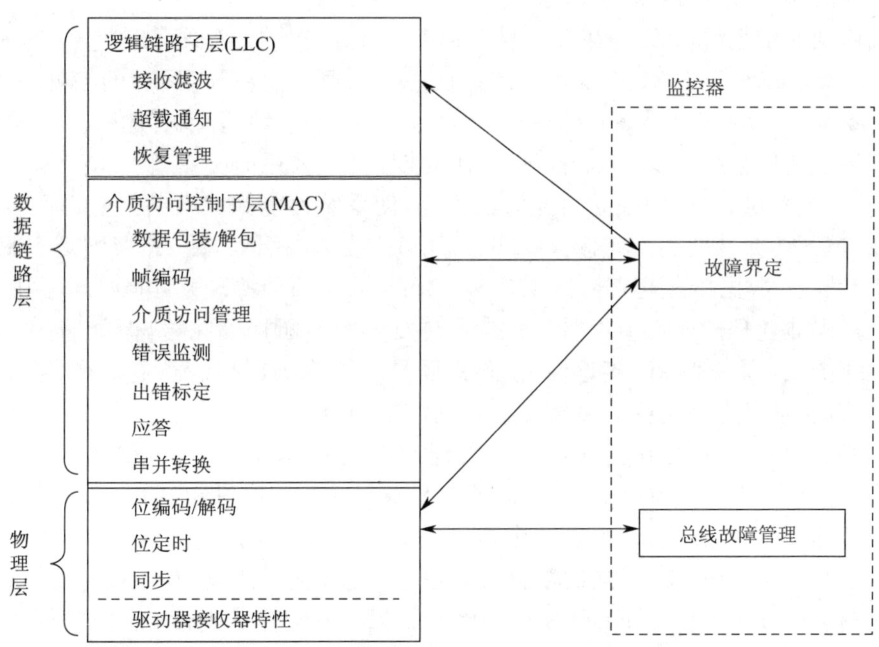

图 4-5　CAN 协议分层结构和功能

逻辑链路控制子层(LLC)的作用范围包括:

①为远程数据请求和数据传输提供服务。

②确定由实际要使用的 LLC 子层接收哪一个报文。

③为恢复管理和过载通知提供手段。

MAC 子层是 CAN 协议的核心，它把接收到的报文提供给 LLC 子层，并接收来自 LLC 子层的报文。它的作用主要是传送规则，也就是控制帧结构、执行仲裁、错误检测、出错标定、故障界定。位定时的一些普通功能也可以看作是 MAC 子层的一部分。

物理层的作用是在不同节点之间根据所有的电气属性进行位的实际传输。

4.2 数据传输技术

4.2.1 3G 移动通信技术

1. 3G 概述

3G 是第三代移动通信技术（3rd-generation）的简称，指支持高速数据传输的蜂窝移动通信技术。3G 服务能够同时传送声音及数据信息。3G 的代表特征是提供高速数据业务，速率一般在几百 kbps 以上。3G 规范是由国际电信联盟（ITU）所制定的 IMT-2000 规范的最终发展结果。原先制定的 3G 远景，是能够以此规范达到全球通信系统的标准化。目前 3G 存在四种标准：CDMA2000、WCDMA、TD-SCDMA 和 WiMAX，应用较广的是前三种，在我国分别由中国电信、中国联通和中国移动运营，其中 TD-SCDMA 是我国具有自主知识产权的 3G 通信协议，目前已在国际上被广泛接受和认可。

码分多址（CDMA，Code Division Multiple Access）是第三代移动通信系统的技术基础。CDMA 系统以其频率规划简单、系统容量大、频率复用系数高、抗多径能力强、通信质量好、软容量、软切换等特点显示出巨大的发展潜力。

第一代移动通信系统（1G）是在 20 世纪 80 年代初提出的，完成于 20 世纪 90 年代初，如 NMT 和 AMPS，NMT 于 1981 年投入运营。1G 采用频分多址（FDMA）的模拟调制方式，这种系统的主要缺点是频谱利用率低、信令干扰话音业务、安全性差、没有加密。

第二代移动通信系统（2G）起源于 90 年代初期，主要采用时分多址（TDMA）的数字调制方式，提高了系统容量，并采用独立信道传送信令，使系统性能大大改善，但 TDMA 的系统容量仍然有限，越区切换性能仍不完善。GPRS/EDGE 技术的引入，使 GSM 与计算机通信/Internet 有机相结合，数据传送速率可达 115/384 kbit/s，从而使 GSM 功能得到不断增强，初步具备了支持多媒体业务的能力。尽管 2G 技术在发展中不断得到完善，但随着用户规模和网络规模的不断扩大，频率资源已接近枯竭，语音质量不能达到用户满意的标准，数据通信速率太低，无法在真正意义上满足移动多媒体业务的需求。

3G 与 2G 的主要区别是在传输声音和数据速度上的提升，它能够在全球范围内更好地实现无线漫游，并处理图像、音乐、视频流等多种媒体形式，提供包括网页浏览、电话会议、电子商务等多种信息服务，同时也要考虑与已有第二代系统的良好兼容性。为了提供这种服务，无线网络必须能够支持不同的数据传输速度，也就是说在室内、室外和行车的环境中能够分别支持至少 2 Mbit/s、384 kbit/s 以及 144 kbit/s 的传输速度（此数值根据网络环境会发生变化）。

2. 3G 的标准及技术参数

W-CDMA 全称为 Wideband CDMA，也称为 WCDMA 或 CDMA Direct Spread，意为宽频分码多重存取，这是基于 GSM 网发展出来的 3G 技术规范，是欧洲提出的宽带 CDMA 技术，它与日本提出的宽带 CDMA 技术基本相同，目前正在进一步融合。W-CDMA 的支持者主要是以 GSM 系统为主的欧洲厂商，日本公司也参与其中，包括欧美的爱立信、阿尔卡特、诺基亚、朗讯、北电，以及日本的 NTT、富士通、夏普等厂商。该标准提出了 GSM(2G)-GPRS-EDGE-WCDMA(3G)的演进策略。这套系统能够架设在现有的 GSM 网络上，对于系统提供商而言可以较轻易地过渡。预计在 GSM 系统相当普及的亚洲，对这套新技术的接受度会相当高。因此 W-CDMA 具有先天的市场优势。

CDMA2000 是由窄带 CDMA(CDMA IS95)技术发展而来的宽带 CDMA 技术，也称为 CDMA Multi-Carrier，它是由美国高通北美公司为主导提出，摩托罗拉、Lucent 和后来加入的韩国三星都有参与，韩国现在成为该标准的主导者。这套系统是从窄频 CDMAOne 数字标准衍生出来的，可以从原有的 CDMAOne 结构直接升级到 3G，建设成本低廉。但目前使用 CDMA 的地区只有日、韩和北美，所以 CDMA2000 的支持者不如 W-CDMA 多。不过 CDMA2000 的研发技术却是目前各标准中进度最快的，许多 3G 手机已经率先面世。该标准提出了从 CDMA IS95(2G)-CDMA20001x-CDMA20003x(3G)的演进策略。CDMA20001x 被称为 2.5 代移动通信技术。CDMA20003x 与 CDMA20001x 的主要区别在于应用了多路载波技术，通过采用三载波使带宽提高。目前中国电信正在采用这一方案向 3G 过渡，并已建成了 CDMA IS95 网络。

TD-SCDMA 全称为 Time Division-Synchronous CDMA(时分同步 CDMA)，该标准是由中国内地独自制定的 3G 标准，1999 年 6 月 29 日，中国原邮电部电信科学技术研究院(大唐电信)向 ITU 提出，但技术发明始祖于西门子公司，TD-SCDMA 具有辐射低的特点，被誉为绿色 3G。该标准将智能无线、同步 CDMA 和软件无线电等当今国际领先技术融于其中，在频谱利用率、对业务支持具有灵活性、频率灵活性及成本等方面的独特优势。另外，由于中国内地庞大的市场，该标准受到各大主要电信设备厂商的重视，全球一半以上的设备厂商都宣布可以支持 TD-SCDMA 标准。该标准提出不经过 2.5 代的中间环节，直接向 3G 过渡，非常适用于 GSM 系统向 3G 升级。

WiMAX 的全名是微波存取全球互通(Worldwide Interoperability for Microwave Access)，又称为 802.16 无线城域网，是又一种为企业和家庭用户提供"最后一英里"的宽带无线连接方案。将此技术与需要授权或免授权的微波设备相结合之后，由于成本较低，将扩大宽带无线市场，改善企业与服务供应商的认知度。2007 年 10 月 19 日，国际电信联盟在日内瓦举行的无线通信全体会议上，经过多数国家投票通过，WiMAX 正式被批准成为继 WCDMA、CDMA2000 和 TD-SCDMA 之后的第四个全球 3G 标准。

主要 3G 技术标准的参数见表 4-2。

表 4-2　3G 主要技术参数表

技术参数	WCDMA	CDMA2000	TD-SCDMA
扩展类型	单载波直接序列扩频 CDMA	多载波和直接序列扩频 CDMA	时分同步 CDMA
最小带宽(MHz)	5	1.25	1.6
码片速率(Mcps)	3.84	1.2288	1.28
帧长(ms)	10	20	10
语音编码器	AMR	可变速率声码器	AMR
扩频因子(SF)	256—4	43—2	16—1

续上表

技术参数	WCDMA	CDMA2000	TD-SCDMA
调制方式	上行:BPSK 下行:HPSK	上行:8PSK 下行:QPSK	上行:8PSK 下行:QPSK
中国频段	1 940～1 955 MHz(上行) 2 130～2 145 MHz(下行)	1 920～1 935 MHz(上行) 2 110～2 125 MHz(下行)	1 880～1920 MHz 2 010～2 025 MHz
双工方式	FDD	FDD	TDD
基站间同步	异步(不需 GPS)	同步(需 GPS)	同步(主从同步)

4.2.2 4G 移动通信技术

1. 4G 概述

4G 是第四代移动通信及其技术的简称,集 3G 与 WLAN 于一体并能够传输高质量视频图像以及图像传输质量与高清晰度电视不相上下的技术产品。

4G 系统能够以 100 Mbit/s 的速度下载,比拨号上网快 2 000 倍,上传的速度也能达到 20 Mbit/s,并能够满足几乎所有用户对于无线服务的要求,并具有更好的移动性支持。如果说现在的 3G 能提供一个高速传输的无线通信环境的话,那么 4G 通信将是一种超高速无线网络,一种不需要电缆的信息超级高速公路,这种新网络可使电话用户以无线及三维空间虚拟实境连线。4G 移动通信技术的发展将进一步促进交通物联网技术的发展与应用。

2012 年 1 月 20 日 ITU 正式审议通过了 LTE-Advanced 和 Wireless MAN-Advanced (802.16 m)两大 4G(IMT-Advanced)标准体系,其中我国提出的 TD-LTE 作为 LTE-Advanced 标准分支之一已正式入选。

4G 技术较 3G 移动通信技术有许多超越之处,其特点主要有:

(1)4G 移动通信技术的信息传输速率要比 3G 高一个等级,要超过 UMTS,即从 2 Mbit/s 提高到 10 Mbit/s。

(2)它将是一个全数字通信网,具有更高的带宽和比特率,下载速率最高可达100 Mbit/s。而且其对无线频率的使用效率将比第二代和第三代系统都高的多。

(3)虽然 3G 的速率已有很大的提高,但仍不能很好动态地分配资源,大流量时系统利用率低。而 4G 系统采用智能技术使其能自适应地进行资源分配,调整系统对通信过程中变化的业务流大小进行相应处理而满足通信要求,采用智能信号处理技术对信道条件不同的各种复杂环境都能进行信号的正常发送与接收,有很强的智能性、适应性和灵活性。

(4)引入空分多址(SDMA)采取自适应波束,如同无线电波一样连接到每一个用户,从而使无线系统容量比现在提高 1～2 个数量级。

(5)4G 系统的网络将是一个完全自治、自适应的网络。蜂窝组网的概念将被突破,以达到更完美的覆盖。核心网将全面采用分组交换(信元交换),使得网络根据用户的需要分配带宽,以满足系统变化和发展的要求。

2. 4G 关键技术

(1)OFDM 技术

从技术层面来看,第三代移动通信系统主要是以 CDMA 为核心技术,而第四代移动通信系统技术则以 OFDM 最受瞩目。

OFDM 技术的主要思想就是在频域内将给定信道分成许多窄的正交子信道，在每个子信道上使用一个子载波进行调制，并且各子载波并行传输，这样，尽管总的信道是非平坦的，即具有频率选择性，但是每个子信道是相对平坦的，并且在每个子信道上进行的是窄带传输，信号带宽小于信道的相应带宽，因此就可以大大消除信号波形间的干扰。OFDM 还可以在不同的子信道上自适应地分配传输负荷，这样可优化总的传输速率。OFDM 技术的最大优点是能对抗频率选择性衰落或窄带干扰，在 OFDM 系统中由于各个子信道的载波相互正交，于是它们的频谱是相互重叠的，这样不但减小了子载波间的相互干扰，同时又提高了频谱利用率。

由于 OFDM 技术能够克服 DS-CDMA 在支持高速率数据传输时符号间干扰增大的问题，并且有频谱效率高、硬件实施简单等优点，因此 OFDM 被看作是第四代移动通信系统中的核心技术。OFDM 技术的主要的难点是系统中的频率和时间同步，基于导频符号辅助的信道估计，峰平比问题和多普勒频偏的影响以及基于 OFDM、多载波技术的新一代蜂窝移动通信系统的多址方案的研究。

(2)智能天线技术

智能天线利用数字信号处理技术，采用先进的波束转换技术和自适应空间数字处理技术，判断有用信号到达方向，通过选择适当的合并权值，在此方向上形成天线主波束，同时将低增益旁瓣或零陷对准干扰信号方向。在发射时，能使期望用户的接收信号功率最大化，同时使窄波束照射范围外的非期望用户受到的干扰最小，甚至为零。

智能天线能够采用智能化时空处理算法和波束成型等技术自动跟踪信号、抑制干扰以及数字波束调节等，做到真正高效利用无线资源，提高系统可支持的速率和容量。

(3)软件无线电技术

在 4G 移动通信系统中，软件将会变得非常复杂。为此，专家建议引入软件无线电技术，将其作为 3G 通向 4G 的桥梁。

软件无线电是将标准化、模块化的硬件功能单元经过一个通用硬件平台，利用软件加载方式来实现各种类型的无线电通信系统的一种具有开放式结构新技术。通过下载不同的软件程序，在硬件平台上可以实现不同的功能，用以实现在不同的系统中利用单一的终端进行漫游，它是解决移动终端在不同系统中工作的关键技术。

(4)多入多出 MIMO 技术

移动通信环境中存在多个散射体、反射体，在无线通信链路的发射与接收端存在多条传播路径，多径传播对通信的有效性与可靠性造成了严重的影响，而利用多径引起的接收信号的某些空间特性可以实现接收端的信号分离。MIMO 系统是指在发射端和接收端同时使用多个天线的通信系统，可以有效地利用随机衰落和可能存在的多径传播来成倍地提高业务传输速率。

4.2.3　Wi-Fi

无线保真(Wi-Fi，Wireless Fidelity)是一种短程无线传输技术，能够在数百英尺范围内支持互联网接入的无线电信号。它是由 AP(Access Point)和无线网卡组成的无线网络。可以将个人电脑、手持设备(如 PDA、手机)等终端以无线方式互相连接。自从 1997 年 IEEE 802.11 标准实施以来，先后制定有 802.11b、802.11a、802.11g、802.11e、802.11f、802.11h、802.11i、802.11j、802.11ac、802.11ad 等系列 Wi-Fi 标准。

IEEE 802.11 是 IEEE 最初制定的一个无线局域网标准，主要用于解决办公室局域网和校园网中用户与用户终端的无线接入，业务主要限于数据存取，速率最高只能达到 2 Mbit/s。

802.11x 协议族介绍如下：

(1)802.11a

802.11a(Wi-Fi5)标准工作在 5 GHz U-NII 频带，采用 OFDM 技术，物理层速率可达 54 Mbit/s，传输层可达 25 Mbit/s。可提供 25 Mbit/s 的无线 ATM 接口和 10 Mbit/s 的以太网无线帧结构接口，以及 TDD/TDMA 的空中接口；支持语音、数据、图像业务；一个扇区可接入多个用户，每个用户可带多个用户终端。

802.11a 是一个非全球性的标准，与 802.11b 后向不兼容.

(2)802.11b

工作在 2.4 GHz 的频段，2.4 GHz 的 ISM 频段为世界上绝大多数国家通用，因此 802.11b 得到了最为广泛的应用。它的最大数据传输速率为 11 Mbit/s，无须直线传播。在动态速率转换时，如果射频情况变差，可将数据传输速率降低为 5.5 Mbit/s、2 Mbit/s 和 1 Mbit/s。支持的范围是在室外为 300 m，在办公环境中最长为 100 m。802.11b 使用与以太网类似的连接协议和数据包确认，来提供可靠的数据传送和网络带宽的有效使用。与 802.11a 不兼容。

(3)802.11e

802.11e 是 IEEE 为满足服务质量(QoS)方面的要求而制订的 WLAN 标准。在一些语音、视频等的传输中，QoS 是非常重要的指标。在 802.11MAC 层，802.11e 加入了 QoS 功能，它的分布式控制模式可提供稳定合理的服务质量，而集中控制模式可灵活支持多种服务质量策略，让影音传输能及时、定量保证多媒体的顺畅应用，WIFI 联盟将此称为 WMM(Wi-Fi Multimedia)。

(4)802.11f

802.11f 追加了 IAPP(Inter-Access Point Protocol)协定，确保用户端在不同接入点间的漫游，让用户端能平顺、无形地切换存取区域。802.11f 标准确定了在同一网络内接入点的登录，以及用户从一个接入点切换到另一个接入点时的信息交换。

(5)802.11g

802.11g 是为了提高更高的传输速率而制定的标准，它采用 2.4 GHz 频段，使用 CCK 技术与 802.11b(Wi-Fi)后向兼容，同时它又通过采用 OFDM 技术支持高达 54 Mbit/s 的数据流，所提供的带宽是 802.11b 的 1.5 倍。从 802.11b 到 802.11g，可发现 WLAN 标准不断发展的轨迹：802.11b 是 WLAN 标准演进的基石，未来许多的系统大都需要与 802.11b 后向兼容。

可以看出，在 802.11g 和 802.11a 之间存在与 Wi-Fi 兼容性上的差距，为此出现了一种桥接此差距的双频技术——双模(dual band)802.11a+g(=b)，它较好地融合了 802.11a/g 技术，工作在 2.4 GHz 和 5 GHz 两个频段，服从 802.11b/g/a 等标准，与 802.11b 后向兼容，使用户简单连接到现有或未来的 802.11 网络成为可能。

(6)802.11h

802.11h 是为了与欧洲的 HiperLAN2 相协调的修订标准，美国和欧洲在 5 GHz 频段上的规划、应用上存在差异，这一标准的制订目的，是为了减少对同处于 5 GHz 频段的雷达的干扰。

802.11h 涉及两种技术：

一种是动态频率选择(DFS)，即接入点不停地扫描信道上的雷达，接入点和相关的基站随时改变频率，最大限度地减少干扰，均匀分配 WLAN 流量。

另一种技术是传输功率控制(TPC)，为了避免功率过大造成对其他设施的干扰，可以控制传输功率的大小。

(7)802.11n

802.11n是802.11g Wi-Fi协议的后续版本。

IEEE802.11n工作小组由高吞吐量研究小组发展而来,并计划将WLAN的传输速率从802.11a和802.11g的54 Mbit/s增加至108 Mbit/s以上,最高速率可达320 Mbit/s,成为802.11b、802.11a、802.11g之后的另一个重要标准。和以往的802.11标准不同,802.11n协议为双频工作模式(包含2.4 GHz和5.8 GHz两个工作频段),保障了与以往的802.11a/b/g标准兼容。

(8)802.11s

802.11s制订与实现目前最先进的MESH网络,提供自主性组态(self-configuring),自主性修复(self-healing)等能力。无线网状网可以把多个无线局域网连在一起从而能覆盖一个大学校园或整个城市,当一个新接入点加入进来时,它可以自动完成安全和服务质量方面的设置。整个网状网的数据包会自动避开繁忙的接入点,找到最好的路由线。

(9)802.11R

802.11R着眼于减少漫游时认证所需的时间,这将有助于支持语音等实时应用。

使用无线电话技术的移动用户必须能够从一个接入点迅速断开连接,并重新连接到另一个接入点。这个切换过程中的延迟时间不应该超过50 ms,因为这是人耳能够感觉到的时间间隔。

Wi-Fi无线带宽接入技术特点包括:

(1)覆盖范围广:与“蓝牙”技术相比,其有效范围较广,网络的部署也比较容易。基于蓝牙技术的电磁波半径只有15 m左右,而Wi-Fi的半径则可达300英尺左右(约合100 m)。

(2)传输速度快:802.11n最高可达600 Mbit/s,而802.11ac标准则甚至可达1 Gbit/s。

(3)建网成本低:单个成本仅千元上下。厂商在机场、车站、咖啡店、图书馆等人员较密集的地方设置“热点”后,用户便可以接受其信号,高速接入因特网。

(4)应用范围广:不仅可用于电脑联网,还可广泛地应用于物联网节点的接入,甚至有人认为,在Wi-Fi技术的推动下,物联网将会与计算机互联网最终实现统一。

4.2.4 IPv6

互联网技术发展至今,从个人电脑、智能手机到传感器等,所有设备的通信都需分配到一个唯一编号,即IP地址。目前IPv4(互联网协议第四版)地址总数为2^{32},即大约43亿,终于在2011年2月3日正式宣告枯竭。IPv6采用128位(2^{128})地址长度,几乎可以不受限制地提供地址。按保守方法估算IPv6实际可用的IPv6数量,几乎可以给地球上的每个物体都分配到一个IP地址,这不但解决了网络地址资源数量的问题,同时也为物联网的发展提供了基础支持条件,即每个“物”都可以赋以独一无二的地址。

如图4-6所示,将IPv6的基本报头和IPv4的报头作一比较,括号里的数表示比特数。

(1)IPv4中所有报头是以32 bit为单元,基本长度是4 bit;而在IPv6基本报头中,报头是以64 bit为单元,报头的总长度固定为40字节(320 bit)。

(2)IPv6基本报头去掉了IPv4中的所有可选项,还减少、改变了许多IPv4中的字段,如取消了IPv4报头中的6个字段:头标长度(4)、服务类型(8)、标识符(16)、标志(3)、分段偏移量(13)及报头校验和(16)。

(3)在IPv6基本报头中有三个报头字段重新命名,并赋予了新的含义:服务类型(8)、生存时间(8)、传输协议(8)被分别改为数据流类型(8)、跳数限制(8)和下一个报头(8)。

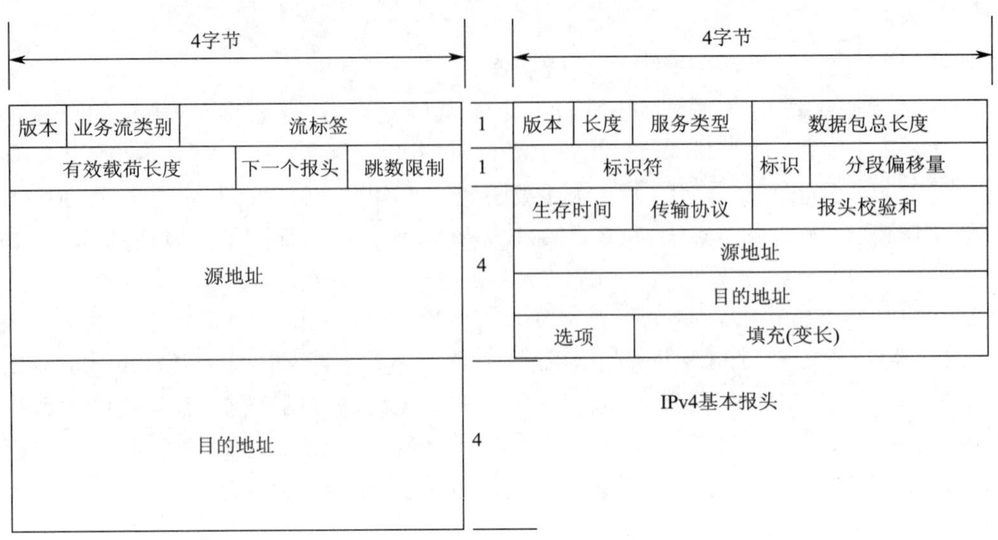

图 4-6　IPv6 基本报头与 IPv4 基本报头的比较

(4)IPv6 基本报头增加了新的字段:数据流标签(20)。

尽管 IPv6 地址长度是 IPv4 的 4 倍,但 IPv6 的基本报头只是 IPv4 报头长度的 2 倍,并且取消了对报头中可选项长度的严格限制,通过引入扩展报头的概念,从而大大地增加了 IPv6 报头的灵活性,也使得网络中的中间路由器在处理 IPv6 协议头时有更高的效率。

IPv6 在物联网中的主要技术优势有:

(1)IPv6 在物联网寻址中的优势

IPv6 采用无状态地址分配,网络设备不再需要保存节点的地址状态,维护地址的更新周期,这大大简化了地址分配的过程,可以以很低的资源消耗来达到海量地址分配的目的。

无状态地址分配的基本思想是网络层不管理 IPv6 地址的状态,包括节点应该使用什么样的地址、地址的有效期有多长,且基本不参与地址的分配过程。节点设备连接到网络中后,将自动选择接口地址(通过算法生成 IPv6 地址的后 64 位),并加上 FE80 的前缀地址,作为节点的本地链路地址,本地链路地址只在节点与邻居之间的通信中有效,路由器设备将不路由以该地址为源地址的数据包。在生成本地链路地址后,节点将进行 DAD (地址冲突检测),检测该节点地址是否有邻居节点已经使用,如果节点发现地址冲突,则状态地址分配过程将终止,节点将等待手工配置 IPv6 地址。如果在检测定时器超时后仍没有发现地址冲突,则节点认为该地址可以使用,此时终端将发送路由器前缀通告请求,寻找网络中的路由设备。当网络中配置的路由设备接收到该请求,则将发送地址前缀通告响应,将节点应该配置的 IPv6 地址前 64 位的地址前缀通告给网络节点,网络节点将地址前缀与接口地址组合,构成节点自身的全球 IPv6 地址。

(2)IPv6 对物联网节点移动性的支持

IPv6 协议的设计充分考虑了对移动性的支持,并避免了移动 IPv4 网络中的三角路由问题。通过引入 MIPv6,数据流量可以直接发送到移动节点,在 MIPv6 的网络中,传感器进行群切换时只需要向家乡代理注册,之后的通信完全由传感器和数据采集的设备之间直接进行,这样就可以使网络资源消耗的压力大大下降。因此,在大规模部署物联网应用特别是移动物联网应用时,MIPv6 是一项关键性的技术。

(3)IPv6 在保证物联网网络质量中的优势

在物联网应用中普遍存在节点数量多、通信流量突发性强的特点。与IPv4相比,由于IPv6的流标签有20 bit,足够标记大量节点的数据流。同时与IPv4中通过五元组(源IP地址、目的IP地址、源端口、目的端口、协议)不同,IPv6在一个通信过程中(五元组没有变化),只在必要的时候数据包才携带流标签,即在节点发送重要数据时,动态提高应用的服务质量等级,做到对服务质量的精细化控制。

(4)IPv6在物联网安全中的优势

在IPv6网络中,由于同一个子网支持的节点数量极大(达到百亿亿数量级),黑客通过扫描的方式找到主机难度大大增加。同时,在基础协议栈的设计方面,IPv6将IPsec协议嵌入到基础的协议栈中,通信的两端可以启用IPsec加密信息和通信的过程。网络中的黑客将不能采用中间人攻击的方法对通信过程进行破坏或劫持。即使黑客截取了节点的通信数据包,也会因无法解码而不能窃取通信节点的信息。

全世界范围内的IPv6网络从2012年6月6日开始正式启动,我国在2012年11月进行了一次测试,具体可参考国家发改委印发的《下一代互联网"十二五"发展建设的意见》。目前,我国在下一代互联网关键技术IPv6的开发进展与世界基本保持了同步。

4.3 数据处理技术

数据处理指将交通物联网感知层采集的原始数据,用一定的手段和设备,按一定的使用要求,加工成另一种形式的数据。数据处理的目的主要有三个:一是将采集的原始数据转换成便于观察分析、传送或进一步处理的数据形式;二是从原始数据中抽取、推导出有价值的信息作为行动和决策的依据;三是科学保存和管理已处理过的大量数据,便于利用。

交通物联网应用层的数据处理内容主要包括数据存储、数据管理、数据运算、数据检索、数据输出等,其中云计算是交通物联网系统支持海量动态数据挖掘处理和"智慧服务"的关键技术。

云计算是分布式计算、并行计算和网格计算的发展,它是一种商业计算模型,将计算任务分布在大量计算机构成的资源池上,使用户能够按需获取计算力、存储空间和信息服务。云计算使用了廉价的服务器集群,降低了成本。同时,云计算能提供动态资源池,池的规模可以动态扩展,并且可以动态回收重用分配用户的资源,这种模式大大提高了资源利用率。

针对交通运输行业数据信息量大、信息实时处理要求性高、数据共享、高可用性以及高稳定性等需求,通过云平台搭建统一的数据处理平台,实现数据信息的共享,通过云挖掘技术实现对海量多源交通信息的动态交通数据的处理;同时云计算通过虚拟化等技术,整合服务器、存储、网络等硬件资源,优化系统资源配置比例,实现应用的灵活性,同时提升资源利用率,降低总能耗和运维成本。

在本书的第九章,将详细介绍关于云平台的主要关键技术,包括数据存储、数据管理、分布式处理、虚拟化和云安全技术。

4.4 数据服务技术

1. LBS技术

交通运输行业的各种应用大多是基于位置的,如物流服务、主动交通信息服务等。LBS也是目前应用较多的一种数据服务,它不仅仅局限在交通行业,几乎涵盖了生活中的所有方面。其在移动互联网时代毋庸置疑是座巨大的金矿，各大厂商都在发力。

LBS是交通物联网提供按需服务的主要技术，它主要是通过移动通信运营商的无线通信网络（如GSM网、CDMA网）或外部定位方式（如GPS）获取移动终端用户的位置信息（地理坐标或大地坐标），在地理信息系统（GIS，Geographic Information System）平台的支持下，为用户提供相应服务的一种增值业务。LBS包括两层含义：首先是确定移动设备或用户所在的地理位置，其次是提供与位置相关的各类信息服务。LBS能够广泛支持需要动态地理空间信息的应用，在交通领域常见的包括：信息查询（交通情况）、车队管理、急救服务、道路辅助与导航、人员跟踪等。

LBS是一项集成系统，是GIS、空间定位、移动通信、无线互联网等技术的综合体。GIS技术、移动通信技术、定位技术（基于基站定位和基于GPS定位）三者结合形成了LBS技术，为用户提供基于位置的信息交换、信息获取、共享和发布服务。

图4-7中Web GIS也称互联网GIS，是GIS技术与WWW技术的有机结合，在Internet环境下，为各种地理信息应用提供GIS功能。移动GIS是建立在移动计算环境、有限处理能力的移动终端条件下，提供移动中的、分布式的、随遇性的移动地理信息服务的GIS，是一个集GIS、GPS、移动通信（GSM/GPRS/CDMA）三大技术于一体的系统。它通过GIS完成空间数据管理和分析，GPS进行定位和跟踪，利用PDA完成数据获取功能，借助移动通信技术完成图形、文字、声音等数据的传输。

图4-7 LBS-多种技术的交叉

一个完整的LBS业务流程分为业务请求、定位过程、业务推送三部分，对于业务请求和业务推送，用户可以根据LBS业务提供商提供的接入方式，选择通过SMS（短信）、WAP、MMS（彩信）、语音等多种方式完成业务请求并接受服务提供商信息的推送，而且在业务请求和业务推送过程中，可以使用不同的接入方式。按接入方式划分业务类型可分为四类：

（1）消息类接入（SMS/EMS/MMS/USSD）

用户通过短信方式发出位置服务请求，位置服务业务系统从LBS平台获取经纬度信息，结合地图等内容，并以短信方式向用户提供位置服务。

（2）因特网接入（互联网、局域网、专网等）

用户可以通过WEB方式查询其他用户终端的位置或特定地点位置信息。位置服务业务系统接收到此请求后，向LBS平台发起位置服务请求，并根据返回的位置信息向用户提供位置服务。例如在行业应用中，管理员对车辆进行定位；大众市场应用中的位置查询服务。

（3）语音接入（VoicePortal/1860客服台等）

语音接入按特性可分为三类：IP PBX、IAD和SIG GW。主要的终端接入类型为模拟电话、IP电话和软终端。用户通过语音接入的方式发出位置服务请求，LBS系统接收到此请求后，从LBS平台获取用户位置信息，并将相应的信息返回给申请用户。语音接入的优点是安装维护方便，能提供标准的语音业务，形态简单，功能、接口丰富，企业门户属性强、自主管理能力强。

（4）客户端程序类接入（JAVA/WAP）

用户访问WAP网页，WAP服务器从LBS平台获取经纬度信息或位置业务信息（如地图等),并根据用户的申请返回所需的位置服务信息。

JAVA 及其他终端驻留应用接入:用户通过 BREW/JAVA 下载服务器和位置服务应用,或通过其他方式获取终端驻留的位置服务应用。用户使用下载到本地的位置服务应用,从位置服务系统获取经纬度信息或位置业务信息。

随着交通物联网技术的普及和流行,我国的 LBS 服务将会越来越完善,功能也会越来越全面,LBS 的成功案例也为以后交通信息服务的发展提供了一些可供借鉴的模式。

基于 LBS 技术的主要服务有:

(1)车辆动态位置信息服务

车辆动态位置信息服务为用户、政府管理部门和企业等提供各种基于车辆、船舶的位置信息,该服务促进了信息的共享,减少了重复投资,进而提高了资源的使用效益,为各级交通运输部门生产安全等监管提供决策支持,从而提升交通行业的建设水平和管理水平。

车辆动态位置信息服务主要包括:基础位置信息服务和业务功能服务。

基础位置信息服务包括:车船经度、纬度信息;车船速度;运行方向;汇报时间。

业务功能服务包括:轨迹回放;定时定位查询;拍照;发送报文;电话回拨。

(2)停车位动态信息服务

停车位动态信息服务主要为车主提供实时的周边的停车场空闲车位查询服务和车位预约服务。交通物联网通过整合停车泊位地理信息,使整个城市的停车位组成一个动态的数据网,用户可以通过 Web 或者 WAP 方式查询和预约附近的停车泊位。该服务大幅度提高了停车位资源的利用率,改善了城市停车难的问题,促进了城市道路交通的发展。

(3)交通路网地理信息服务

交通路网地理信息服务利用浮动车的位置来对电子地图进行动态的、准确的更新。如新增道路的发现、交通堵塞点识别、红绿灯路口识别、道路拓宽识别以及道路单向限行与通行状态识别等。基于浮动车的路网变化动态更新服务主要功能如下:

①红绿灯路口识别

利用浮动车在行驶过程中采集车辆编号、位置、速度信息,并将采集得到的数据信息传送到数据中心,数据中心对所属数据信息中的速度信息进行预处理,得到有效的浮动车数据,然后定位多辆车超低速行驶的区域并提取其中心点位置来构成集合 R,将上述集合 R 与交通图层的红绿灯路口集合 C 进行匹配,从而实现红绿灯路口的识别。此服务能为各类交通信息服务系统提供动态、准确的红绿灯路口状态变化信息。

②新增道路发现

利用浮动车技术在行驶过程中采集车辆编号、位置、速度等信息,并通过移动蜂窝通信等技术传送到数据中心;数据中心根据原始采集数据中的速度信息,将非正常行驶的干扰数据滤除,得到道路行车数据存入统一的数据库;系统将道路行车数据与交通图层数据匹配,若在交通图层中无道路的区域发现大量的道路行车数据,则表明在该区域新增了道路,从而可对交通图层添加该道路信息。此服务能够为各类交通信息服务提供动态、准确的新增道路状态变化信息。

③交通堵塞点识别

利用浮动车在行驶过程中定期采集车辆编号、位置、速度和时间信息,并将采集得到的数据信息传送到数据中心,数据中心对所属数据信息中的速度信息进行预处理,得到有效的浮动车数据,然后抽取多辆车频繁超低速行驶的区域,可自动识别交通堵塞点,从而实现交通堵塞点信息的动态更新。此服务能为各类交通信息服务系统提供动态、准确的交通堵塞点信息。

(4)动态交通信息主动推送服务

动态交通信息主动推送服务就是根据出行者当前位置和目的地等信息，利用浮动车技术为出行者主动发送其感兴趣的、实时的、动态的交通信息，实现更为友好和高效的动态交通信息服务，实现城市交通流的均衡，减少乃至避免交通拥塞和交通事故的发生；也可以为广大出行者提供出行最佳路径，显著缩短出行时间；同时，通过分析出行者的周边环境为用户主动推送危险驾驶区域的提醒服务，减少事故发生。

动态交通信息主动推送服务旨在为公众出行提供主动的、实时的、动态的、准确的道路信息，充分考虑用户的个性化需求，并通过在海量的交通信息数据库中挖掘出用户感兴趣的道路信息，从而为公众提供个性化的道路信息推送服务。

(5)公交出行交通信息服务

公交出行交通信息服务以智能化公共交通(APTS)建设为目标，对公众在出行前、出行中和多种出行方式接驳换乘信息的需求进行深入研究，使公众用户可以通过 Web 或者 WAP 等对公交出行的静态和动态信息进行查询，并为公众提供必要的出行方式和换乘建议，向公众提供方便、快捷的公交出行信息查询服务。

利用短信、WAP、WWW 网站等方式，公交出行交通信息服务向公众提供了及时、准确、全面的公共交通信息，老百姓足不出户就能掌握公交运营情况，对于提高城市公共交通服务质量，缓解城市交通拥堵，减轻交通管理、道路建设压力起到了积极的推动作用。

服务主要功能包括：

①公交线路查询；

②停靠站点查询；

③公交运营时间查询；

④公众乘车路线查询：用户通过目的和终点查询所需公交线路；

⑤公众换乘查询：该服务可以通过用户的始发点和目的点以及用户的偏好需求等信息，为用户提供一条最优的换乘路线；

⑥公交动态位置显示服务；

⑦公交载客量显示服务。

2. WAP

WAP 是当今移动互联网最主要的规范。WAP 的工作模型类似 WEB 的工作模型，移动终端发出请求并且携带有各种参数(URL 等)，网关通过解析，发出相应的请求到 Web 服务器上，服务器通过检索参数生成相应的结果，返回给代理网关，网关进行解码、编码，把结果送回给移动终端，一个会话过程就结束了。

WAP 定义了一整套标准部件来实现客户端和服务器之间的通信，包括有 URL 标准的内容格式和标准的传输方式。WAP 和 WWW 使用相同 URL 标识服务器上面的内容，因为考虑到和现在的 Internet 兼容，这个标准没有任何的改变。和 WWW 不一样的是内容表达格式和文件传输方式的标准，针对移动终端的特点进行了优化。WAP 使用网关的技术来联结无线网络 Internet 数据网络，网关要能够实现 WAP 协议堆栈到 WWW 协议堆栈的转化，还能实现内容格式的转化，例如 WML 到 HTML。

在无线网络中，WAP 手机与两个服务器(WAP Proxy Serve 和 WTA Server)通信。WAP Proxy(即 WAP 网关)把 WAP 手机发来的 WAP 协议请求转换成 WWW 协议请求，然后把 WWW 请求提交给 Web Server。同时 WAP Proxy 也把 Web Server 应答的信息编码成 WAP 手机可以识别的紧凑的二进制格式，然后再传递给 WAP 手机。WTA Server 用来提供与电话相关的应用，与 WAP 网关和 GSM 网络有直接链路连接。它与 WAP 网关连接的目的是手机用户能通过手机和网关来修改定制 WTA Server 的内容；与 GSM 网络连接的目的是向网络传送 PUSH 消息。

3. 终端技术

(1)移动终端总体发展

移动终端从第一代模拟手机，历经第二代基于实时操作系统的功能手机，已经发展到第三代基于开放操作系统的智能手机阶段，如图 4-8 所示。第三代的智能手机已经成为市场主流产品。

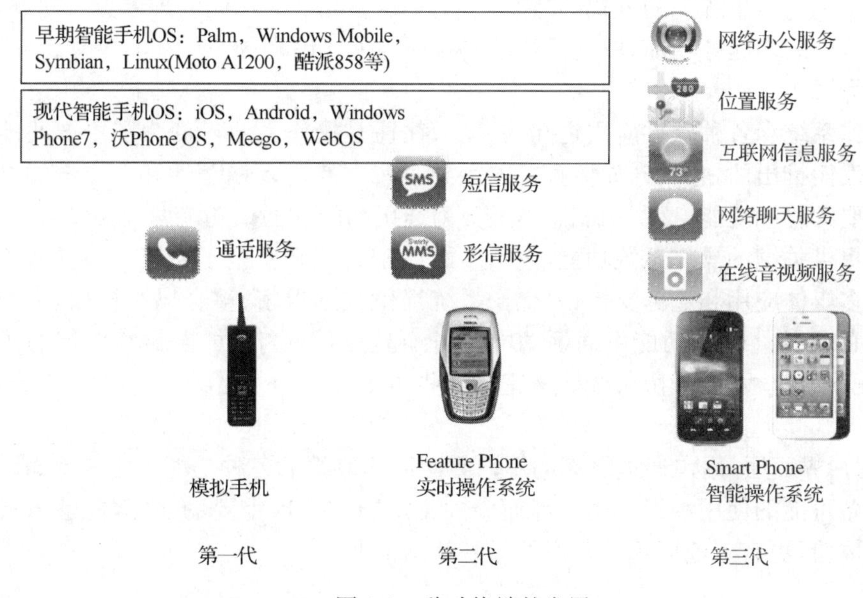

图 4-8　移动终端的发展

手机不再是一个简单的通话工具，而是一个集成各种通信和非通信功能的个人信息处理中心，收音机、电视机、游戏机、遥控器、音/视频播放器、电子钱包、GPS 导航仪等功能都在终端上体现，移动终端已经成为一台计算机。

(2)3G 终端体系结构

随着移动通信的发展，移动终端的功能发生了巨大的变化，已经不仅仅是一个简单的通话工具，而逐渐变成一个移动的个人信息收集和处理平台，向着智能终端的方向发展，在 3G 系统表现尤为突出。智能终端都对操作系统有一个明确的要求，那就是开放性和通用性。为了适应这种发展趋势，大部分移动终端都已经具有多任务的开放式操作系统核心，有的甚至拥有功能强大的、开放型的开发平台。开放式操作系统的普遍应用极大地促进了移动终端产品开发的速度和应用水平。

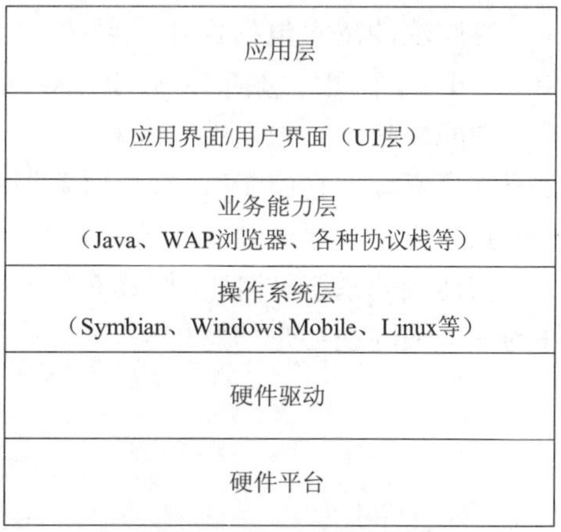

应用层
应用界面/用户界面（UI层）
业务能力层 （Java、WAP浏览器、各种协议栈等）
操作系统层 （Symbian、Windows Mobile、Linux等）
硬件驱动
硬件平台

图 4-9　开放式操作系统终端逻辑结构图

典型的具有开放式操作系统的终端架构如图 4-9

所示，自下而上可以分为五层：硬件驱动层、操作系统层、业务能力层、用户界面层（UI）和应用层。

①硬件驱动层

硬件和驱动组成了硬件驱动层，它是操作系统的下一层，也是操作系统一切功能的基础，确保了操作系统的稳定性、各种性能以及有效的功率管理。同时，它也提供给操作系统层一个抽象的概念，使同样的一个操作系统能在不同种类的硬件设备上运作，具有很灵活的移植性，使业务和设备的持续发展成为可能。

②操作系统层

操作系统用于为其他终端软件提供核心功能和不同接口，为用户使用终端设备上的不同硬件设备提供了一种简单统一的方式，并隐藏了实际设备功能之间的物理差异。此外，操作系统还负责管理软件的多任务功能，以支持移动终端所需的实时功能。

③业务能力层

该层是操作系统和各种软件应用之间的夹层，往往是操作系统厂商为了更方便地实现对操作系统的开发而推出的，它的开放性直接关系到第三方的进入便利性和产业链的结构。该层提供部分重要的终端功能，这些功能总体上分为通用功能和通信功能两大类型。

通用功能提供关键的操作系统功能，包括多媒体子系统和安全子系统。多媒体子系统为操作系统提供多媒体应用和业务支持；安全子系统提供数据保密、整合以及授权，为安全通信协议提供底层的支持。通信功能由通话功能、串行和短距离通信功能、网络功能等子系统组成，通过支持无线协议栈和 IP 协议栈等来完成这些功能。

④UI 层

UI 层即用户界面层，用户通过终端的用户界面了解终端的各种功能。用户界面设计必须反映出终端设备可能的使用情形。用户界面个性化定制是一项重要的功能，能够方便用户使用和提升用户体验，更有效地展现运营商的品牌和增值业务。

⑤应用层

应用层是提供给用户各种手机具体应用的集合，这些应用是基于业务能力层所提供的功能筑建的。该层的一些典型应用包括个人信息管理、消息类业务、位置类业务和电子商务类业务等。

(3)终端软件技术

终端软件技术包括操作系统和中间件。其中操作系统包括 Symbian、WM、iPhone OS、Android 等，中间件包括 Java、BREW、Adobe Flash、Widget 等。

中间件是一种独立的系统软件或服务程序，分布式应用软件借助这种软件在不同的技术之间共享资源。它位于客户机/服务器的操作系统之上，管理计算机资源和网络通信，是连接两个独立应用程序或独立系统的软件。

相连接的系统，即使它们具有不同的接口，通过中间件相互之间仍能交换信息。执行中间件的一个关键途径是信息传递，通过中间件，应用程序可以工作于多平台或 OS 环境。

第 5 章　典型交通物联网系统及其应用案例

5.1　ETC 系统

不停车收费系统(ETC 系统,Electronic Toll Collection System)利用车辆自动识别(AVI,Automatic Vehicle Identification)技术完成车辆与收费站之间的无线数据通信,进行车辆自动识别和有关收费数据的交换,通过计算机网络进行收费数据的处理,实现不停车自动收费的全电子收费系统。使用该系统,车主只要在车窗上安装感应卡并预存费用,通过收费站时便不用人工缴费,也无须停车,高速费将从卡中自动扣除。这种收费系统每车收费耗时不到 2 s,其收费通道的通行能力是人工收费通道的 5～10 倍。

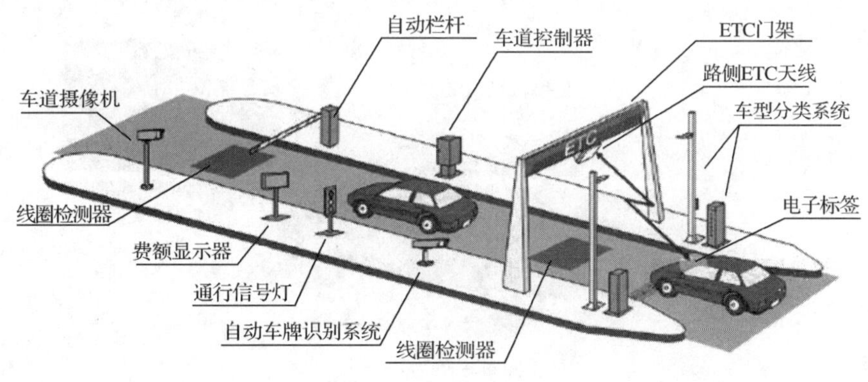

图 5-1　ETC 系统示意图

5.1.1　系统使用

ETC 系统采用了 RFID、专用短程通讯(DSRC)、地磁感应识别、视频识别和红外感知等多种技术,新一代的 ETC 还可以结合卫星定位技术实现对车辆的追踪,如图 5-1 所示为 ETC 系统示意图。ETC 技术是以 RFID 标签为数据载体,计算机可以读取 RFID 标签中存放的有关车辆的固有信息(如车辆类别、车主、车牌号等)、道路运行信息、征费状态信息,按照既定的收费标准,通过计算,从 IC 卡中扣除本次道路使用通行费。

5.1.2　关键技术

ETC 系统的关键技术主要集中在以下方面:自动车辆识别(AVI,Automatic Vehicle Identfication)技术;自动车型分类(AVC,Automatic Vehicle Classification)技术;专用短程通信(DSRC,Dedicated Short Communication)技术;逃费抓拍系统(VES,Video Enforcement System)。

ETC 系统主要由 ETC 收费车道、收费站管理系统、ETC 管理中心、专业银行、车道控制器、费额显示器、自动栏杆机、车辆检测器及传输网络组成。目前采取的主要技术手段包括:专用短程通讯(DSRC)、射频识别(RFID)、地磁感应识别、视频识别和红外感知等技术。

DSRC是基于长距离RFID射频识别的微波无线传输技术。国际标准化组织智能运输系统委员会(简称IS/TC 204)负责DSRC国际标准的制定工作。DSRC迄今为止还没有形成统一的国际标准，国际上DSRC标准主要有欧、美、日三大阵营:欧洲的ENV系列,美国的900 MHz和日本的ARIBSTD-T75标准。鉴于DSRC的国际标准发展趋势和应用,1998年,我国交通部ITS中心向交通部无线电管理委员会提出将5.8GHz频段(5.795～5.815 GHz:下行链路500 kbit/s,上行链路250 kbit/s)分配给DSRC技术领域。

1. DSRC结构体系

DSRC系统主要由三部分组成:车载单元(OBU,On-Board Unit),路侧单元(RSU,Road-Side Unit)以及专用短程通信协议。系统组成如图5-2所示。

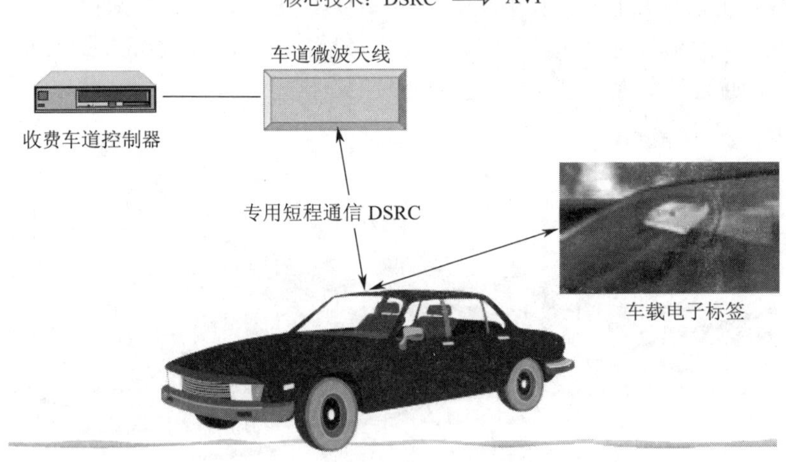

图5-2　DSRC系统组成

(1)OBU

OBU又称为车载电子标签,通常安装在车辆挡风玻璃上,主要由收发器与信息存储介质(如IC卡)组成。国际上目前使用的收发器大多工作在微波频段,少数工作在红外频段。OBU从最初的单片式电子标签,发展到了目前的双片式IC卡加CPU单元,IC卡存储账号、余额、交易记录和出入口编号等信息,CPU单元存储车主、车型等有关的车辆物理参数并为OBU和RSU之间的高速数据交换提供保障。通过OBU收发器与RSU(路侧单元)收发器,就可以实现车辆与道路之间的信息交互;IC卡存储了许多关于该车的信息,如车辆的类别、车牌号码、车主姓名等,通过OBU收发器可以将存储的信息发送给RSU,也可从RSU下载有关信息。

(2)RSU

RSU指安装在车道旁边或车道上方的通信及计算机设备,其功能是与OBU完成实时高速通信,实施车辆自动识别、特定目标检测及图像抓拍等,它通常由设备控制器、天线、抓拍系统、计算机系统及其他辅助设备组成。

(3)专用通信链路

下行链路:从RSU到OBU,采用ASK调制,NRZI编码方式,数据通信速率为500 kbit/s。

上行链路:从OBU到RSU,RSU的天线不断向OBU发射5.8 GHz连续波,其中一部分作为 OBU 的载波,将数据进行 BPSK 调制后反射回 RSU。上行数据本身也是 BPSK 调制,载频为 2～10 MHz。

2. DSRC 系统通信方式

DSRC 有两种信息传输形式:主动式和被动式。

主动式:这种系统中 RSU 和 OBU 均有振荡器,都可以发射电磁波。当 RSU 向 OBU 发射询问信号后,OBU 利用自身电池能量发射数据给 RSU,主动式 DSRC 技术中 OBU 必须配置电池。

被动式:RSU 发射电磁信号,OBU 被激活后进入通信状态,并以一种切换频率反向发送给 RSU,被动式 DSRC 技术中 OBU 电源配置可有可无。

5.1.3　国内外的应用

1. ETC 在国外的应用

在美国,最著名的联网运行电子不停车收费系统是 E-Zpass 系统,主要应用于美国东北部,其覆盖范围南到弗吉尼亚,西到伊利诺伊州。E-ZPass 整合了不同洲的不同系统,允许用户在该网络中使用统一的 E-ZPass 电子标签(E-ZPass 标签是电池驱动的 RFID 转发器,一般安装在后视镜后面的挡风玻璃内侧),用户可以用信用卡、银行卡、支票或现金开一个专门账户进行消费。而为了鼓励用户使用 E-ZPass,各州对高速公路的通行费都会有不同折扣的优惠,优惠幅度主要根据道路、时间段、车型、使用频率以及是否合乘等情况有所不同。在开通了 E-ZPass 的部分大城市内,一些停车场开始支持使用 E-ZPass 系统来进行自动收费。

美国使用 915 MHz 频段的射频识别技术虽然在应用上取得了比较好的效果并得以大规模推广,但由于技术选择上的原因,目前 E-ZPass 只能作为单纯的不停车收费系统使用,而无法在此基础上扩展其他应用,例如基于车路通信、车车通信的辅助车辆安全服务、出行信息服务等内容。为了使目前的 E-ZPass 系统今后能够扩展出更多潜在的应用,美国已经开始考虑采用 5.9 GHz 的专用短程通信技术对目前的 E-ZPass 系统进行改造。

在技术标准和应用模式上,日本 ETC 系统和中国推行的国标电子收费系统相似,也是采用 5.8 GHz 频段的专用短程通信技术,电子标签采用两片式,支付媒介也是 IC 卡。与中国不同的是,日本的 ETC 电子标签全部采用车载供电,安装时需要和汽车电路进行连接。并且,日本公路收费站的普通车道并不支持 IC 卡刷卡方式,ETC 用户在任何收费站均需使用 ETC 车道通行。

葡萄牙的 Via Varde 电子收费系统可以算作欧洲具有代表意义的联网电子收费系统之一,由葡萄牙最大的公路运营商 BRISA 公司管理。收费系统采用封闭式和开放式相结合的模式,该 ETC 车道的显著特点是没有自动栏杆,车辆能以不低于 80 km/h 的速度通行。

国外 ETC 系统建设和运营经验对于国内 ETC 系统的推广应用具有重要的参考价值,这对于发展我国的 ETC 系统也具有一定的借鉴意义。可以看出,统一完备的技术标准是大规模应用的基础,需要制定长远目标并循序渐进发展,适当的优惠政策是激励用户使用的最佳手段。

2. ETC 在中国的应用

最早将 ETC 引进中国是在 20 世纪 90 年代中期,当时中国部分经济发达地区的高速公路车流量激增,从而导致了收费口的交通堵塞。高速公路堵车现象时有发生,拥堵严重的路段可能会天天堵,有时候一堵好几天。高速公路管理手段越来越先进,但大部分已通车的高速公路收费管理却仍然停在低效率的人工收费阶段。据中国委员会的统计资料表明，仅广州一个地区因停车等待交费而损失的车时就达到了数百万小时，导致的汽油浪费以亿元计算。随着交通流量的增大，实施不停车的高速 ETC 收费业务的需求也迫在眉睫。

福建省高速公路于 2008 年 1 月 15 日向社会正式推出了 ETC 业务，该业务是通过“闽通卡”与车户的银行账户相绑定，利用专用短程微波通讯技术，将收费车道或路侧单元(RUS)与电子标签(OBU)的信息进行交换，自动识别车辆，采用电子支付的方式，自动完成车辆通行费的扣除，从而使车辆无需停车缴费。

2011 年 8 月，闽通卡(储值卡)业务暨电子收费二期客服系统正式上线运营。该系统在对原有的闽通卡(记账卡)业务功能进行升级优化的基础上又增加了闽通卡(储值卡)业务功能。闽通卡(储值卡)可作为车户的“电子钱包”，车户只需直接前往全省各闽通卡服务中心申办并预存通行费，即可享受免停车(限客车)、免排队(限客车)、免备现金缴纳高速公路通行费，以及通行费 9.5 折优惠等诸多便利和实惠。

2012 年 1 月底，福建省高速公路 ETC 系统陆续与上海、江苏、安徽、江西联网，福建省安装了电子标签和闽通卡的车户，不但可以在福建省内高速公路 ETC 车道畅行无阻，在沪、苏、皖、赣也可实现不停车缴费。

截止至 2011 年 12 月，福建省 ETC 车道已达 236 条，站点覆盖率达 76%，闽通卡服务网点目前已达 19 个，ETC 用户总量突破 7 万辆，其中 2011 年全年 ETC 用户量达到 36 000 余辆，环比增长 106.14%，并实现 ETC 用户总量翻一番，大大提高了高速公路的通行效率。

福建省高速公路 ETC 系统的实施，全面提高了福建省高速公路的服务水平和通行能力，为道路使用者带来便利，在减少汽车磨损和废气排放、延长车辆使用寿命中起了积极的作用，同时也为福建省智能交通建设的发展奠定了基础。

5.2 智能物流

在传统物流运输中，运输的种类和风险、物流过程中的运输环节和动作方式以及物流企业的服务，都影响到物流运输的成本和质量。物流企业一方面可以通过对物流资源进行信息化优化调度和有效配置，来降低物流成本；另一方面，物流过程中加强管理和提高物流效率，以改进物流服务质量。然而，随着物流的快速发展，物流过程越来越复杂，物流资源优化配置和管理的难度也随之提高，物资在流通过程各个环节的联合调度和管理更重要，也更复杂。我国传统物流企业的信息化管理程度还比较低，无法实现物流组织效率和管理方法的提升，阻碍了物流的发展。要实现物流行业长远发展，就要实现从物流企业到整个物流网络的信息化、智能化。因此，发展智能物流成为必然。

智能物流是利用集成智能化技术，使物流系统能模仿人的智能，具有思维、感知、学习、推理判断和自行解决物流中某些问题的能力。

5.2.1 冷链物流

所谓冷链，是为了保证冷冻冷藏物品的品质，而使其在从生产到消费的过程中始终处于物品所必需的温度条件下，以保证物品的质量安全，较少损耗，防止污染的供应链 。冷链物流则是依托始终处于低温状态的配有专门设施设备的物流网络，将需要冷冻冷藏的物品从生产地运往消费地的过程。

基于 RFID 技术的冷链温控系统的工作原理如下：

将 RFID 温度监测器放入物品包装或货箱中，监控器按照系统预定的时间间隔周期性地记录测量到的温度并定时写入 RFID 标签的芯片中。当 RFID 标签接收到读写器天线信号时，将温度数据传送给安装在仓库配送中心等各节点的读写器，各个温度监测点的数据通过网络上传至数据中心存储和处理，最终汇总至中心数据平台，实现高效的冷链温度监测管理。企业或联盟成员通过指令获取相关数据，实时监控某物品的温度变化，并可实现预警管理，同时提供便捷的查询服务。

欧美发达国家和日本很早就开始重视冷链建设和管理，现在已经形成了完整的冷链体系。美国的水果、蔬菜等农产品在采摘、运输、储存等环节的损耗率仅有 2%～3%，日本果蔬在流通过程中也已有 98%通过冷链。麦当劳的冷链物流标准，涵盖了温度记录与跟踪、温度设备控制、商品验收、温度监控点设定、运作系统 SOP 的建立等领域。即便是在手工劳动的微小环节，也有标准把关。在中国，麦当劳还在考虑应用一些国家制定的物流业服务标准和技术标准，以便把工作细化到 MRP 或者 VMI 系统的各个节点，进而对整个流程实施控制和跟踪。

近年来，我国冷链物流不断发展，以一些食品加工行业的龙头企业为先导，已经不同程度地建立了以自身产品为核心的食品冷链体系，冷链逐步在食品、农产品、医药、化工、花卉等领域广泛应用，特别是 2009 年新《食品安全法》的颁布，推动了我国冷链行业的快速发展。一些食品、医药类的龙头企业纷纷建立了自己的冷链物流，双汇、伊利、北京医药、永辉超市等均有成功的案例。但是，与国外发达国家相比，国内冷链发展仍滞后于经济发展。

5.2.2　行业物流——烟草物流

在烟草物流现代化的建设中，通过运用物联网技术，将会有助于建立起基于现代信息技术和烟草供应链管理技术的烟草现代物流配送系统。

安徽、江苏、浙江、昆明等省市均建立了烟草物流，通过物流管理信息系统，将卷烟材料供应商、烟厂、烟草公司等供应链的各个环节紧密连接，形成了一个快速反应、协同运作的拉动式供需价值链，组成供应链战略联盟，在提高物流效率、增强行业市场反应能力、提高工商企业市场营销水平、降低生产经营成本、促进品牌建设与推广、增强客户满意度和依存关系、增强产品附加值、提高企业的市场服务和深度竞争能力等方面具有重要作用。

烟草物流主要包括烟草信息采集系统、烟草物流跟踪子系统、烟草物流信息传送子系统和烟草物流信息发布子系统。

1. 烟草信息采集系统

烟草信息采集子系统主要由 EPC 射频识别系统和 Savant 系统组成。其中，EPC 射频识别系统负责收集 EPC 编码数据，并将数据传给 Savant 系统。Savant 系统是利用分布式结构，层次化的进行组织管理数据流。Savant 终端软件需要安装在复烤厂、工业企业、各地市的烟草专卖局及零售户的各个物流节点，包括运输车辆和装卸设备。每一层次的 Savant 系统将收集、存储并处理由 EPC 射频识别系统识别的信息，并与其他 Savant 系统进行交流。每当识读器扫描到一个 EPC 标签所承载的烟草制品的信息时，收集到的数据将传递到整个 Savant 系统。烟草信息采集子系统在各个环节收集的动态烟草制品信息为烟草物流跟踪系统提供数据来源，从而实现物流作业的无纸化。

2. 烟草物流跟踪子系统

烟草物流跟踪系统以 Savant 系统作为支撑，主要包括对象名解析服务和实体标记语言。

烟草物流跟踪子系统的跟踪过程包括卷烟生产物流跟踪、卷烟存储物流跟踪、卷烟运输物流跟踪和卷烟销售物流跟踪。

(1)卷烟生产物流跟踪:烟草专卖局在收购烟叶、复烤厂在处理烟叶、工业企业在制造卷烟的同时,设计包含对应 EPC 代码的射频识别标签。实现在整个生产线上对原材料、零部件、半成品和产成品的识别与跟踪,减少人工识别成本和出错率,提高效率和效益。采用了 EPC 技术之后,就能通过识别电子标签来快速从品类繁多的库存中准确地找出工位所需的原材料。EPC 技术还能帮助管理人员及时根据生产进度发出补货信息,实现流水线均衡、稳步生产,同时也加强了对产品质量的控制与追踪。

(2)卷烟存储物流跟踪:在烟草制品正式入库之前,质监部门会对每批产品进行质量检查。在入库和存储的过程中发生装卸搬运操作、货位变化等情况时,Savant 系统将货物实际变化情况与对应 PML 文件信息相匹配。当烟草制品出库时,射频识别器将它收集到的该种烟草制品的 EPC 传递给本地服务器的 Savant 软件。随后 Savant 进入工作状态,将识别到的信息记录到本地的 EPC 信息服务器,EPC 信息服务器将收集到的信息与生产、入库阶段存储在数据库内具有相同序列号的信息相匹配,随后按照 PML 规格重新写入交易、出库记录,形成新的 PML 文件并存入 PML 服务器。

在将烟草制品进行交易、出库信息记录到本地的 PML 服务器的同时,将该烟草制品的 EPC 编码和 PML 服务器 IP 一起注册到对象名解析服务器(ONS 服务器),使其在 ONS 基础构架中产生对应关系。通过 Internet 保障各个环节(如工业企业、烟草专卖局、零售户等)的 Savant 系统可以随时发出询问并读取该烟草制品的相关信息。

(3)卷烟运输物流跟踪:在运输管理中,在途运输的车辆贴上 EPC 标签。通过 GPS(全球定位系统)来进行接收数据转发,随时来确定车辆的位置及车厢内部烟草制品是否完好。并及时上传到 Savant 系统,当烟草制品在运输途中,供需双方都能很好地了解货物目前所处的位置、预计到达时间及烟草制品是否完好。

(4)卷烟销售物流跟踪:当卷烟成品运至各地市烟草专卖局时,射频识别器会根据到货检验、装卸搬运、入库等物流作业快速成批读取 EPC 标签中代码,并将数据传送给本地 Savant 系统。本地 Savant 系统将实读到的烟草制品 EPC 编码转换成 EPC 域名,并把 EPC 域名传递给 ONS 基础构架,请求与 EPC 域名相匹配的 PML 服务器 IP。ONS 基础构架中的 Savant 系统负责将这一请求与工业企业的 PML 服务器相匹配,并连接通信。本地服务器通过 Internet 与远程 PML 服务器通信,请求服务器中烟草制品相关信息。工业企业的 PML 服务器返回烟草的质量管理文件及相关交易记录、物流记录。本地服务器将远程 PML 服务器返回的卷烟信息(牌号、规格的等)与入库质检识读器收集到的生产厂商、购进数量、购货日期等数项内容,生成验收记录,存入后台的 PML 服务器。同时本地 Savant 系统将记录工业企业 PML 服务器的 IP 地址。在卷烟经配送到达零售户时,伴随入库、存储、出库产生的卷烟物联网工作流程是相似的。在卷烟销售的整个过程中,烟草物联网每个节点一直通过自己的识别器识别,确认卷烟相关信息,并通过 Savant 系统与 PML 服务器和 ONS 服务器建立连接,不断生成每个环节的卷烟跟踪 PML 文件。在卷烟销售物流流程的每个环节上,只要通过射频识别器就可以检验卷烟,不需要逐件进行检验,有效地提高了物流的作业效率。

3. 烟草物流信息传送子系统

烟草物流传送子系统的功能是将烟草信息采集子系统通过无线或者有线的通信方式传送到 Savant 系统。目前常用的无线通信方式有 GSM、CDMA、GPRS、Blue Tooth、Wi-Fi,及目前的 3G 技术 TD-SCDMA、CDMA2000、WCDMA 等；有线通信包括 DDN（数字数据网络技术）、PSTN（电话网络）、ISDN（综合数字业务网络技术）、LAN（局域网）及宽带网等。

4. 烟草物流信息发布子系统

烟草物流信息发布子系统提供的服务主要包括两方面：

（1）为每一烟草制品提供身份验证，无论是各地市的烟草专卖局、零售终端、消费者，都可以通过卷烟物流信息发布子系统查明购入卷烟的真伪，防止假冒卷烟进入流通环节。

（2）工业企业、各地市烟草专卖局可以通过查询烟草物流信息发布子系统跟踪烟草制品的物流全过程、烟草的交易信息等，有效地防止窜货的行为。

5.3　车载信息服务

车载信息服务以车辆为平台，车辆以及车辆的驾驶者、乘坐者、经营者、服务者、管理者等与车辆有关对象为服务目标的综合信息服务。

从服务组成角度讲，按照信息服务的性质，主要分为驾驶信息服务、安全信息服务、商业信息服务、管理信息服务四大类。

（1）驾驶信息服务包括车辆信息服务、路况信息服务两大类，前者提供车辆的行驶里程、速度、油耗、水温、转速、油温等车辆常规技术状态方面的信息，以及未来车辆预热、预启动等方面的服务；后者提供与车辆行驶有关的位置、导航、气象、交通状况、加油站点、服务区域、特别路段等环境信息方面的服务。

（2）安全信息服务主要包括安全闭锁、轮胎气压、气囊状态、事故一键报警、倒车视像、前后车距、驾驶员盹睡状态、驾驶员酒醉状态、车辆状态远程监控等与车辆安全行使和停放有关的信息。

（3）商业信息服务包括商家查找、商户预定、广告推送、物品购买以及传统的车载广播电视等。

（4）管理信息服务更多为政府和管理部门所使用，主要反映车辆的位置、速度、驾驶者状态、乘员和货物状态、行驶习惯等。

从技术组成角度讲，车载信息服务是一种综合性的系统解决方案，牵涉到电子信息技术、软件技术、通信技术乃至传统的机械和能源技术，其产业链条主要包括整车企业、汽车电子厂商、系统及应用软件公司、平台运营和集成商、内容提供商、电信运营商等。

主要的车载信息服务有：

1. 安全管理服务

全面监控车辆运行状态，从司机操作到管理监控，从实时提醒到后续总结分析，最大限度消除隐患，保障客车安全运行。

（1）不良驾驶行为管理

该服务对车辆运行的轨迹、车速、方向等数据和状态实时监控，并具有车内司机、乘客区自动拍照、手动拍照和报警触发拍照功能。实时记录车辆危险和潜在危险操作的信息，并及时上报管理者。记录并分析车辆危险和潜在危险操作，指导司机规范驾驶，为安全管理提供依据。

（2）车辆状态监控管理

综合分析系统采集的各种车辆运行信息，如发动机、变速箱、仪表、开关门次数、刹车次数等安全信息，根据需求随时生成报告。

(3)终端安全管控

在行车过程中,发生影响行车安全的事件时,车载终端将会自动进行报警提示。

2. 油耗管理服务

通过对车辆加油到用油全过程的数据化监控、分析,实现油耗管理精准化,有效降低运营成本。

3. 车辆管理服务

基于实时车辆状况的掌控和全面客观的数据整理与分析,进行科学的车辆监控及调度,全面实现人、车、路高效管理,提升运营效益。

4. 维保管理服务

全面提供服务信息、维保信息查询,支持与宇通售后服务网站同步链接,适时提醒,科学维保,降低维护成本。

5. 智能故障管理服务

运用智能传感器,实现实时监控报警、远程故障诊断,以便及时排除问题,保障行车顺畅,提高出车率。通过采集车载传感器、发动机信息和车辆各组成的工作状态、配合 CAN 总线上的诊断数据,实现远程故障分析、精确诊断。通过总线数据监控各类车载设备的运行情况,发现故障及时报警,杜绝带“病”行车。

车载信息服务(Telematics)起源于美国,美国通用公司在 1996 年研发出了第一款车联网车载信息终端 OnStar(安吉星),并于 1997 年首次在凯迪拉克车型上应用。目前 Onstar 可以提供碰撞自动求助、紧急救援协助、气囊打开报警、车辆检测报告、实时安全检测、爱心援助路、被盗车辆定位、远程车门应急开启、车停位置提示、路边救援协助、全音控免提电话、兴趣点向导、全程音控领航、目的地设置协助等多项服务。

安节通是我国宇通客车基于物联网技术开发的商用车车载信息服务系统,通过对车辆运行数据的采集与分析,实现对车辆运行状态的监控、规范,提高对车辆和司机的运营管理能力,降低油耗、车辆危险事件和故障发生的概率,最终降低运营成本,同时安节通还提供更多的增值服务。安节通智能运营系统可提供实时的客车安全管理、油耗和车况分析、最佳驾驶习惯指导、故障隐患预警与远程诊断、应急救援助理、周到维保、卫星定位、实时路况查询与导航、事故鉴定、信息咨询以及通信等服务,为客车的安全、节能、高效运行提供了高效的管理工具。

5.4 营运车辆卫星定位安全服务

福建省是全国第一家应用省级平台推进营运车辆卫星定位安全管理的省份,自 2007 年该系统投入运行以来,道路交通事故率和死亡率连年下降,应用效果显著,并于 2009 年获得福建省科技进步一等奖。同时依托该系统编制并实施了《道路运输车辆卫星定位系统平台技术要求》(JT/T 796—2011)、《道路运输车辆卫星定位系统车载终端技术要求》(JT/T 794—2011)和《道路运输车辆卫星定位系统终端通讯协议及数据格式》(JT/T 808—2011)等三个地方标准。2011 年 2 月至 5 月,交通运输部在福建省卫星定位地方标准的基础上编制了《道路运输车辆卫星定位系统》系列标准,并要求行业内所有应用系统平台、终端以及相互之间的数据传输格式必须符合该系列标准的要求,以落实加强道路运输车辆安全管理工作。

福建省营运车辆卫星定位安全服务系统是由省中心平台、设区市管理分中心、工作站、车载终端等组成的一个全天候、全范围的车辆管理和跟踪的安全服务系统。其中，省中心平台是整个系统的数据中心，负责在网车辆的数据通信、数据存储、数据处理及数据分发；各地根据系统要求建设的管理分中心通过互联网与省中心平台实现互联互通，负责对辖区内在网车辆的数据存储、数据处理，并实施对辖区内在网车辆的管理及监控，实时反映在网车辆运营状态，并根据管理和服务需求统计分析各类数据。

通过省中心平台，可以实时反映全省营运汽车在网运营数量；对各设区市管理分中心实现在线管理、系统升级和技术支持等；统计各设区市管理分中心上传的运营数据；根据管理和服务需要，统计分析各类数据。省中心同时可为政府各相关行业招标人管部门（如交通、公安、交警、安监、建设等）提供平台接口和信息服务，实现资源共享。

相关行业管理部门（如交通、公安、交警、安监、建设等）可以通过身份认证接入到省中心平台，根据省中心的授权实现对在网车辆的跟踪管理及各类信息服务，并可利用平台提供的接口功能实现与自身信息系统互联互通；相关企业通过认证的接入方式根据省中心的授权实现信息共享；对于个人用户，可通过网上查车系统实时监控及管理所属车辆信息，也可通过手机短信方式查询车辆实时位置信息。

安装在车上的车载终端与省中心平台实时通信以完成系统功能，所有的移动车载终端通过 GPRS/CDMA1X 网络与省中心通信，为提高系统可靠性可以利用短消息作为部分数据通道备份。系统的所有数据都是通过省中心接收、处理和分发，省中心与当地移动公司短信网关和 GPRS/CDMA1X 网关间通过专线接入。

对于现有已投资建成的其他车辆卫星定位系统，可以按省中心提供的接口协议要求与省中心平台对接，接受省中心的统一管理，系统功能由原有车辆卫星定位系统供应商提供。

管理分中心通过互联网与省中心平台实现互联互通，实施对辖区在网车辆的管理功能，实时反映在网运营车辆数量，并实施对辖区工作站的管理、监控和协调。同时管理分中心支持工作站上传的运营数据统计，以及根据管理和服务需要，统计分析各类数据。

基于营运车辆卫星定位安全服务系统，可以提供交通地理信息公共服务、交通动态位置信息服务、公众出行交通信息服务等信息服务。

5.5　美国 IntelliDrive 系统

美国交通运输部在 2003 年发布了 VII (Vehicle Infrastructure Integration)系统，于 2009 年 1 月升级为 IntelliDrive^{SM}系统，因此 2009 年 1 月之前的研究学者都命其名为 VII，而之后的研究学者由于 VII 系统的绝大部分内容没变，很多人往往依然命其名为 VII，俗称智能车路或车路协调系统，是智能交通运输系统（ITS，Intelligent Transportation System）的重要子系统和发展方向，它的定义是创造一个使通信基础设施可以支撑车辆之间以及车辆与路段基础设施之间以安全和通达为应用目的的通信。

5.5.1　IntelliDrive 系统结构

VII 是通过一系列先进的技术使道路车辆与周围辅助设施能够直接通信的一项研究及应用。VII 将在道路车辆和所有在界定的临近范围内的车辆之间建立直接的联系，车辆彼此之间能够进行通信，交换速度、方向，显著提高交通系统的安全、通畅、便捷、环保和效率。

在美国，从 2003 年开始联邦政府交通部就向各类针对 VII 系统建设及其功能性需求的研究提供大量的资助。为了进行 VII 应用概念的论证实验，美国交通部在密歇根州和加利福尼亚州交通厅在加利福尼亚州投资部署了包含数十个路边单元的实验平台。在安全性应用方面，美国交通部为了减少在交叉口及其附近的事故数和伤亡数，启动了协同交叉口冲突避免系统（CICAS）。CICAS 作为 VII 系统应用的重要组成部分，包括了 CICAS 违反项目（CICAS-V，弗吉尼亚理工大学等）、CICAS 停止标志辅助项目（CICAS-SSA、明尼苏达交通厅和明尼苏达大学）和 CICAS 信号控制左转辅助项目（CICAS-SLTA、加利福尼亚州交通厅和加利福尼亚州先进公交和公路协会）。在通达性应用方面，美国交通部目前启动了 VII 系统下的通达性应用研究项目。

5.5.2　美国 IntelliDrive 目标

如其官方网站上所描述的，IntelliDrive 是一种多形式的主动安全技术，为车辆提供能共同使用的无线网络环境。IntelliDrive 由美国交通运输部支持，以加强安全性、快速移动性、绿色性为导向，将进一步促进智能运输系统的长足发展。

IntelliDrive 将提供更好的安全和更高的效率，主要目标包括：

(1)驾驶者在驾驶中能够做出更好和更安全的决策；

(2)与自动车辆安全结合应用时，如果驾驶员不能或没有及时做出响应，车辆具有响应和动作的能力，明显增强预防和减轻碰撞的效果；

(3)系统管理者、车辆运营者、出行者能得到所需的信息，以便为机动性、效率、运输成本、安全而做出动态的决策，实现高效的人员和货物移动；

(4)为商业开发者的创新应用打下雄厚的基础。

目前，IntelliDrive^{SM}所确立的主要研究方向包括：

(1)车一车通信研究(Vehicle to Vehicle，V2V)；

(2)车一基础设施通讯研究(Vehicle to Infrastructure，V2I)；

(3)人因要素研究(Human Factors)；

(4)交通机动性研究(Mobility)；

(5)环境影响研究(Environmental)；

(6)相关政策和制度(Policy and Institutional Issue)。

在 IntelliDrive^{SM}的远期规划中，将与互联网连为一体，扩展进一步的应用功能。该研究计划从 2009 年开始启动，第一阶段确定为 2009—2014 五年时间。

5.5.3　关键技术

为了支持车载环境下多变的安全和商业应用，IEEE 1609 和 IEEE 802.11p 工作组基于车车/车路通信系统发展了 IEEE 802.11p，即车载环境下无线接入(WAVE，Wireless Access in Vehicular Environments)，从 IEEE 工作组获悉，802.11p 标准于 2010 年 11 月颁布。WAVE 工作在 5.9 GHz，在美国，由联邦通信委员会(FCC，Federal Communications Commission)规范；而在欧洲，则由欧洲电信标准协会(ETSI，European Telecommunication Standards Institute)规范。

利用 IEEE 802.11a 规格作为物理层(Physical Layer)通信技术，IEEE 802.11p 相关应用以 DSRC 原先所规划的方向为主，并加强车用安全，包括碰撞警示或道路危险警示等。为了在运输方面无缝、可配合操作的服务，WAVE 网络服务提供车载装置、管理服务以及各协议层之间的数据传递，其标准包括 IEEE Std 1609.1、IEEE Std 1609.2、IEEE Std 1609.3 和 IEEE Std 1609.4 等。

为了避免规格不一，使得市场接受度受到影响，IEEE 802.11p 除了与 ASTME2213-03 兼容之外，也与 ISO 组织制定车用规格的 TC204(ITS)WG16 建立沟通管道，TC204 WG16 也决议将支持最终的 IEEE 802.11p 版本。TC204 WG16 制定的 CALMM5，主要规范车辆在快速移动时，车对车通信、不断线通信与多媒体影音下载等应用。

WAVE 设备分为两类：RSU 和 OBU。RSU 扮演接入点(AP，Access Point)的角色，一般固定安装在路边，并通过有线或者无线的方式与 Internet 连接。OBU 属于车载设备，用于安装在车辆上。在有 RSU 的情况下，一个 RSU 和多个 OBU 组成 WBSS(WAVE Basic Service Set)；在没有 RSU 的情况下，OBU 之间组成 WIBSS(Wave Independent Basic Service Set)，此时 WIBSS 属于 Ad-hoc 网络，且是移动的 Ad-hoc。RSU 和 OBU 利用 WAVE 协议栈通信从而完成应用报文的交互。如图 5-3 所示为 WAVE 系统运作示意图。

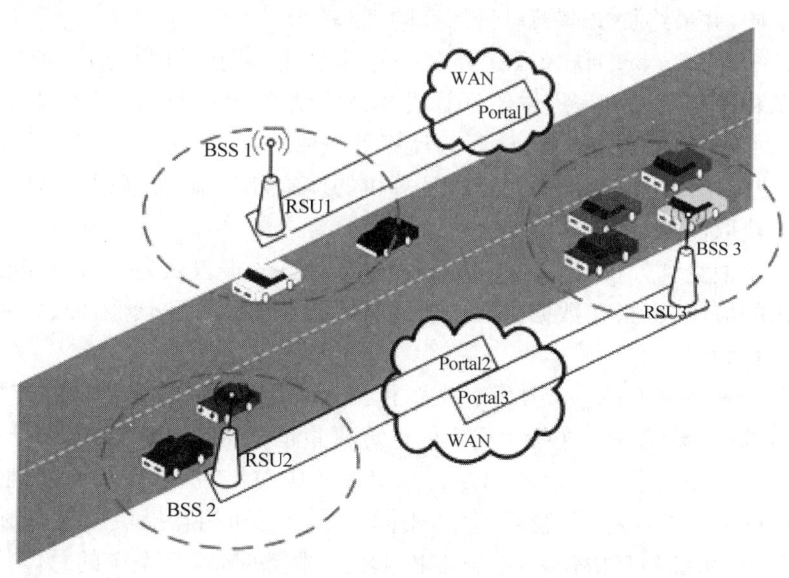

图 5-3　WAVE 系统运作示意图

WAVE 协议栈的特点在于：

(1)针对交通安全应用做特定的优化：预留专门信道给公共安全相关应用；

(2)WAVE 设备间可以进行通信，通信距离一般在 1 000 m 范围内，据国外研究人员实际测量，有效通信距离一般在 300 m；

(3)数据速率高，可以达到 3～27 Mbit/s；

(4)能够与传统 Internet 轻松融合，其网络层采用了 IP 协议。

目前，基于 WAVE 的应用可达到百余种，其类型主要有安全相关、公共服务相关、商业服务性质的应用。其中最重要的是安全相关的应用，WAVE 协议栈的制定为基于安全的应用预留了专用信道。安全相关的应用主要包括：车辆碰撞避免警告、前方道路状况通告、天气情况通告等；公共服务相关的应用主要包括城市交通管理、智能导航系统、区域天气情况搜集，车位查询等；商业服务性质的应用主要包括访问 Internet、广播广告信息、提供加油站等企业服务设施的查询等。

第6章　云计算技术基础

6.1　云计算的典型定义

6.1.1　云计算的定义

IBM与Google于2007年底宣布了云计算计划，云计算的概念便出现在大众面前。几年过去了，云计算技术有了长足的发展，但是业界对云计算几乎没有一个统一的定义，为了更好地了解云计算的本质含义，本章拟通过具体分析当前几个被广泛接受的云计算概念，来向读者剖析云计算的本质，并最终提出本书对云计算的理解。

维基百科（Wikipedia.org）认为云计算是一种基于互联网的计算方式，通过这种方式，共享的软硬件资源和信息可以按需提供给计算机和其他设备。整个运行方式很像电网。

专业IT名词百科（Whatis.com）认为云计算是一种通过网络连接来获取软件和服务的计算模式，云计算使得用户可以获得使用超级计算机的体验，用户通过笔记本电脑与手机上的瘦客户端接入云中获取需要的资源。

美国加州大学伯克利分校（UC Berkeley）关于云计算的报告认为：云计算既指在互联网上以服务形式提供的应用，也指在数据中心中提供这些服务的硬件和软件，而这些数据中心中的硬件和软件则被称为云。

商业周刊（BussinessWeek.com）发表文章指出，Google的云就是由网络连接起来的几十万甚至上百万台的廉价计算机，这些大规模的计算机集群每天都处理着来自于互联网上的海量检索数据和搜索业务请求。商业周刊在另一篇文章中总结说，从Amazon（亚马逊）的角度看，云计算就是在一个大规模的系统环境中，不同的系统之间相互提供服务，软件都是以服务的方式运行，当所有系统相互协作，并在互联网上提供服务时，这些系统的总体就成为了云。

Salesforce.com认为云计算是一种更友好的业务运行模式。在这种模式中，用户的应用程序运行在共享的数据中心中，用户只需要通过登录和个性化定制就可以使用这些数据中心的应用程序。

IBM认为云计算是一种共享的网络交付信息服务的模式，云服务的使用者看到的只有服务本身，而不用关心相关基础设施的具体实现。云计算是一种革新的IT运用模式，这种运用模式的主体是所有连接着互联网的实体，可以是人、设备和程序。这种运用方式的客体就是IT本身，包括现在接触到的，以及会在不远的将来出现的各种信息服务，而这种运用方式的核心原则是：硬件和软件都是资源并被封装为服务，用户可以通过互联网按需访问和使用。

某中国网格计算和云计算专家给出如下定义：云计算将计算任务分布在大量计算机构成的资源池上，使各种应用系统能够根据需要获取计算力、存储空间和各种软件服务。

美国标准局（NIST）专家于2009年给出了一个云计算定义草案，认为云计算是一种按使用量付费的模式，这种模式提供可用的、便捷的、按需的网络访问，进入可配置的计算资源共享池（资源包括网络、服务器、存储、应用软件、服务），这些资源能够被快速提供，只需投入很少的管理工作，或与服务供应商进行很少的交互。云计算模式提高了可用性，由五个主要特点（按需自助服务、通过网络访问、与地点无关的资源池、快速伸缩性、按使用付费）、三个服务模式（云计算软件即服务、云计算平台即服务、云基础设施即服务）、四个部署模式（私有云、社区云、公共云、混合云）构成。

经过几年的发展，云计算的定义也渐渐成熟，通过分析以上典型的云计算定义，可以发现所有的定义都大同小异，文字表达不同，但内涵却是一致的。维基百科和专业 IT 百科认为云计算是通过互联网的方式共享软硬件资源，Google、Amazon、IBM 认为云计算是通过大规模的系统环境透明地为用户提供各种服务，而服务是由各种软硬件资源封装而成的，美国标准局则认为云计算是一种按需取用服务的模式，而服务包括云计算软件、云计算平台、云基础设施。

综合以上定义，本书定义云计算为：作为一种共享的网络交互信息服务模式，云计算是一种新兴的商业模型。前台提供一种按使用量付费的模式，通过互联网透明地将服务提供给用户，用户并不需要知道相关基础设施的具体实现。云计算的后台有大量的集群使用虚拟机的方式，通过高速互联网络互联，组成大型的虚拟资源池，将各种软件、硬件和数据等资源封装成服务，通过互联网提供可用的、友好的、按需的网络访问[35-37]。

对终端用户来说，云计算透明地为用户提供各种资源以及应用，用户通过各种终端借由云提供的界面使用云端的资源，而不知道具体的操作。图 6-1 直观地反映了这一点。

图 6-1　云对于终端用户是透明的

而在云服务提供商来看，却要完成相当多的任务。图 6-2 是一个简单的云计算系统架构，服务提供商要根据提供的服务部署相应的软件设施和技术支持。

如果从技术发展的角度来看，云计算是分布式计算（Distributed Computing）、并行计算（Parallel Computing）、网格计算（Grid Computing）的发展，是一种新兴的商业计算模型。云计算是虚拟化（Virtualization）、效用计算（Utility Computing）、将基础设施作为服务（IaaS，Infrastructure as a Service）、将平台作为服务（PaaS，PlatforMas a Service）和将软件作为服务（SaaS，Software as a Service）等概念混合演进并跃升的结果[38]。

为了更好地理解云计算，在其定义中，有四个关键要素：

（1）硬件和软件都是资源，通过网络以服务的方式提供给用户。在云计算中，资源已经不限定在诸如处理器机时、网络带宽等物理范畴，而是扩展到了软件平台、Web 服务和应用程序的软件范畴。传统模式下自给自足的 IT 运用模式，在云计算中已经改变成分工专业、协同配合的运用模式。对于企业和机构而言，他们不再需要规划属于自己的数据中心，也不需要将精力耗费在与自己主营业务无关的 IT 管理上。相反,他们可以将这些功能放到云中,由专业公司提供不同程度、不同类型的信息服务。对于个人用户而言,也不再需要一次性投入大量费用购买软件,因为云中的服务已提供了所需要的功能。

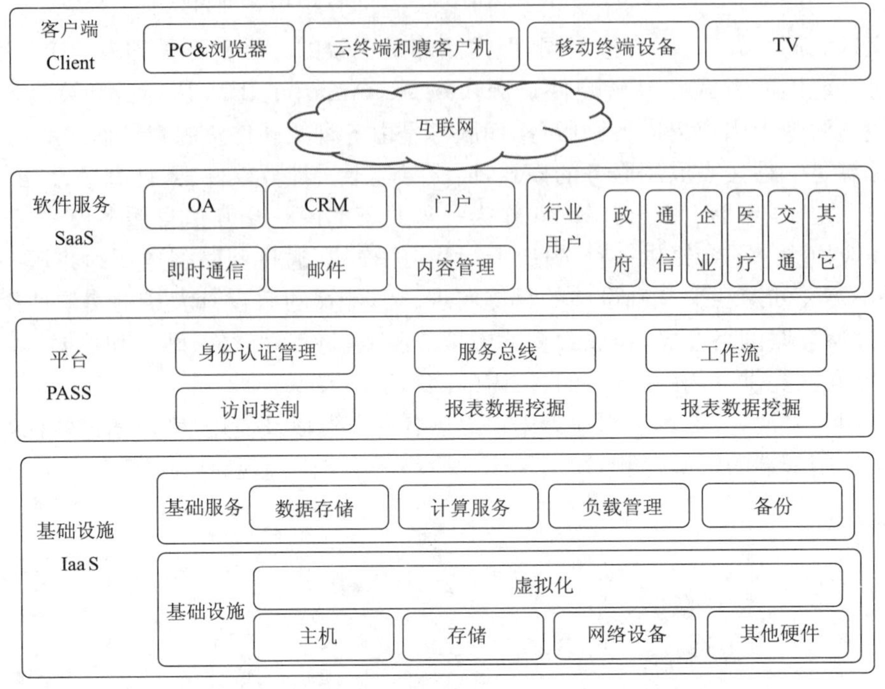

图 6-2　云计算系统架构

(2)这些资源都可以根据需要进行动态扩展和配置。借助虚拟资源池提供弹性服务,将软硬件相互隔离减少设备依赖性。云计算系统可以在极短的时间内为企业提供大量的虚拟服务器的资源,并在任务完成后快速地回收这些资源。

(3)这些资源在物理上以分布式的共享方式存在,为云中的用户所共享,但最终在逻辑上以单一整体的形式呈现。对于分布式的理解有两个方面。一方面,计算密集型的应用需要并行计算来提高运算效率。例如,一个 Web 应用是由多个服务器通过集群的方式来实现的,此类的分布式系统,往往是在同一个数据中心中实现的,虽然有较大的规模,由几千甚至上万台计算机组成,但是在地域上仍然相对集中。另一方面,就是地域上的分布式。例如,一款商业应用的服务器可以设在位于纽约的华尔街,但是它的数据备份却由位于德州戈壁中的数据中心完成。最终用户并不知道也不关心某一次科学运算运行在哪个研究院的哪台服务器上,因为云计算中分布式的资源向用户隐藏了实现细节,并最终以单一整体的形式呈现给用户。

(4)用户按需使用云中的资源,按实际使用量付费,而不需要管理它们。虽然一个单独的企业并没有足够的运算处理能力,但是云给了它强大的资源来快速完成任务,而它仅需要根据实际使用量来付费。对于单独的企业来说,巨大计算量的任务并不经常出现,因此按照这个标准购置 IT 设备显然是不合理的,所以就可以选择云计算服务按实际用量服务的方式。

总之,在云计算中软、硬件资源以分布式共享的形式存在,可以动态地扩展和配置,最终以服务的形式提供给用户。用户按需使用云中的资源,不需要管理,只需按实际使用量付费。这些特征决定了云计算区别于自给自足的传统 IT 运用模式,必将引领信息产业发展的新浪潮。

目前,云计算仍是一个不断发展的词汇,它的定义、用例、基本技术、问题、风险和收益仍在公众和企业参与的激烈辩论中不断发展。这些定义、属性和特征都将随时间发展和改变,需要以动态的眼光看待云计算的定义。

6.1.2 云计算的服务模式和部署模式

1. 云计算提供的三种服务模式[39]

(1)云计算软件即服务(SaaS)。提供给客户的能力是服务商运行在云计算基础设施上的应用程序,可以在各种客户端设备上通过瘦客户端界面访问,比如浏览器。消费者不需要管理或控制的底层云计算基础设施、网络、服务器、操作系统、存储,甚至单个应用程序的功能,可能的例外就是一些有限的客户可定制的应用软件配置设置。

(2)云计算平台即服务(PaaS)。提供给消费者的能力是把客户利用供应商提供的开发语言和工具(例如,Java、python、.Net)创建的应用程序部署到云计算基础设施上去。客户不需要管理或控制底层的云基础设施、网络、服务器、操作系统、存储,但消费者能控制部署的应用程序,也可能控制应用的托管环境配置。

(3)云基础设施即服务(IaaS)。提供给消费者的能力是出租处理能力、存储、网络和其他基本的计算资源,用户能够依此部署和运行任意软件,包括操作系统和应用程序。消费者不管理或控制底层的云计算基础设施,但能控制操作系统、储存、部署的应用,也有可能选择网络组件(例如,防火墙、负载均衡器)。

2. 云计算的四种部署模式

(1)私有云(Private Cloud)。云基础设施被某单一组织拥有或租用,该基础设施只为该组织运行。

(2)社区云(Community Cloud)。基础设施被一些组织共享,并为一个有共同关注点的社区服务(例如任务、安全要求、政策和准则等)。

(3)公共云(Public Cloud)。基础设施被一个销售云计算服务的组织所拥有,该组织将云计算服务销售给一般大众或广泛的工业群体。

(4)混合云(Hybrid Cloud)。基础设施由两种或两种以上的云(内部云,社区云或公共云)组成,每种云仍然保持独立,但用标准的或专有的技术将它们组合起来,具有数据和应用程序的可移植性(例如可以用来处理突发负载)。

每种服务模型实例有两种类型:内部或外部。内部云存在于组织的网络安全边界(指防火墙)之内,外部云存在于网络安全边界之外。

6.2 云计算的特征与优势

从上述多种定义可以发现一个关键的共同点,即云计算的本质特征:云计算是为了实现IT资源的按需服务(可能需要付费),由多种产品和服务集成起来的端到端的解决方案。其中,IT资源的按需服务包括硬件的云服务、软件的云服务和数据的云服务。

硬件的云服务,是通过分布式计算和虚拟化技术搭建超级服务器资源池,以免费或按需租用方式向技术开发者或者企业客户提供CPU、存储、网络和其他基本的计算资源。

软件的云服务,是指通过将用户可采用的开发语言和工具(例如Java,python,.Net等)以及应用系统部署到硬件资源池上,以免费或按需租用方式向技术开发者或者企业客户提供软件研发的基础平台和应用程序。

数据的云服务，是指通过将数据资源以方便用户访问和使用的方式部署到软硬件资源池上，以免费或按需租用方式向技术开发者或者企业客户提供软件研发和应用的数据资源。

通俗地理解，云计算是将硬件、软件和数据组织成虚拟化的 IT 资源池，使用户能够按需获取硬件、软件和数据服务，这些资源池称之为“云”。“云”是一些可以自我维护和管理的虚拟 IT 资源池，通常是一些大规模的廉价服务器集群，并且这个资源池的规模可以动态扩展，通过动态回收重用分配用户的资源从而大大提高了资源利用率[40]。对于一般用户而言，只需要一台简单的网络终端接入云计算平台，即可以方便快捷地使用这些 IT 资源，例如一个在校学生只需要一台简单 PC 即可以快速拥有一个足够开展交通物联网创新应用开发的高性能服务器硬件资源、地理信息系统等软件资源和海量交通信息的数据资源；一个小型物流企业也只需要几台简单 PC 即可以快速拥有一个足够开展物流业务创新的物流信息系统；一个大型企业往往只需要十几分钟即可完成一个系统的部署，而这个系统部署若采用传统模式则可能需要数小时到数天。

因此，云计算具备以下七大显著特征：

(1)超大规模。“云”具有相当大的规模，Google 云计算已经拥有 100 多万台服务器，Amazon、IBM、微软、Yahoo 等的“云”均拥有几十万台服务器。企业私有云一般拥有数百上千台服务器。“云”能赋予用户前所未有的计算能力。

(2)虚拟化。云计算支持用户在任意位置使用各种终端获取应用服务。所请求的资源来自“云”，而不是固定的有形的实体。应用在“云”中某处运行，但实际上用户无需了解、也不用担心应用运行的具体位置。只需要一台笔记本或者一个手机，就可以通过网络服务来实现需要的一切，甚至包括超级计算这样的任务。

(3)高可靠性。“云”使用了数据多副本容错、计算节点同构可互换等措施来保障服务的高可靠性，使用云计算比使用本地计算机可靠。同时分布式数据中心保证了系统容灾能力，可将云端的用户信息备份到地理上相互隔离的数据库主机中，甚至用户自己也无法判断信息的确切备份地点。该特点不仅提供了数据恢复的依据，也使得网络病毒和网络黑客的攻击失去目的性而变成徒劳，大大提高系统的安全性和容灾能力。

(4)通用性。云计算不针对特定的应用，在“云”的支撑下可以构造出千变万化的应用，同一个“云”可以同时支撑不同的应用运行。

(5)高可扩展性。“云”的规模可以动态伸缩，满足应用和用户规模增长的需要。云平台管理软件将整合的计算资源根据应用访问的具体情况进行动态调整，包括增大或减少资源的要求。因此云计算对于在非恒定需求的应用，如对需求波动很大、阶段性需求等，具有非常好的应用效果。在云计算环境中，既可以对规律性需求通过预测事先分配，也可根据事先设定的规则进行实时公告调整。弹性的云服务可帮助用户在任意时间得到满足需求的计算资源。可以迅速、弹性地提供能力，能快速扩展，也可以快速释放实现快速缩小。对客户来说，可以租用的资源看起来似乎是无限的，并且可在任何时间购买任何数量的资源。

(6)按需服务。“云”是一个庞大的资源池，可按需购买；云可以像自来水、电、煤气那样计费。有人打了个比方：这就好比是从古老的单台发电机模式转向了电厂集中供电的模式。它意味着计算能力也可以作为一种商品进行流通，就像煤气、水电一样，取用方便，费用低廉。最大的不同在于，它是通过互联网进行传输的。

(7)极其廉价。由于“云”的特殊容错措施可以采用极其廉价的节点来构成云；“云”的自动化集中式管理使大量企业无需负担日益高昂的数据中心管理成本；“云”的通用性使资源的利用率较之传统系统大幅提升，因此用户可以充分享受“云”的低成本优势，经常只要花费几百美元、几天时间就能完成以前需要数万美元、数月时间才能完成的任务。对用户而言，云计算不但省去了基础设备的购置运维费用，而且能根据企业成长的需要不断扩展订购的服务，不断更换更加适合的服务，提高了资金的利用率。

云计算带来的好处包括：

(1)缩减部署时间。

(2)简化管理。

(3)增加应用程序的灵活性。

(4)降低对专有平台的依赖。

(5)适合特定的计算目的。

(6)降低平台的负载。

云计算为服务提供商和使用者创造了一种双赢的局面。源于它的三个优点：按需提供服务、低成本、节能和高资源管理效率，同时云计算在这样快速发展的态势下也遇到了大量的挑战[41]。

(1)保密性和安全性：与传统的 IT 技术不同，云计算将所有的数据保存在云端，而不是本地计算机，用户并不能直接接触到数据中心的物理安全系统，只能通过虚拟的私人云来远程设置自己的安全功能，并且不能确保是否真的被执行，因此用户会更加担心他们数据的保密性和安全性。

(2)服务的连续性：很多因素都有可能影响到云计算服务的连续性，例如互联网问题、断电、服务中断和系统漏洞等。这样的例子很多，2007 年 11 月，RackSpace 就因为数据中心断电而中断服务 3 h；2008 年 7 月，Google App Engine 因为存储系统的问题停止服务 6 h；2009 年 3 月，Microsoft Azure 由于系统更新也不得不中断服务长达 22 h。

(3)服务迁移：目前，有关云计算外部接口规范还没有统一的标准，这就导致一旦一个用户使用了一个云计算提供商提供的服务，他就被锁定必须一直使用该提供商的服务，而不能完成服务的迁移，使得用户处于非常不利的处境。

(4)服务器整合：在云计算环境中，服务器整合技术能在最小化能耗的同时最大化资源利用率。经常会适应实时 VM 迁移技术来将低效能服务器进行整合，以达到节能及提高效率的目的，但是云计算至今没有一个最佳的服务器整合技术，另外，多台虚拟机之间的通信也在研究中。

(5)能量管理：提高能量效率是云计算的另一个主要问题。有统计表明驱动和冷却的成本占到了整个数据中心运作支出的 53%，因此基础设施提供商也承担着减小能耗的巨大压力。目前，设计节能的数据中心也受到了相当大的关注。

6.3　云计算演进过程

6.3.1　云计算的演进

云计算和物联网一样，也不是一种孤立发展的技术，它是随着处理器技术、虚拟化技术、分布式计算(Distributed Computing)、并行计算(Parallel Computing)、网格计算(Grid Computing)、分布式存储技术、宽带互联网技术和自动化管理技术等 IT 技术的发展而产生的，这种大规模的计算能力通常是由分布式的大规模集群和服务器虚拟化软件搭建，在更大层面上可以看作是一种新兴的商业计算模型。其演进过程主要包括三个阶段，如图 6-3 所示。

第一个阶段将分散的数据资源、IT 资源进行了物理集中，形成了规模化的数据中心基础设施。在数据集中过程中，不断实施数据和业务的整合，大多数单位的数据中心基本完成了自身的标准化，使得既有业务的扩展和新业务的部署能够规划、可控，解决了数据业务分散时期的混乱无序问题。在这一阶段中，很多企业在数据集中后期也开始了容灾建设，以金融为热点行业几乎开展了全行业的容灾建设热潮，并且金融行业的大部分容灾建设的级别都非常高，面向应用级容灾(数据零丢失为目标)。

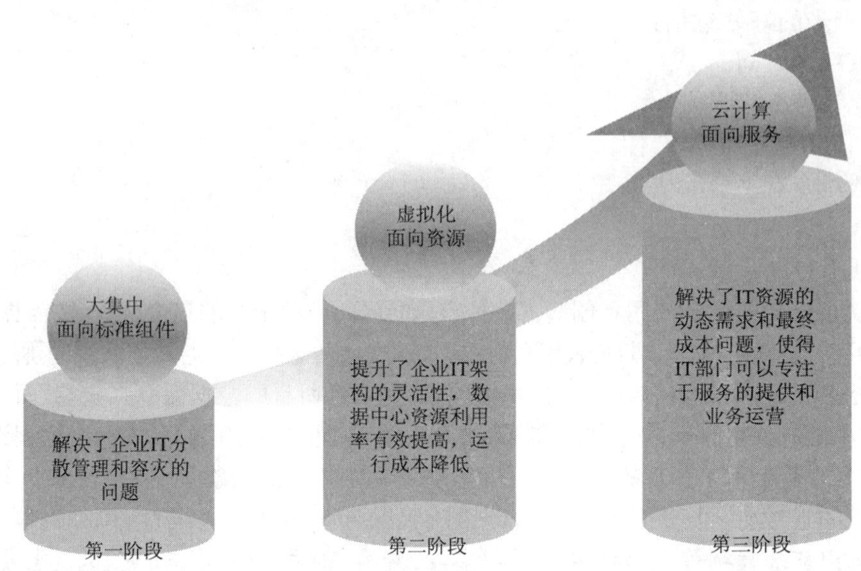

图 6-3 云计算的演进过程

第二个阶段是实施虚拟化的过程，在数据集中与容灾实现之后，随着企业的快速发展，数据中心 IT 基础设施扩张很快，但是系统建设成本高、周期长，即使是标准化的业务模块建设或系统的复制性建设，软硬件采购成本、调试运行成本与业务实现周期并没有显著下降。标准化并没有给系统带来灵活性，集中的大规模 IT 基础设施出现了大量系统利用率不足的问题，不同的系统运行在独占的硬件资源中，效率低下而数据中心的能耗、空间问题逐步突显出来。因此，以降低成本、提升 IT 运行灵活性、提升资源利用率为目的的虚拟化开始在数据中心进行部署。虚拟化屏蔽了不同物理设备的异构性，将基于标准化接口的物理资源虚拟化成逻辑上也完全标准化和一致化的逻辑计算资源(虚拟机)和存储空间。虚拟化可以将多台物理服务器整合成单台，每台服务器上运行多种应用的虚拟机，实现物理服务器资源利用率的提升，由于虚拟化环境可以实现计算与存储资源的逻辑化变更，特别是虚拟机的克隆，使得数据中心 IT 实施的灵活性大幅提升，业务部署周期从数月缩小到一天以内。虚拟化后，应用以 VM 为单元部署运行，数据中心服务器数量可大为减少且计算能效提升，使得数据中心的能耗与空间问题得到控制。总的来说，第二阶段过程提升了企业 IT 架构的灵活性，数据中心资源利用率有效提高，运行成本降低。

第三个阶段是云计算阶段。对企业而言，数据中心的各种系统(包括软硬件与基础设施)是一大笔资源投入。新系统(特别是硬件)在建成后一般经历 3～5 年即面临逐步老化与更换，而软件技术则不断面临升级的压力。另一方面，IT 的投入难以匹配业务的需求，即使虚拟化后，也难以解决不断增加的业务对资源的变化需求，在一定时期内扩展性总是有所限制。于是企业 IT 产生新的期望蓝图：IT 资源能够弹性扩展、按需服务，将服务作为 IT 的核心，提升业务敏捷性，进一步大幅降低成本。因此，面向服务的 IT 需求开始演化到云计算架构上。云计算架构可以由企业自己构建，也可采用第三方云设施，但基本趋势是企业将逐步采取租用 IT 资源的方式来实现业务需要，如同水力、电力资源一样，计算、存储、网络将成为企业 IT 运行的一种被使用的资源，无需自己建设，可按需获得。从企业角度，云计算解决了 IT 资源的动态需求和最终成本问题，使得IT部门可以专注于服务的提供和业务运营。

云计算的这个演进过程并不是一件空穴来风的事情，而是由需求决定的。从前面的演进过程可以看出，在一定的阶段，非云的技术是可以解决服务的需求；但从成长、发展的角度来看，还是会有问题，所以才要发展云，建云。在交通运输行业，要建设综合交通运输体系，提供主动交通信息服务，构建统一的交通信息标准等，那必须要建云，这是由需求决定的。

6.3.2 云计算的商业发展过程

可以这样说，云计算的概念是从工业界发起的，而并非学术界。

1983年，太阳电脑(Sun Microsystems)提出“网络是电脑(The Network is the Computer)”。

2006年3月，亚马逊(Amazon)推出弹性计算云(Elastic Compute Cloud，EC2)服务，这还属于一种进化的网格计算。

2006年8月9日，Google首席执行官埃里克·施密特(Eric Schmidt)在搜索引擎大会(SES San Jose 2006)首次提出“云计算”(Cloud Computing)的概念。Google“云端计算”源于Google工程师克里斯托弗·比希利亚所做的“Google 101”项目。

2007年10月，Google与IBM开始在美国大学校园，包括卡内基梅隆大学、麻省理工学院、斯坦福大学、加州大学伯克利分校及马里兰大学等，推广云计算的计划，这项计划希望能降低分布式计算技术在学术研究方面的成本，并为这些大学提供相关的软硬件设备及技术支持(包括数百台个人电脑及BladeCenter与SysteMx服务器，这些计算平台将提供1600个处理器，支持包括Linux、Xen、Hadoop等开放源代码平台)。而学生则可以通过网络开发各项以大规模计算为基础的研究计划。

2008年1月30日，Google宣布在台湾启动“云计算学术计划”，将与台湾台大、交大等学校合作，将这种先进的大规模快速计算技术推广到校园。

2008年2月1日，IBM(NYSE：IBM)宣布将在中国无锡太湖新城科教产业园为中国的软件公司建立全球第一个云计算中心(Cloud Computing Center)。

2008年7月29日，雅虎、惠普和英特尔宣布一项涵盖美国、德国和新加坡的联合研究计划，推出云计算研究测试床，推进云计算。该计划要与合作伙伴创建6个数据中心作为研究试验平台，每个数据中心配置1 400～4 000个处理器。这些合作伙伴包括新加坡资讯通信发展管理局、德国卡尔斯鲁厄大学Steinbuch计算中心、美国伊利诺伊大学香宾分校、英特尔研究院、惠普实验室和雅虎。

2008年8月3日，美国专利商标局网站信息显示，戴尔正在申请“云计算”(Cloud Computing)商标，此举旨在加强对这一未来可能重塑技术架构术语的控制权。

2010年3月5日，Novell与云安全联盟(CSA)共同宣布一项供应商中立计划，名为“可信任云计算计划(Trusted Cloud Initiative)”。

2010年7月，美国国家航空航天局和包括Rackspace、AMD、Intel、戴尔等支持厂商共同宣布“OpenStack”开放源代码计划，微软在2010年10月表示支持OpenStack与Windows Server 2008 R2的集成，而Ubuntu已把OpenStack加至11.04版本中。

2011年2月，思科系统正式加入OpenStack，重点研制OpenStack的网络服务。

6.3.3 云计算的发展现状和前景

2007年末出现的云计算概念，因为其能提供可伸缩的、动态的IT资源和QoS保证的计算环境以及可自主配置的软件服务，如今已成为相当热门的技术。根据Google trends提供的趋势图，如图 6-4 所示，不管是搜索量指数还是新闻引用量，可以看到云计算已经远远赶超了网格计算和虚拟化技术。

根据 Gartner Group 最新提供的 Hyper Cycle 图，如图 6-5 所示，可以看到云计算技术正处在快速发展的阶段。

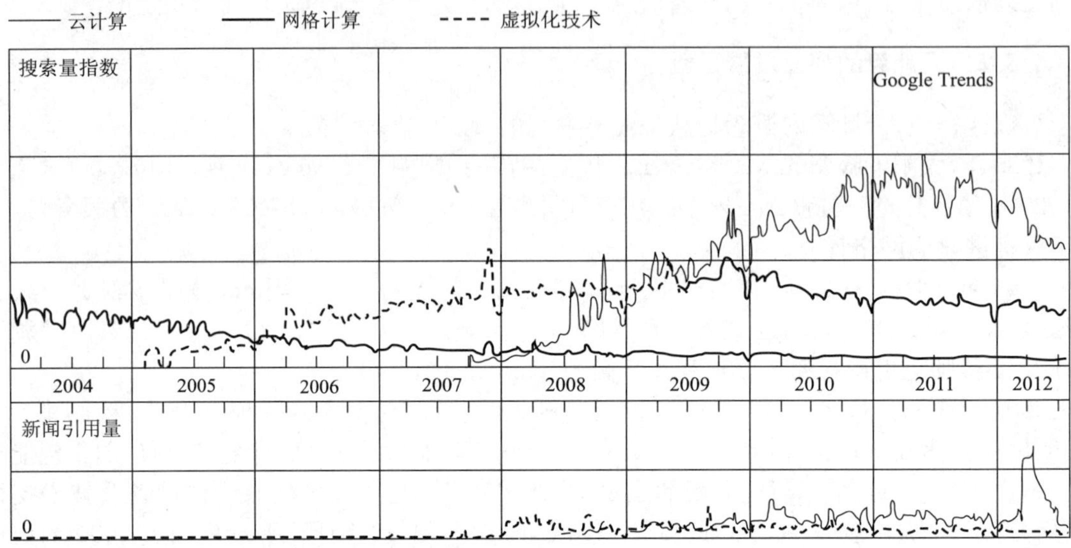

图 6-4　云计算、网格计算、虚拟化 Google Trends 比较图

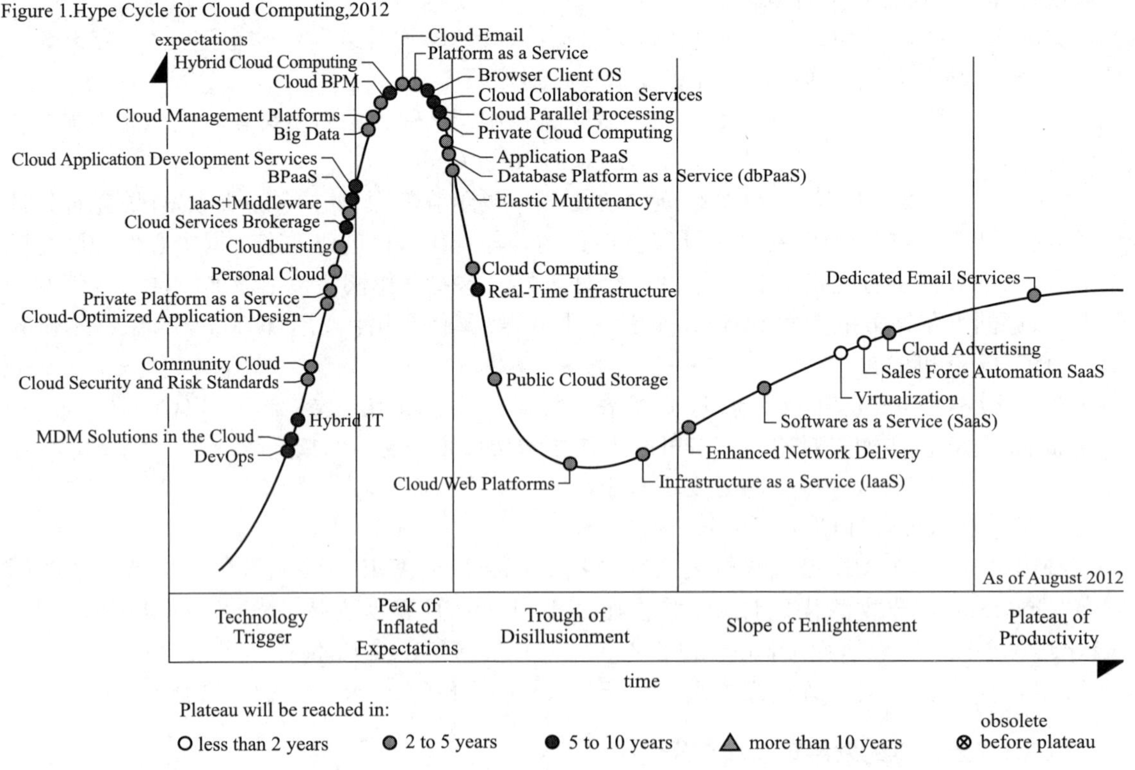

图 6-5　2012 年云计算 Hyper Cycle 图

业内研究者们认为云计算的发展潜力是无限的，市场研究公司 IDC 曾在 2009 年初预言云计算支出将会从 2008 的 160 亿美元增长至 2012 年的 420 亿美元，将会占年度 IT 支出的 1/4，如图 6-6 所示，并在接下来几年最终将占到年度 IT 支出的 1/3。IDC 预言到 2015 年云计算将会解决全世界 1 400 万人次的就业问题，并且超过一半的会是中小型企业[42]。

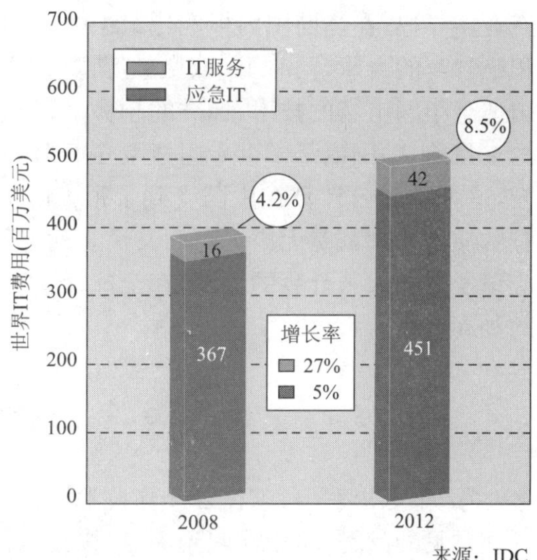

图 6-6　IDC 预言云计算支出示意图

据 Uberflip 统计[43]，2012 年大约有 7%的全球数据保存在云中，同时 Uberflip 做出了如图 6-7 所示的预测：

(1)到 2016 年，云端将会保存着超过 1/3 的世界数据。

(2)2011 年的统计数据显示每个家庭的平均存储量为 464 GBytes，而到 2016 年这个数字会增长至 3.3 TBytes。

(3)到 2020 年云计算的全球市场价值将会从如今的 407 亿美元增至 2 410 亿美元。

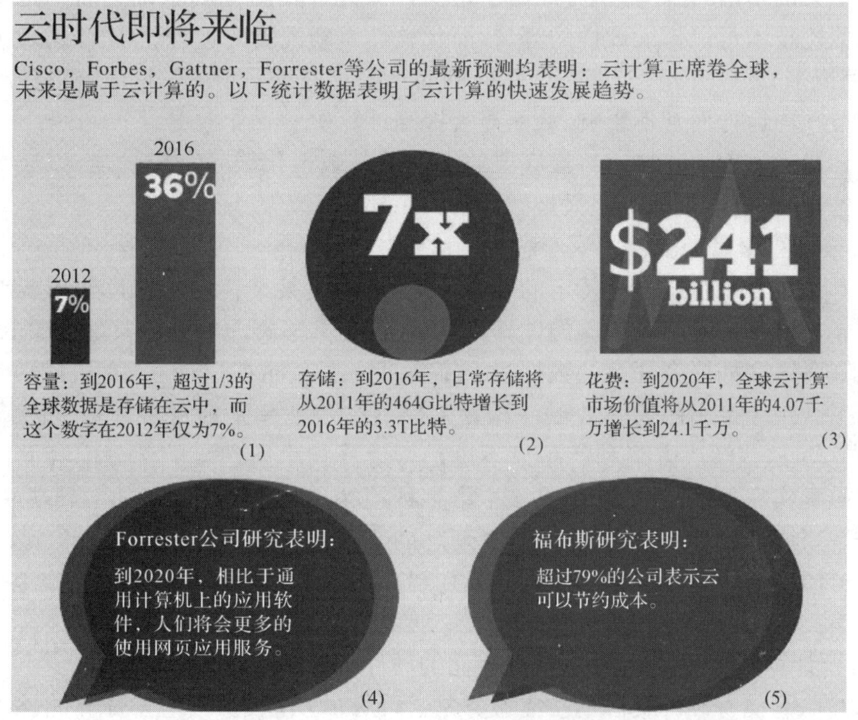

图 6-7　Uberflip 云计算增长示意图

据 IDC 最新发布的中国云计算市场的研究报告显示，2011 年中国用户为建设云计算基础架构的投资已经达到 2.86 亿美元，同比增长 42.0%。IDC 预计中国云计算基础架构市场还将保持高速发展，到 2016 年其规模将超过 10 亿美元。一边是前景广阔的云计算市场，一边是产业主导权，在当前国内标准化组织中，可以看到三大运营商、华为、中兴、腾讯、阿里云等企业积极参与的身影，同时 IBM、微软等国际 IT 巨头也纷纷加入进来。然而在企业开始研究、推出适合中国市场的技术、标准的趋势下，目前云计算领域核心技术仍掌握在国外厂商手中。

目前，中国电子学会专门成立了云计算专家委员会，一些企业也在开始建造自己的企业云，这都说明云计算在中国受到了很大的关注，并已成为学术界和产业界的一大热点。IT 科技的演进从来都是无声无息而又惊心动魄的。无论从历史的经验还是现实的需求看，中国都应该及早加入云计算的大潮，在全球计算和通信产业的新一轮风暴中抢占到有利于未来发展的制高点。

6.4　云计算的概念辨析

“云里雾里”是目前在云计算技术培训和应用过程中普遍发出的感慨，本文试图通过整编一些常见的问题，希望能起到一点“拨云见日”的作用。由于云计算是由并行计算、网格计算和效用计算等技术逐渐演进而来的，既一脉相承，又有所不同。对于云计算和其他相关概念，通常存在着下述误区。

误区 1：云计算就是虚拟化

大多数人会以为虚拟化就是云计算，云计算就是虚拟化，这其实是一个理解上的误区。虚拟化是一个广义的术语，在计算机方面通常是指计算元件在虚拟的基础上而不是真实的基础上运行。虚拟化技术可以扩大硬件的容量，简化软件重新配置的过程。CPU 的虚拟化技术可以单 CPU 模拟多 CPU 并行，允许一个平台同时运行多个操作系统，并且应用程序都可以在相互独立的空间内运行而互不影响，从而显著提高计算机的工作效率。

而云计算是通过虚拟化技术将最底层的硬件设备虚拟化成各种资源池，以透明的方式向上层提供服务，所以可以说虚拟化只是云计算的一部分。

误区 2：云计算仅是一项技术或产品

云计算不是一个平台或某个特定的硬件架构，也不是某个特定的软件架构或者其他任何的特定产品。它既不是基于互联网的计算，也不仅仅是共享资源或使用某处抽象的数据存储。否则，当电子邮件、文档或者任意的数据若干年前第一次存储在位于互联网的服务器上时，云计算就产生了。现今推出的大多数云计算方案只不过是被夸张地宣传为基于因特网或 Web 2.0 的计算模式，这些解决方案和产品只不过是云计算技术所包含的部分内容而已。云计算能满足客户最真实完整的需求，应该是一个由多种产品和服务集成起来的端到端的解决方案，是一种服务，一种新兴的商业模式。云计算理念的实现借助于多种技术，如 Web2.0、中间件、虚拟化、网格计算等，将这些技术集成到一系列解决方案中来帮助客户更加高效地去管理它们的 IT 环境。

误区 3：云计算提供的是 CPU、内存、存储的硬件资源

CPU、内存、存储等硬件资源的按需服务是云计算的功能之一，但云计算能够提供的服务并不仅限于此，还包括软件的云服务和数据的云服务，是一种包括硬件、软件和数据的 IT 资源按需服务。

误区 4：云计算就是并行计算

并行计算（Parallel Computing）也被称为高性能计算（High Performance Computing）或超级计算（Super Computing），将一个科学计算问题分解为多个小的计算任务，并将这些小任

务在并行计算机上同时执行,利用并行处理的方式达到快速解决复杂运算问题的目的。与云计算的思想相似,目前世界各国已经集中建立了若干超级计算中心来服务于该区域内有并行计算需求的用户,并采用分担成本的方式进行付费[44]。

但是,云计算与并行计算又存在明显的区别:

(1)并行计算的思想是整合计算资源快速解决单个的复杂运算问题,而云计算重点考虑的是将各类 IT 资源虚拟化为资源池并为各种应用提供按需服务。通俗地说,并行计算主要是集中多台服务器完成一个大任务,而云计算还要满足把一台高性能服务器同时分给多个小任务的需求。

(2)并行计算的程序设计往往需要特殊的算法,例如各个并发执行的进程之间如何协调运行、任务如何分配到各个进程上运行等,而云计算的用户编程模型远比并行计算简单,各类企业和个人应用可以更方便地迁移到云计算环境中。

(3)并行计算机是一群同构处理单元的集合,而云计算的资源分布可以更加广泛。另外,由于采用了虚拟化技术,云计算中的资源利用率可以得到有效的提升。

(4)并行计算一般主要面向科学计算、工程模拟、动漫渲染等领域,大多属于计算密集型的应用,云计算则主要是在 Web2.0、社交网络、企业 IT 建设和信息化等领域,以数据密集型、I/O密集型应用为主。

(5)并行计算几乎不用虚拟化技术,因为一个应用就可能把多个机器的 CPU 都跑满了,虚拟机没什么用武之地,而在云计算服务中,虚拟化却是一个最基础的技术。

由此可见,云计算是互联网技术和信息产业蓬勃发展背景下的产物,完成了从传统的、面向任务的单一计算模式向现代的、面向服务的多元计算模式的转变。

误区 5:云计算就是网格计算(Grid Computing)

网格计算是一种分布式计算模式。网格计算技术将分散在网络中的空闲服务器、存储系统和网络连接在一起,形成一个整合系统,为用户提供功能强大的计算及存储能力来处理特定的任务。对于使用网格的最终用户或应用程序来说,网格看起来就像是一个拥有超强性能的虚拟计算机。网格计算的本质在于以高效的方式来管理各种加入了该分布式系统的异构松耦合资源,并通过任务调度来协调这些资源合作完成一项特定的计算任务。

在提出云计算概念之前,网格计算已有 10 多年的研究历史,并且受到广泛关注。云计算与网络计算的差别总体来说在于:网格计算是“多为一”,由多台计算机构成网格,服务于一个特定的大型计算;云计算是“一为多”,依托网络,在互联网上由一个个集约化、专业化的云计算平台形成的规模化的服务[45,46]。

资源共享和虚拟计算是两者最大的相似点,就是都强调通过某种虚拟化方法共享互联网上的资源然后提供给用户,使资源利用率更加合理化。二者之间的差别可以细化为 5 个方面:

(1)云计算与网络计算分别是以集群计算和并行计算为主。

(2)云计算认同异构,而网格计算则在更高层屏蔽异构。

(3)云计算的服务是面向完成持久性和多样化的任务,而网格计算通常是用来完成一次性特定任务,而且该任务是预先设定的。

(4)云计算运营采用的是商业式,网格计算运营采用的是协作式,依赖于组织与组织之间,提供了带宽保证和性能保障,但商业模式不明显。

(5)云计算大多是为大众用户的需求服务,大众参与计算和交互,互相沟通交流,需要具备像语义处理、不确定性处理这样的能力;网格计算是面向科学计算任务的,按照规定进行输入和输出，存在着确定的交互，人一般是不主动参与的。

可以看出，云计算和网格计算是分别适应于不同应用场景的，两者的应用目标虽不同，但在不同的方向上，也就是科学计算领域和为大众用户服务上发挥着各自的潜能。网格计算着重于管理通过网络连接起来的异构资源，并保证这些资源能够充分为计算任务服务。通常，用户需要基于某个网格的框架来构建自己的网格系统，并对其进行管理，执行计算任务。而云计算则不同，用户只需要使用云中的资源，不需要关注系统资源的管理和整合，这一切都将由云提供者进行处理，用户看到的是一个逻辑上单一的整体。因此，在资源的所属关系上存在着较大差异，也可以说在网格计算中是多个零散资源为单个任务提供运行环境，而在云计算中很多情况是单个整合资源为多个用户提供服务。表 6-1 中比较详细地描述了云计算和网格计算的区别。

表 6-1 云计算和网格计算的区别

区别点	网格计算	云计算
发起者	学术界	工业界
标准化	是(OGSA)	否
开源	是	不分开源
关注点	计算密集型	数据密集型
异构性	高层屏蔽异构	支持软件、硬件层次的异构性
节点	分散的 PC 或服务器	集群
获取的对象	共享的资源	提供的服务
安全保证	公私钥技术账户技术	虚拟机，保证隔离性
节点操作系统	相同的系统	多种操作系统上的虚拟机
虚拟化	虚拟数据和计算资源	虚拟软硬件平台
节点管理方式	分散式管理	集中式管理
易用性	难以管理、使用	用户友好
付费方式	/	用时付费
容错性	失败的任务重启	虚拟机迁移到其他节点继续
自我管理方式	重新配置	重新配置，自我修复

误区 6：云计算就是 Web 服务

Web 服务是一种面向服务的架构的技术，通过标准的 Web 协议提供服务，目的是保证不同平台的应用服务可以互操作。Web 服务是封装成一个单一实体并通过网络发布给其他程序使用的一系列功能集。它是自包含、自描述、模块化的应用，可以发布、定位、通过 Web 调用。Web 服务可以执行从简单的请求到复杂商务处理的任何功能，一旦部署以后，其他 Web 服务应用程序可以发现并调用它部署的服务[39]。因此，Web 服务是构造开发分布式系统的基础模块，它们允许所有的企业和个人快速、廉价建立和部署全球性的应用。

Web 服务和云计算的主要区别见表 6-2。

表 6-2 Web 服务和云计算的区别

区别点	Web 服务	云计算
异构性	支持软件层次的异构性	支持软件、硬件层次的异构性
虚拟化	无	硬件、软件资源虚拟化

续上表

区别点	Web 服务	云计算
可扩展性	可变	按需提供
应用驱动	调用其他系统特定的模块	提供普通用户需要的各种服务
标准化	比较完善	有待解决
节点操作系统	相同的系统	多种操作系统的虚拟机
容错性	重新执行	转移到其他节点继续执行

(1)异构性：Web 服务仅支持软件层次上异构的服务，用户调用的服务可以使用多种语言开发的功能模块，而云计算支持软件和硬件的异构资源聚合调用。

(2)虚拟化：Web 服务没有虚拟化，提供的是系统的功能模块，云计算支持虚拟化技术，对硬件资源、操作平台均可实现虚拟化，通过虚拟化形成资源池。

(3)应用驱动：Web 服务用户通过调用服务提供者暴露给外界的 API，使用该系统需要的某个特定功能，云计算则提供普通用户需要的各种服务，如存储、计算、应用服务等，具有更广泛的适用性。

(4)可扩展性：Web 服务扩展能力有限，云计算可根据需求重新动态自动配置资源池，具有很好的扩展性。

(5)标准化：Web 服务经过不断的发展已逐渐成熟，在用户调用以及内部资源调用接口上，实现了较好的互操作性，而云计算由于本身发展的不完善性，在这方面还存在很多问题有待解决，制约了云计算的应用。

(6)节点操作系统：Web 服务采用相同的操作系统，而云计算则比较灵活。提供了多种操作系统的虚拟机，为上层的云计算应用服务。

(7)容错性：云计算在实现机制上采取了冗余的数据副本，保证了不必像 Web 服务那样数据执行失效后还需重新执行。

误区 7：云计算就是效用计算(utility computing)

效用计算是一种基于计算资源使用量付费的商业模式，用户从计算资源供应商获取和使用计算资源并基于实际使用的资源付费。在效用计算中，计算资源被看作是一种计量服务，就像传统的水、电、煤气等公共设施一样。传统企业数据中心的资源利用率普遍在 20%左右，这主要是因为超额部署，购买比平均所需资源更多的硬件以便处理峰值负载。效用计算允许用户只为他们所需要用到并且已经用到的那部分资源付费。云计算以服务的形式提供计算、存储，应用资源的思想与效用计算非常类似，两者的区别不在于这些思想背后的目标，而在于组合到一起，使这些思想成为现有技术，云计算是以虚拟化技术为基础的，可提供最大限度的灵活性和可伸缩性。云计算服务提供商可以轻松地扩展虚拟环境，以通过提供者的虚拟基础设施提供更大的带宽或计算资源。效用计算通常需要类似云计算基础设施的支持，但并不是一定需要，同样，在云计算之上可以提供效用计算，也可以不采用效用计算。

6.5　云计算在交通运输行业的典型应用

6.5.1　全球定位系统(GPS，Global Positioning System)

GPS 导航系统是以全球 24 颗定位人造卫星为基础，向全球各地全天候地提供三维位置、三维速度等信息的一种无线电导航定位系统。它由三部分构成，一是地面控制部分，由主控站、地面天线、监测站及通讯辅助系统组成；二是空间部分，由 24 颗卫星组成，分布在 6 个轨道平面；三是用户装置部分，由 GPS 接收机和卫星天线组成，现在民用的定位精度可达 10 m 内。

车载 GPS 导航系统，其内置的 GPS 天线会接收到来自环绕地球的 24 颗 GPS 卫星中的至少 3 颗所传递的数据信息，结合储存在车载导航仪内的电子地图，通过 GPS 卫星信号确定的位置坐标与此相匹配，进行确定汽车在电子地图中的准确位置，这就是平常所说的定位功能。在定位的基础上，可以通过多功能显示器，提供最佳行车路线，前方路况以及最近的加油站、饭店、旅馆等信息。假如不幸 GPS 信号中断，因此而迷了路，也不用担心，GPS 已记录了你的行车路线，你还可以按原路返回。当然，这些功能都离不开事先已经编制好的使用地区的地图软件。现在一般的中高档车上都装有 GPS 系统，随着这项技术的不断发展以及服务提供的不断完善，越来越多的人将会享受到 GPS 所带来的便捷。

利用云计算在高效计算、海量存储、按需付费、成本低廉、绿色节能等方面的特点，针对当前车载 GPS 导航系统终端没有精确油耗路径规划的现状，基于云计算的车载 GPS 导航终端油耗路径规划的实现方法，能有效地弥补嵌入式系统在数据计算和存储方面的不足[47]。应用云计算技术，使用北斗卫星可以实现无限定制，进行个性导航，满足人们更多的日常需求。通过北斗系统定位导航仪，利用智能查询搜索目的地可以瞬间完成，还可以进行数据传输。显示屏上显示的超真实 3D 实景、全新的四维地图资讯以及立体的地标建筑显示，与现在正在使用的 GPS 定位仪略有不同。这些产品已经广泛用于军用，不久将惠及民生[48]。

6.5.2 地理信息系统(GIS，Geographic Information System)

GIS 系统是随着地理科学、计算机技术、遥感技术和信息科学的发展而来的一个学科，GIS 系统的基本功能包括：

(1)数据的采集、检验与编辑，主要用于获取数据，保证 GIS 数据库中的数据在内容与空间上的完整性。

(2)数据转换与处理，其目的是保证数据在入库时内容上的完整性，逻辑上的一致性。

目前出现了一个新名词“云 GIS”，就是云计算和 GIS 的结合，实际上是 GIS 的平台、软件和地理空间信息能够方便、高效地部署到云基础设施之上，并以弹性的、按需取用的方式提供最广泛的基于 Web 的服务。

对于 GIS 系统来说，云计算能提供相当多的优势。在国外，基于大型云计算平台提供的空间信息数据和服务，在产品架构和商业模式上都已有了较好的实践。ESRI 是全球第一家真正支持云架构 GIS 平台产品提供商，它实现了 GIS 平台在云中的部署和服务模式[49,50]，在亚马逊弹性云的平台上搭建了“云 GIS”系统，该项目落地后的一个月，就有 30 多个客户使用了这一平台。

GIS 系统部署在云计算平台上，可以提供很多好处：

(1)简化了 GIS 系统部署和管理。对于企业应用来说最复杂的不是如何使用功能，而是怎样搭建和维护 GIS 的资源。关注的不仅仅是采集数据、处理数据、构建数据库、制图和发布地图服务等，更重要的是考虑如何部署 GIS 软件和优化软件系统配置以达到最优的性能，这几乎占了整个系统的精力和资源，搭建后还要考虑系统的维护和升级，而采用云计算大大简化了 GIS 服务器的部署，减少了复杂的服务器管理和维护，因为企业所需的资源都是从云服务提供商来的，这里复杂的过程都是提供商的责任而企业只是进行简单的管理和维护[51]。

(2)降低了构建 GIS 系统的投资和运营成本。GIS 系统构建最大的成本在于数据,采用云计算模式,可以集中对数据进行维护,通过共享的方式为该企业所有的部门志愿提供数据和软件的服务。企业不再需要为每个项目、每个下属部门重复地购买数据,只需要构建一个数据中心,集中统一维护,能够大大提高利用率,降低成本。

(3)缩短 GIS 系统的构建周期。对于一个传统的 GIS 系统构建来说,需要一个基本的周期:硬件维护、硬件安装、信息系统安装 、软件安装、应用和数据装载、测试等,在"云 GIS"系统中,前四个过程都在云端进行,企业的 GIS 系统构建的周期大大缩短,既提高了效率,又节省了人力资源。

(4)提高了 GIS 程序和基础设施的灵活性。采用云计算模式,在日常访问量达到高峰时,只需要弹性的增加硬件设备就可以实现,而无需重新部署基础硬件,使得 GIS 应用更加灵活。

在交通运输行业,GIS 应用和开发是必不可少的。交通厅通过将类似 ArcGIS 的软件以应用云的方式进行部署,一方面可以避免行业内重复投资,大大减轻公司、科研机构的成本负担;另一方面也可以吸引更多的开发者基于该平台进行应用开发,不断丰富平台上的应用,从而实现平台的良性可持续发展。GIS 相关应用很多,以交通地图动态更新服务为例,传统的通过测绘实现地图更新的服务,每次更新可能得一两年的时间,而通过浮动车数据,可以实现新增道路发现、道路拓宽、道路限行等信息及时的动态更新,地图更新速度可以做到比测绘局更快、更准确。

6.5.3　物流系统

目前,物流企业面临的一个最紧迫的问题是如何把握住大量出现的有需求的厂商。几年前发生的全球经济危机造成很多企业将大量职能外包到世界各地,目的就是为了降低支出。然而,在今天贯穿制造商、供应商、货物承运商和客户中介的供应链中,由于环节很多,出现问题的机会也大大增加。

物流行业的业务天生便具有全球化的特点,而且通常有一系列的异构 IT 系统在运营,而且这些系统很可能不具备互操作性,这样势必会使 IT 成本大幅增加。对于这一行业而言,另一决胜因素就是在任何设备上随需获得各种信息,这一深层问题实际上是一个信息协作流程,而云计算正是在这一方面有可以通过分布式方式利用其共享应用和数据的能力为企业发挥作用。利用基于云的供应链,可以对有关潜在瓶颈的关键信息进行分析,确定是否可以实现成本效益,而不是部署当地检查员来对供应商进行调查,后者肯定是一个成本更为高昂的过程。

云计算还可以提供对整个供应链流程的可视性,这对于风险管理,尤其是对于高技术制造业等快速变化的行业来说尤为关键,因为这些行业往往要在竞争极其激烈且变化多端的市场环境中运营[52]。此外,在实现经济效益的同时,企业需要通过自身的扩展来满足客户对已制造产品的更大需求。基于云的供应链解决方案使企业能够更迅速地实现这一目标,从而保持其在市场中的竞争能力。

尽管存在这些机遇,但物流供应商在向云计算迁移时,也应当清楚地看到诸多的挑战。有些问题是技术方面的,而另外一些问题更多的是组织机构方面的。本书将对其中的一些问题进行探讨,并且讨论市场中用来克服其中部分问题的一些潜在的解决方案。

无论在哪个行业,多数企业最关心的就是数据安全,尤其是在诸如云计算中需要与多个协作商共享的环境。主要的云服务商已经在这一领域取得了长足的进展,提供了更加全面的端对端安全解决方案。然而,还有许多问题有待于得到完全的解决,例如数据控制和认证等,正是因为这一原因,许多企业还在为至少部分应用和数据实施其自己的专有云。

基于云计算技术的物流公共信息平台主要具有以下优势[53]:

(1)为企业节约了很多先期投入成本,提高了企业的生存能力。

(2)实现了资源的共享和动态分配。基于云计算的物流公共信息平台是集政府、物流企业和客户等主体的信息交汇中心,积聚了大规模的海量数据,能够针对每个主体的需求做出实时动态的反应,按需分配资源,真正解决中小型物流企业面临的基本信息掌握不全、动态信息掌握不及时、反应能力慢,无法适应突如其来变化的问题。同时很多用户共用一个平台、一个数据库资源,非常有利于不同企业间信息的交互和共享。

(3)基于云计算的物流公共信息平台提供了一整套的标准化、流程化的数据交互和业务处理的服务,完成了单个物流企业所无法完成的资料收集和资源整合工作,真正实现了物流、商流、信息流、资金流的协调和统一。

云计算前景光明,物流行业云计算企业应用的前景也是光明的。得益于云计算的企业应用,在未来的云端物流行业中,信息化在企业运营中的角色和定位将会发生根本变化,从传统对业务的支撑和适应转向牵引和使能,促使物流行业的信息化进入一个新的境界,助力物流行业成为云端企业,最终成为高效的、创新的、绿色的云端企业,推动物流快递行业乃至中国企业的绿色增长。

目前福建省内有大小上千家物流企业,许多小型物流企业因为成本问题可能根本没办法建立自己的物流管理系统。通过建设交通物流公共信息平台,将其以标准软件的形式提供给物流企业进行使用,这不仅能够有效地进行行业监管,同时也能提升物流企业信息化管理水平,促进物流产业的快速发展。福建省在这一方面已经走在了全国的前列[44]。

第 7 章　典型云计算系统及其应用案例

7.1　Google 云计算

7.1.1　Google App Engine 简介

Google 在 2007 年率先提出了“云计算”的概念，开发了电子邮件、在线文档等一系列 SaaS 类型的云计算产品，并根据产品开发中积累的技术，打造了 Google App Engine 云计算平台，这个平台先是为 Google 最重要的搜索应用提供服务，现在已经扩展到其他应用程序。Google App Engine 提供一整套开发组件来让用户轻松地在本地构建和调试网络应用，能让用户在 Google 强大的基础设施上部署和运行网络应用程序，并自动根据应用所承受的负载来对应用进行扩展，并免去用户对应用和服务器等的维护工作。同时提供大量的免费额度和灵活的资费标准。在开发语言方面，支持 Java 和 Python，并为这两种语言提供基本相同的功能和 API。

7.1.2　Google App Engine 的主要技术

Google 有十个核心技术，可以分为四大类：

(1)分布式基础设施：GFS、Chubby 和 Protocol Buffer。

(2)分布式大规模数据处理：MapReduce 和 Sawzall。

(3)分布式数据库技术：BigTable 和数据库 Sharding。

(4)数据中心优化技术：数据中心高温化、12 V 电池和服务器整合。

Google 的云计算基础架构模式包括 4 个相互独立又紧密结合在一起的系统：Google File Systemt 分布式文件系统；针对 Google 应用程序的特点提出的 Map-Reduce 编程模式；分布式的锁机制 Chubby 以及 Google 开发的模型简化的大规模分布式数据库 BigTable。

1. GFS

由于搜索引擎需要处理海量的数据，所以 Google 的两位创始人 Larry Page 和 Sergey Brin 在创业初期设计一套名为“BigFiles”的文件系统，而 GFS(Google File System)这套分布式文件系统则是“BigFiles”的延续。

GFS 的架构主要分为两类节点：

(1)Master 节点：主要存储与数据文件相关的元数据，而不是 Chunk(数据块)。元数据包括一个能将 64 位标签映射到数据块的位置及其组成文件的表格、数据块副本位置和哪个进程正在读写特定的数据块等。Master 节点会周期性地接收从每个 Chunk 节点来的更新(“Heart-beat”)来让元数据保持最新状态。

(2)Chunk 节点：顾名思义，用来存储 Chunk，数据文件通过被分割为每个默认大小为 64MB 的 Chunk 的方式存储，而且每个 Chunk 有唯一一个 64 位标签，并且每个 Chunk 都会在整个分布式系统被复制多次，默认为 3 次。

图 7-1 为 GFS 的架构图。在设计上，GFS 主要有八个特点：

(1)大文件和大数据块：数据文件的大小普遍在 GB 级别，而且每个数据块默认大小为

64 MB，这样做的好处是减少了元数据的大小，能使 Master 节点非常方便地将元数据放置在内存中以提升访问效率。

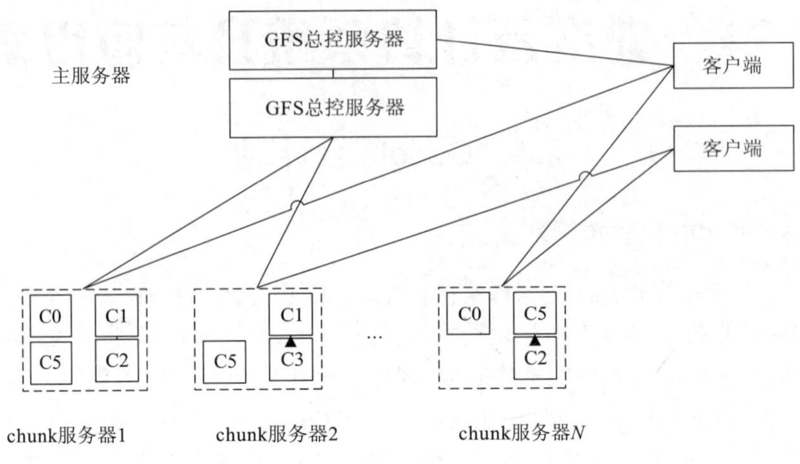

图 7-1　GFS 的架构图

(2)操作以添加为主：因为文件很少被删减或者覆盖，通常只是进行添加或者读取操作，这样能充分考虑到硬盘线性吞吐量大和随机读写慢的特点。

(3)支持容错：首先，虽然当时为了设计方便，采用了单 Master 的方案，但是整个系统会保证每个 Master 都会有其相对应的复制品，以便于在 Master 节点出现问题时进行切换；其次，在 Chunk 层，GFS 已经在设计上将节点失败视为常态，所以能非常好地处理 Chunk 节点失效的问题。

(4)高吞吐量：虽然单个节点的性能无论是从吞吐量还是延迟都很普通，但因为其支持上千的节点，所以总的数据吞吐量是非常惊人的。

(5)保护数据：首先，文件被分割成固定尺寸的数据块以便于保存，而且每个数据块都会被系统复制三份。

(6)扩展能力强：因为元数据偏小，使得一个 Master 节点能控制上千个存数据的 Chunk 节点。

(7)支持压缩：对于那些稍旧的文件，可以通过对它进行压缩，来节省硬盘空间，并且压缩率非常惊人，有时甚至接近 90%。

(8)用户空间：虽然在用户空间运行效率方面稍差，但是更便于开发和测试，还有能更好利用 Linux 的自带的一些 POSIX API。

现在 Google 内部至少运行着 200 多个 GFS 集群，最大的集群有几千台服务器，并且服务于多个 Google 服务，比如 Google 搜索。但由于 GFS 主要为搜索而设计，所以不是很适合新的一些 Google 产品，比 YouTube、Gmail 和更强调大规模索引和实时性的 Caffeine 搜索引擎等，所以 Google 已经在开发下一代 GFS，代号为"Colossus"，并且在设计方面有许多不同，比如：支持分布式 Master 节点来提升高可用性并能支撑更多文件，Chunk 节点能支持 1MB 大小的 Chunk 以支撑低延迟应用的需要。

GFS 除了性能，可伸缩性、可靠性以及可用性以外，设计还受到 Google 应用负载和技术环境的影响。体现在 4 个方面：

(1)充分考虑到大量节点的失效问题，需要通过软件将容错以及自动恢复功能集成在系统中；

(2)构造特殊的文件系统参数，文件大小通常以 G 字节计，并包含大量小文件；

(3)充分考虑应用的特性，增加文件追加操作，优化顺序和读写速度；

(4)文件系统的某些具体操作不再透明,需要应用程序的协助完成。

2. Map-Reduce 分布式编程环境

Google 构造 Map-Reduce 编程规范来简化分布式系统的编程。首先,在 Google 数据中心会有大规模数据需要处理,比如被网络爬虫(Web Crawler)抓取的大量网页等。由于这些数据很多都是 PB 级别,导致处理工作不得不尽可能的并行化,而 Google 为了解决这个问题,引入了 MapReduce 这个编程模型,MapReduce 是源自函数式语言,主要通过"Map(映射)"和"Reduce(化简)"这两个步骤来并行处理大规模的数据集。Map 会先对由很多独立元素组成的逻辑列表中的每一个元素进行指定的操作,且原始列表不会被更改,会创建多个新的列表来保存 Map 的处理结果,也就意味着 Map 操作是高度并行的。当 Map 工作完成之后,系统会先对新生成的多个列表进行清理(Shuffle)和排序,之后会对这些新创建的列表进行 Reduce 操作,也就是对一个列表中的元素根据 Key 值进行适当的合并。

图 7-2 所示为 MapReduce 的运行机制。

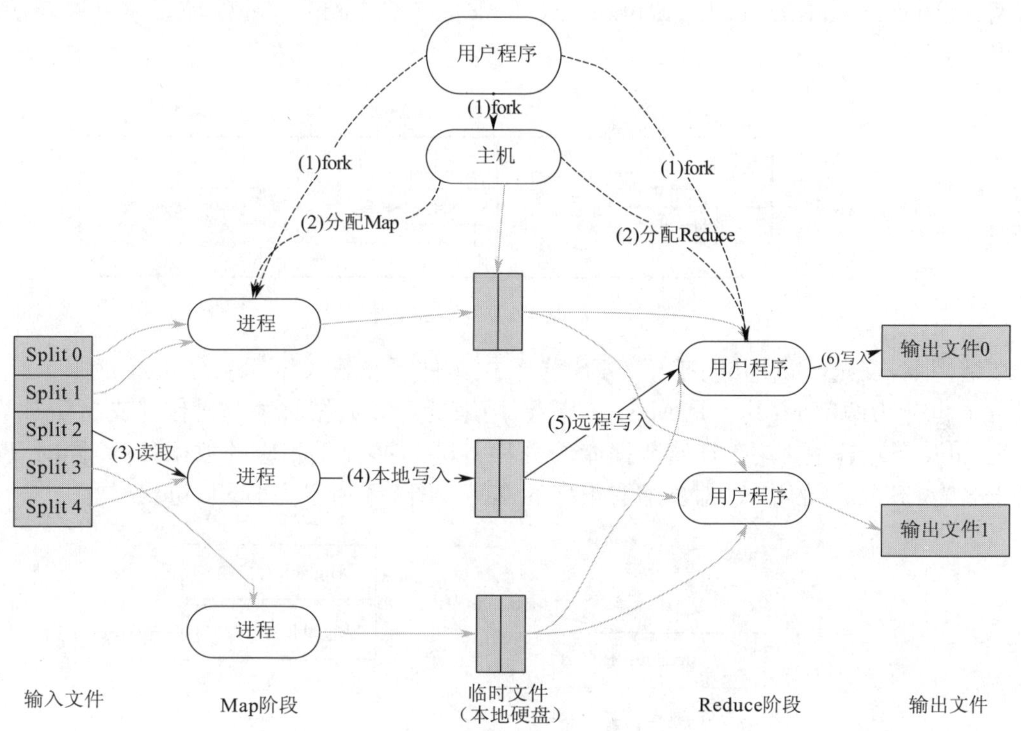

图 7-2　MapReduce 的运行机制

根据图中所示来举一个 MapReduce 的例子:比如,通过搜索 Spider 将海量的 Web 页面抓取到本地的 GFS 集群中,然后 Index 系统将会对这个 GFS 集群中多个数据 Chunk 进行平行的 Map 处理,生成多个 Key 为 URL,value 为 html 页面的键值对(Key-Value Map),接着系统会对这些刚生成的键值对进行 Shuffle(清理),之后系统会通过 Reduce 操作来根据相同的 Key 值(也就是 URL)合并这些键值对。

最后,通过 MapReduce 这么简单的编程模型,不仅能处理大规模数据,而且能将很多繁琐的细节隐藏起来,比如自动并行化、负载均衡和机器宕机处理等,这样将极大地简化程序员的开发工作。MapReduce 可用于包括"分布 grep,分布排序,Web 访问日志分析,反向索引构建,文档聚类,机器学习,基于统计的机器翻译,生成 Google 的整个搜索的索引"等大规模数据处理工作。

Yahoo 也推出 MapReduce 的开源版本 Hadoop，而且 Hadoop 在业界也已经被大规模使用。

3. 分布式的大规模数据库管理系统 BigTable

BigTable 是客户端和服务器端的联合设计，使得性能能够最大程度地符合应用的需求。

在 Google 的数据中心存储 PB 级以上的非关系型数据时候，比如网页和地理数据等，为了更好地存储和利用这些数据，Google 开发了一套数据库系统，名为“BigTable”。“BigTable”不是一个关系型的数据库，也不支持关联(Join)等高级 SQL 操作，取而代之的是多级映射的数据结构，并是一种面向大规模处理、容错性强的自我管理系统，拥有 TB 级的内存和 PB 级的存储能力，使用结构化的文件来存储数据，每秒可以处理数百万的读写操作。

多级映射的数据结构是一个稀疏的、多维的、排序的 Map，每个 Cell 由行关键字、列关键字和时间戳三维定位。Cell 的内容是一个不解释的字符串，图 7-3 所示为存储每个网站的内容与被其他网站的反向连接的文本。反向的 URL com. cnn. www 是这行的关键字；contents 列存储网页内容，每个内容有一个时间戳，因为有两个反向连接，所以 archor 的 Column Family 有两列：anchor：cnnsi. com 和 anchhor：my. look. ca。Column Family 使得表可以轻松地横向扩展。

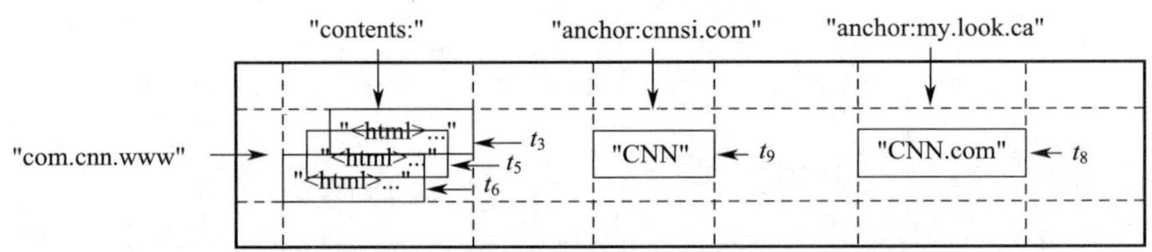

图 7-3 存储 Web 网页的文本图

在结构上，首先，BigTable 基于 GFS 分布式文件系统和 Chubby 分布式锁服务。其次 BigTable 也分为两部分：其一是 Master 节点，用来处理元数据相关的操作并支持负载均衡；其二是 tablet 节点，主要用于存储数据库的分片 tablet，并提供相应的数据访问，同时 Tablet 是基于名为 SSTable 的格式，对压缩有很好的支持。图 7-4 所示为 BigTable 架构图。

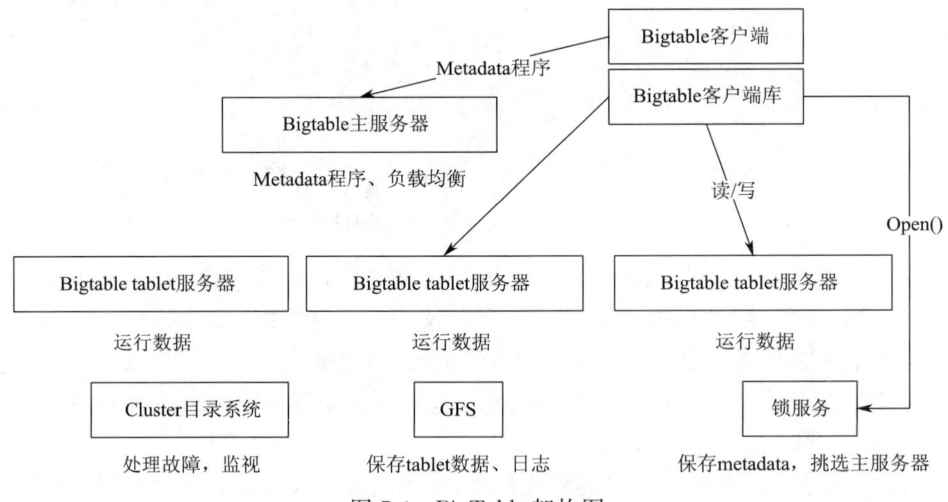

图 7-4 BigTable 架构图

BigTable 正在为 Google 六十多种产品和项目提供存储和获取结构化数据的支撑平台，其中包括 Google Print、Orkut、Google Maps、Google Earth 和 Blogger 等，而且 Google 至少

运行着 500 个 BigTable 集群。

随着 Google 内部服务对需求的不断提高和技术的不断发展，导致原来的 BigTable 已经无法满足用户的需求，而 Google 也正在开发下一代 BigTable，名为“Spanner(扳手)”，它主要有以下 BigTable 所无法支持的特性：

(1)支持多种数据结构，比如 table，familie，group 和 coprocessor 等。

(2)基于分层目录和行的细粒度的复制和权限管理。

(3)支持跨数据中心的强一致性和弱一致性控制。

(4)基于 Paxos 算法的强一致性副本同步，并支持分布式事务。

(5)提供许多自动化操作。

(6)强大的扩展能力，能支持百万台服务器级别的集群。

(7)用户可以自定义诸如延迟和复制次数等重要参数以适应不同的需求。

由于一部分 Google 应用程序需要处理大量的格式化以及半格式化数据，Google 构建了弱一致性要求的大规模数据库系统 BigTablet。BigTable 的应用包括 Search History、Maps、Orkut、RSS 阅读器等。

BigTable 是客户端和服务器端的联合设计，使得性能最大限度地符合应用的需求。BigTable 系统依赖于集群系统的底层结构，一个是分布式的集群任务调度器，一个是前述的 Google 文件系统，还有一个分布式的锁服务 Chubby。

4. 分布式锁服务 Chubby

Chubby 是一个非常鲁棒的粗粒度锁，BigTable 使用 Chubby 来保存根数据表格的指针，即用户可以首先从 Chubby 锁服务器中获得根表的位置，进而对数据进行访问。BigTable 使用一台服务器作为主服务器，用来保存和操作元数据。主服务器除了管理元数据之外，还负责对 tablet 服务器(即一般意义上的数据服务器)进行远程管理与负载调配。客户端通过编程接口与主服务器进行元数据通信，与 tablet 服务器进行数据通信。

通过 Chubby，一个分布式系统中的上千个 client 都能够对某项资源进行“加锁”或者“解锁”，常用于 BigTable 的协作工作，在实现方面是通过对文件的创建操作来实现“加锁”，并基于著名科学家 Leslie Lamport 的 Paxos 算法。

7.1.3　Google App Engine 的架构

App Engine 在设计理念方面，主要可以总结为：

(1)重用现有的 Google 技术：重用是软件工程的核心理念之一，因为通过重用不仅能减低开发成本，而且能简化架构。在 App Engine 开发的过程中，重用的思想也得到了非常好的体现，比如 Datastore 是基于 Google 的 bigtable 技术，Images 服务是基于 Picasa 的，用户认证服务是基于 Google Account 的，Email 服务是基于 Gmail 的等。

(2)无状态：为了更好地支持扩展，Google 没有在应用服务器层存储任何重要的状态，而主要在 datastore 这层对数据进行持久化，这样当应用流量突然爆发时，可以通过为应用添加新的服务器来实现扩展。

(3)硬限制：App Engine 对运行在其之上的应用代码设置了很多硬性限制，比如无法创建 Socket 和 Thread 等有限的系统资源，这样能保证不让一些恶性的应用影响到与其临近应用的正常运行，同时也能保证在应用之间做到一定的隔离。

(4)利用 Protocol Buffers 技术来解决服务方面的异构性：应用服务器和很多服务相连，有可能会出现异构性的问题，比如应用服务器是用 Java 写的，而部分服务是用 C＋＋写的等。Google 在这方面的解决方法是基于语言中立、平台中立和可扩展的 Protocol Buffer，并且在 App Engine 平台上所有 API 的调用都需要在进行 RPC(Remote Procedure Call，远程方面调用)之前被编译成 Protocol Buffer 的二进制格式。

(5)分布式数据库：因为 App Engine 将支撑海量的网络应用，所以独立数据库的设计肯定是不可取的，而且很有可能将面对起伏不定的流量，所以需要一个分布式的数据库来支撑海量的数据和查询。

简单而言，其架构可以分为三个部分：前端，Datastore 和服务群。如图 7-5 所示。

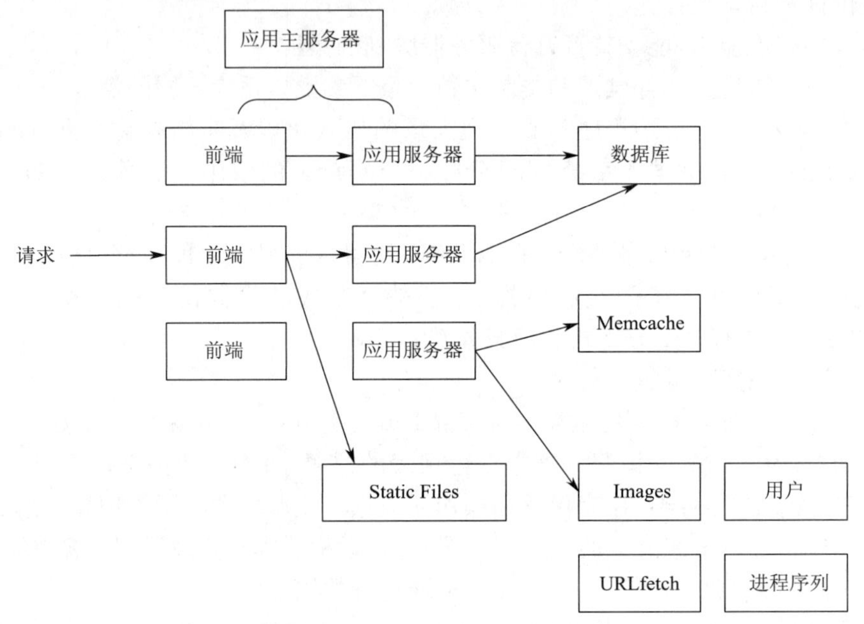

图 7-5　GAE 的架构图

(1)前端

Front End：既可以认为是 Load Balancer，也可以认为是 Proxy，它主要负责负载均衡和将请求转发给 App Server(应用服务器)或者 Static Files 等工作。

Static Files：在概念上，比较类似于内容分发网络(CDN，Content Delivery Network)，用于存储和传送那些应用附带的静态文件，比如图片、CSS 和 JS 脚本等。

App Server：用于处理用户发来的请求，并根据请求的内容来调用后面的 Datastore 和服务群。

App Master：是在应用服务器间调度应用，并将调度之后的情况通知 Front End。

(2)Datastore

它是基于 BigTable 技术的分布式数据库，虽然也可以被理解成为一个服务，但是由于是整个 App Engine 唯一存储持久化数据的地方，所以是 App Engine 中一个非常核心的模块。

(3)服务群

整个服务群包括很多服务供 App Server 调用，比如 Memcache、图形、用户、URL 抓取和任务队列等。

Python 版和 Java 版 App Engine 在实现方面的区别：因为大多数服务都可以被这两个版本共享，所以两者之间的区别主要集中在 App Server 端，Python 版 App Server 应该是经过

Google 修改的 Python Runtime，版本号应该是 2.5.2，而 Java 版 App Server 是基于 Jetty 6 的，因为它的体积和最常用的 Tomcat 相比更娇小，这样能使得一台服务器支持更多的应用，而且其经过了 Google 一定的修改。

7.1.4 应用案例

Google Analytics 是企业级的网站分析解决方案。此工具不但可让使用者进一步了解网站流量和营销效果，现在还提供了富有灵活性又易于使用的强大功能，可以通过全新的方式查看并分析流量数据。通过 Google Analytics，使用者可以更方便地撰写定位准确的广告、强化营销计划并提高网站的转化率。

Google Analytics 工具使用 BigTable 存储和检索数据，使用 Map-Reduce 统计数据，适用于海量用户和数据的环境。用于统计网站的基本数据(会话、综合浏览、点击量、字节流量)，分析用户浏览路径，优化页面布局，分析用户访问资源链接，提高广告投资回报。可以实现以下功能：

(1)Google Analytics 智能

Google Analytics 可监控用户的报告，并在数据模式发生重大变化时自动向使用者发出提醒。

(2)高级细分

使用简便易用的交互式细分生成工具来分离和分析流量子集。

(3)灵活定制

获取所需的数据，并通过自定义报告、自定义变量和灵活的跟踪 API 来以所需的查看方式对其加以组织。

(4)电子商务跟踪

跟踪带来交易的广告系列和关键字，获取客户忠诚度和转化耗时指标，深入了解使用者的收入来源。

(5)目标

跟踪销售和转化情况。根据使用者定义的阈值来衡量网站的用户参与度目标。

(6)移动跟踪

跟踪可上网的手机、移动网站和移动应用程序。

(7)数据导出 API

整合业务信息，开发可使用 Google Analytics 数据的应用程序。

(8)高级分析工具

使用数据透视表、过滤功能和多维度对比来进行高级数据分析，借助直观的动态图表来发现新的趋势和深层次信息。

由于该平台和 Google 自身产品的开发需要结合过于紧密，所以在应用中限制较多，例如只支持 Python 和 Java 语言，基于 Django 架构的 Web 应用等。目前 Google App Engine 的使用者大都是个人用户，使用的内容主要是开发一些实用的小规模程序，比如搭建 CDN、使用 Iphone 访问 GAE 等。

7.2 亚马逊云计算 AWS(Amazon Web Service)

7.2.1 Amazon Web Service 简介

Amazon 是互联网上最大的在线零售商，每天负担着大量的网络交易，同时也为独立软件开发人员以及开发商提供云计算服务平台。Amazon Web Services 是一组服务，允许通过程序访问 Amazon 的计算基础设施。Amazon 多年来一直在构建和调整这个健壮的计算平台，现在任何能够访问 Internet 的人都可以使用它。Amazon 提供存储、计算、消息传递和数据集等 Web 服务。

通过在 Amazon 提供的可靠且经济有效的服务上构建功能，可以实现复杂的企业应用程序，这些 Web 服务本身驻留在用户的环境之外的云中，具备极高的可用性。只需根据使用的资源付费，不需要提前付费，因为硬件由 Amazon 维护和服务，所以用户也不需要承担维护费用。

这个虚拟的基础设施大大降低了当今 Web 环境中的"贫富差异"，用户可以在几分钟内快速地获得一个基础设施，而这在真实的 IT 工作室中可能会花费几周时间，要点在于这个基础设施是弹性的，可以根据需求扩展和收缩，世界各地的公司都可以使用这个弹性的计算基础设施。

公司不再需要承担高额的基础设施投资和维护成本，这为创新提供了更大的机会。现在，用户可以把注意力集中在业务思想上，而不需要为服务器操心，不需要担心磁盘空间不足等问题。根据 Amazon 的估计，企业把大约 70％的时间花在构建和维护基础设施上，在推动企业发展的思想上实际只花费 30％的时间。Amazon 的云服务会处理与硬件和基础设施相关的繁琐工作，并确保其高可用性，保证用户只需关注如何把思想变成现实，而不需要为昂贵的基础设施维护买单。

7.2.2　Amazon Web Service 的特点

Amazon Web Services 通过提供以下特性帮助实现可伸缩的系统：

(1)可靠性

服务在经过充分测试的高可用的 Amazon 数据中心中运行，这些数据中心也运行 Amazon 自己的业务。

(2)安全性

提供开箱即用的基本安全性和身份验证机制，可以根据需要在服务之上实现应用程序特有的安全措施，从而增强安全性。

(3)节约成本

没有固定的成本或维护成本。只需为使用的服务付费，可以根据需要扩展资源和预算。

(4)容易部署

可以通过简单的 API 使用这个虚拟基础设施和库的所有功能，在使用最广泛的编程语言中使用这些 API。

(5)弹性

可以根据需要扩展或收缩计算资源，快速地从一个服务器扩展到任意数量的服务器，从而满足应用程序的需要。

(6)内聚性

四个核心服务(存储、计算、消息传递和数据集)能够非常好地协作，为各种应用程序提供一个完整的解决方案。

(7)社区

Amazon Web Services 社区非常活跃，这会促进世界各地的用户采用这些 Web 服务，有助于在这个基础设施上创建独特的应用程序。

企业家可以利用这个虚拟基础设施构建可伸缩且可靠的应用程序，与传统的应用程序主机托管平台相比可以大大降低成本，为了应对服务量的波动和高峰，主机托管平台需要大量服务器，它还提供很高的冗余水平。

Amazon Web Services 的用户可以使用两个支持级别：

(1)基于免费论坛的支持，由监视 Amazon 论坛的 Amazon 人员提供这种支持。

(2)付费的支持包，提供一对一和电话支持，这是更慎重的求助方法。

Amazon 在一个所有人都可访问的指示板上公布所有 Web 服务的健康状态；当服务出现任何问题时，都会更新这个指示板。在任何服务停止运行期间，Amazon Web Services 团队会每隔 15～30 min 发布更新信息，直到问题被解决。

Amazon 为与每个服务进行交互提供了基于标准的 SOAP 和 REST 接口。Amazon 和第三方提供多种语言的开发人员库，包括 Ruby、Python、Java™、Erlang 和 PHP，可以使用这些库与服务通信，还可以使用命令行工具管理 EC2 上的计算资源。REST 接口很容易使用，可以用任何编程语言编写客户机，通过 HTTP 向 Web 服务发出请求。

7.2.3　Amazon Web Service 的典型云服务

1. EC2

弹性云服务(EC2，Amazon Elastic Compute Cloud)是 AWS 中最主要的一个云服务，它是一个 Web 服务，提供真正全 Web 范围的计算，让用户可以在几分钟内获得虚拟机器，根据需要轻松地扩展或收缩计算能力，用户只需为实际使用的计算时间付费。如果需要增加计算能力，可以快速地启动虚拟实例；当需求下降时，可以马上终止它们。EC2 环境本身基于 Xen 系统管理程序，Amazon 允许创建 Amazon 机器映像(AMI)作为实例的模板，这些实例基于 Linux，可以运行用户需要的任何应用程序或软件，用户可以控制每个实例。Amazon 提供五种服务器类型，可以选择适合自己应用程序需要的服务器类型，服务器的范围从普通的单核 x86 服务器到八核 x86-64 服务器。可以把实例放在不同的地理位置或可用性区中，从而确保对抗故障的能力。EC2 的目标是服务器映像能够拥有用户想要的任何一种操作系统、应用程序、配置、登录和安全机制。

EC2 主要包括以下部分：

(1)Amazon Machine Image(AMI)

AMI 是一个包含软件配置的模版，可以是一个操作系统、一个应用服务器或者是一个应用程序。用户在 AMI 上启动实例，一个 AMI 可以启动多个实例，如图 7-6 所示。Amazon 提供了很多包含通用软件的 AMI，另外，用户也可以根据自己的需求创建自定义的 AMI，这会使得搭载和启动实例变得更快速、更容易以及更好地满足特定的需求，用户通过 Amazon 的应用编程接口(API)，对 AMI 进行使用与管理。AMI 实际上就是虚拟机的映像，用户可以使用它们来完成任何工作，例如运行数据库服务器，构建快速网络下载的平台，提供外部搜索服务甚至可以出租自己具有特色的 AMI 而获得收益。用户所拥有的多个 AMI 可以通过通信而彼此合作，就像当前的集群计算服务平台一样。

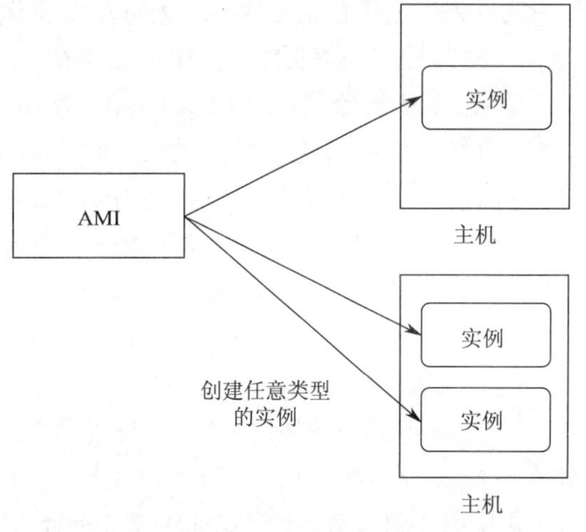

图 7-6　AMI 启动实例图

(2)存储

运行实例的时候,Amazon EC2 提供很多数据存储的选择,目前应用最多的就是 S3,其他的还有 Amazon Elastic Block Store(EBS 弹性块存储)和 Amazon EC2 Instance Store(实例存储)。图 7-7 是三者之间的关系。

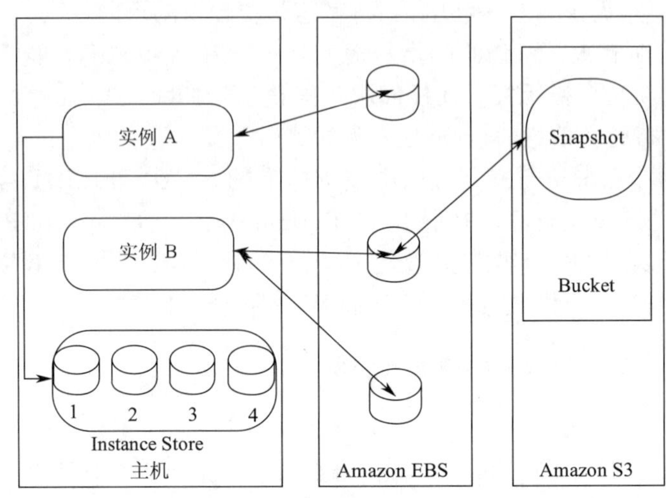

图 7-7　EBS、S3 和实例之间的关系

(3)数据库

Amazon 为存储在 EC2 上的应用程序提供两种数据库,使用 Amazon 关系数据库服务(Amazon RDS)或者是启动一个 AMI 数据库实例,并使用它的 EC2 实例作为数据库。

(4)网络和安全

EC2 中的每一个实例都被分配了相应的网络空间和一个公共 IP 地址,EC2 也可以提供静态的 IP 地址。用户可以使用安全组(security groups)来控制实例访问,类似于一个入站网络防火墙,使用户可以指定访问实例的协议、端口和源 IP 范围。用户可以创建多个安全组,为每个实例指定不同的安全组,从而实现实例与实例之间的隔离。

(5)监控、自动伸缩功能和负载均衡

Amazon 云监控(Amazon Cloud Watch)是一种服务,收集来自于 AWS 产品的原始数据,经过信息处理后转化为可读的、接近实时的数据指标。这些统计数据允许用户访问两周内的历史信息并使用户更好地监控正在执行的 Web 应用程序。自动伸缩功能是一个 Web 服务,能够基于用户定义的政策、健壮状态检查和时间表自动启动或终止 EC2 实例。弹性负载均衡功能能够将新添加的应用程序自动地分发到 EC2 实例,而且当检测到不健壮的实例时,它就会自动地将流量重新路由到健壮的实例直到不健壮的实例恢复过来,很好地实现了负载均衡。

(6)AWS 身份和访问管理

Amazon EC2 集成了 AWS 身份和访问管理(IAM,Identity and Access Management)功能,可以实现功能包括:创建用户和组、用户组间分享 AWS 账户资源以及精确地控制用户访问服务和资源,其使用模式如图 7-8 所示。

EC2 具有以下特点:

(1)可靠性

EC2 可以轻松地实现创建实例和摧毁实例。

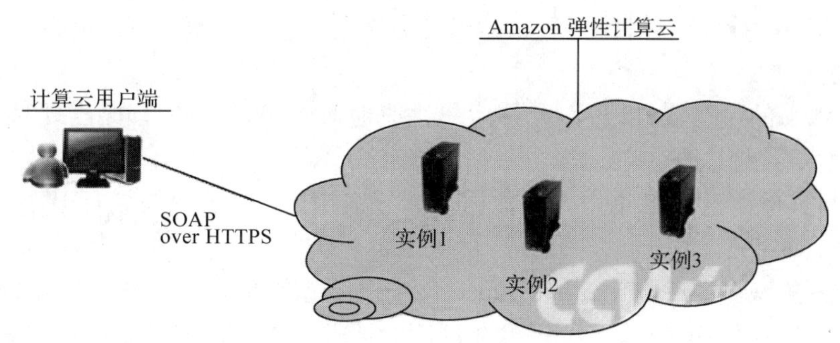

图 7-8　Amazon 弹性计算云使用模式

(2)简单性

以简单的概念为基础,EC2 使设计系统架构具有很大的灵活性,提供了搭建系统需要的构建块,可以随意结合以搭建符合要求的系统。

(3)安全性

EC2 的设计结构决定了它具有很高的安全性。所有的实例都运行在 Amazon 的数据中心,用户可以通过配置防火墙来限制信任的访问组。

(4)弹性

用户可以通过将不同的实例放置在不同的物理位置来使应用程序具有弹性,或者是通过使用独立于临时实例的持久性存储卷来实现这一功能。

(5)廉价

按使用量收费使 EC2 具有相当引人注目的商业价值。

2. S3

简单存储服务(S3,Amazon Simple Storage Service)提供一个用于数据存储和获取的 Web 服务接口,通过 S3 开发人员可以随时随地在 Internet 上更容易地取得任何类型的数据。S3 中存储的每个对象的大小限制在 1B 到 5GB,而存储对象的数量不限制。在创建 bucket(类似于操作系统中的文件夹概念)时,可以选择对象的存储位置。S3 提供四种访问控制机制来确保数据的安全性,分别是身份和访问管理机制(IAM,Identity and Access Management policies)、访问控制列表(ACL,Access Control Lists)、bucket 机制以及字符串查询认证(Query String Authentication)。使用标准的 REST 和 SOAP 接口设计来处理任何互联网开发工具包,对于存储在 S3 中的每个对象,默认的下载协议 HTTP 时,使用 BitTorrent 协议接口则可以降低极致分布的成本。减少冗余存储(RRS,Reduced Redundancy Storage)是 S3 中的一个存储选项,它通过降低冗余程度来降低存储成本,这为存储非关键、可再生数据提供了一个具有成本效益的、高可用性的解决方案。

S3 让用户完全不必为存储空间、数据访问或数据安全性操心,甚至不必承担维护存储服务器的成本,Amazon 确保文件的高可用性,为 S3 提供的服务水平协议承诺 99.9%的正常运行时间。

S3 具有以下特点:

(1)可靠性

S3 系统被设计成大程度的容忍失败以及快速甚至是不停机的修复系统,承诺 99.9%的正常运行时间。

(2)简单性

基于简单的概念,S3 可以为用户建立应用提供很大的灵活性,如果需要,通过在 S3 组件上添加额外的功能，用户可以搭建更复杂的存储方案。

(3)可扩展性

S3 提供高水平的可扩展性，可以允许用户快速地适应 Web 应用程序出现高峰。

(4)廉价性

与市场上与其他企业或者是个人的数据存储方案相比，S3 的价格具有很强的竞争力。

3. SQS

简单队列服务(SQS，Amazon Simple Queue Service)允许访问 Amazon 提供的可靠消息传递的基础设施。可以使用简单的基于 REST 的 HTTP 请求在任何地方发送和接收消息，不需要安装和配置任何东西。可以创建任意数量的队列，发送任意数量的消息。Amazon 把消息存储在多个服务器和数据中心中，从而提供消息传递系统所需的冗余和可靠性。每个消息最多可以包含 8kB 的文本数据。可以在消息中使用的 Unicode 字符只包括＃x9 | ＃xA | ＃xD | [＃x20 to ＃xD7FF] | [＃xE000 to ＃xFFFD] | [＃x10000 to ＃x10FFFF]。

每个队列可以有一个可配置的可见性超时周期，用来控制多个读者对队列的访问，一个应用程序从队列中读取一个消息之后，其他读者就看不到这个消息，直到超时周期期满为止。在超时周期期满之后，消息重新出现在队列中，另一个读者进程就可以处理它。

SQS 与其他 Amazon Web Services 很好地集成。可以使用 SQS 构建松散耦合的系统，在这种系统中，EC2 实例可以通过向 SQS 发送消息相互通信并整合工作流。还可以使用队列为应用程序构建一个自愈合、自动扩展的基于 EC2 的基础设施。可以使用 SQS 提供的身份验证机制保护队列中的消息，防止未授权的访问。

SQS 具有以下特点：

(1)可靠性

SQS 通过多个数据中心的冗余存储来保证数据永远可用。

(2)简单性

访问和使用 SQS 都很简单，匹配多种程序语言。

(3)安全性

SQS 提供很高的安全性，只允许授权用户访问数据。

(4)可扩展性

使用 SQS 可以创建基于队列的应用程序，没有限制地读写无限的信息。

(5)廉价性

SQS 是非常经济和完美的选择。

4. SDB

简单数据库(SDB，Amazon SimpleDB)是一个用于存储、处理和查询结构化数据集的 Web 服务。它并不是传统意义上的关系数据库，而是一个高可用的模式，是云中的非结构化数据存储，使用它可以存储和获取包含键的值。每组包含键的值需要一个唯一的条目名，条目本身划分为域，每个条目可以包含最多 256 个键-值对，可以在每个域中对自己的数据集执行查询。SDB 当前还不支持跨域查询。

SDB 便于使用，提供关系数据库的大多数功能。SDB 的维护比典型的数据库简单得多，因为不需要设置或配置任何东西。Amazon 负责所有管理任务，自动地为数据编制索引，可以在任何时候任何地方访问索引。不受模式限制的关键优点是能够动态地插入数据和添加新的列或键。SDB 是 Amazon 基础设施的组成部分，会在幕后自动地扩展，可以把注意力放在更重要的方面。同样，只需为实际使用的数据集资源付费。

ADB的特点包括：

(1)可靠性

多个数据中心的冗余存储使得SDB随时可用。

(2)高速

SDB提供高速的数据检索，特别是用户的请求是在Amazon环境从一个EC2实体下发出的，效果会更明显。

(3)简单性

访问和使用SDB都很简单，支持多种程序语言。

(4)安全性

SDB数据也只开放给授权的用户访问。

(5)灵活性

用户不需要任何预定义模式就可以快速地存储数据。

(6)廉价性

SDB费用非常低，用户只需要为真正使用过的功能付费。

AWS的多种服务模式并不是鼓励存在的，用户可以根据需要结合使用这些服务，它们能够非常好地相互协作，因为这些服务在Amazon环境中运行，并且都基于相同的标准建设，所以它们之间的所有通信通常非常快。

7.2.4　应用案例

SmugMug是一个在线照片存储应用程序，拥有数亿照片资源和几十万付费用户，它把超过0.5PB的数据存储在S3上，由此节约的服务和存储成本接近100万美元。业务量的急剧增长导致该新兴公司无法承受巨额的基础设施开销，它是Elastic Compute Cloud(EC2)计算资源的重要用户，使用EC2应对需求的变化。应用AWS后，仅需50人即可完成如此大的业务量。

SmugMug充分运用了云计算服务，图片和视频总计达到了PB级，托管在Amazon S3上，图片和视频的处理也在Amazon EC2上。使用了Akamai的服务做前端的CDN加速，主要是JavaScript/CSS等文件的加速，而DNS的加速也带来了很好的收益。

结构化数据放在MySQL中，存储引擎多数用的InnoDB，数据超过2TB的空间，数据库服务器为4核或更高配置，内存多达64GB。缓存方面用了Memcached做加速，有1TB的数据在里面，平均命中率达到96%。Memcached里面尽量存放MySQL行数据，减小对DB的冲击。数据库设计思路是尽量做垂直分区，没有Sharding。不过在反范式(denormalized)方面做得比较彻底，不用表连接(JOIN)方法者复杂的查询，多数查询依赖主键，更新或者删除数据也是单行，依赖主键。InnoDB引擎进行了Percona方面的升级，并发能力也有了很大增强。

在Smugmug里，可以看到大量高清晰的照片图片，整个网站看起来也很干净，没有一丝广告，可以任意上传照片，不受空间的限制。注册一个账号之后，即可以得到开通自己的空间，并得到一个二级域名。上传照片的方式也可以通过多种途径，如普通上传、通过ActiveX插件告诉上传、甚至可以通过Email将照片上传到自己的Smugmug空间里。Smugmug集成了很多照片管理和编辑功能，如给照片分类、打标签、加注释、加字幕，对照片进行剪裁、旋转、调整大小和颜色等操作。Smugmug同时也具备Panoramio那样按在Google Maps上的某个地标添加照片的功能，通过它可以看到世界各地的网民在为同一景点拍摄的照片。

37Signals 是流行的在线项目管理软件 Basecamp 的开发商，它使用 S3 满足存储需求。

纽约时报展现了 EC2 的强大能力，它在 36 h 内使用数百个 EC2 实例处理了数 TB 的存档数据。

Animoto 是一个在线视频生成程序，需要用非常大的计算能力处理视频。最近出现了一次会压垮大多数公司系统的 Web 通信高峰，Animoto 使用 EC2 快速地扩展了处理能力，从而成功地度过了这次高峰。在此期间，它曾经使用 3500 个同时运行的虚拟实例。

7.3　微软云计算 Windows Azure

7.3.1　Windows Azure 简介

Windows Azure 是由微软所开发的一套云计算操作系统，用来提供云在线服务所需要的操作系统与基础储存与管理的平台，是微软的云计算的核心组成元件之一，也是微软在线服务策略的一部分。Windows Azure Platform 最初提供的是平台即服务(PaaS)，2012 年正式开放了基础设施即服务(IaaS)的相关解决方案。

Windows Azure 的主要目标是为开发者提供一个平台，帮助开发可运行在云服务器、数据中心、Web 和 PC 上的应用程序。云计算的开发者能使用微软全球数据中心的储存、计算能力和网络基础服务。Azure 服务平台包括的主要组件有：Windows Azure；Microsoft SQL 数据库服务，Microsoft . Net 服务；用于分享、储存和同步文件的 Live 服务；针对商业的 Microsoft SharePoint 和 Microsoft Dynamics CRM 服务。

7.3.2　Windows Azure 的特点与功能

Windows Azure 服务平台包括 5 个主要部分：Windows Azure；Microsoft SQL 数据库服务；Microsoft . Net 服务；用于分享、储存和同步文件的 Live 服务；针对商业的 Microsoft SharePoint 和 Microsoft Dynamics CRM 服务。构成如图 7-9 所示。

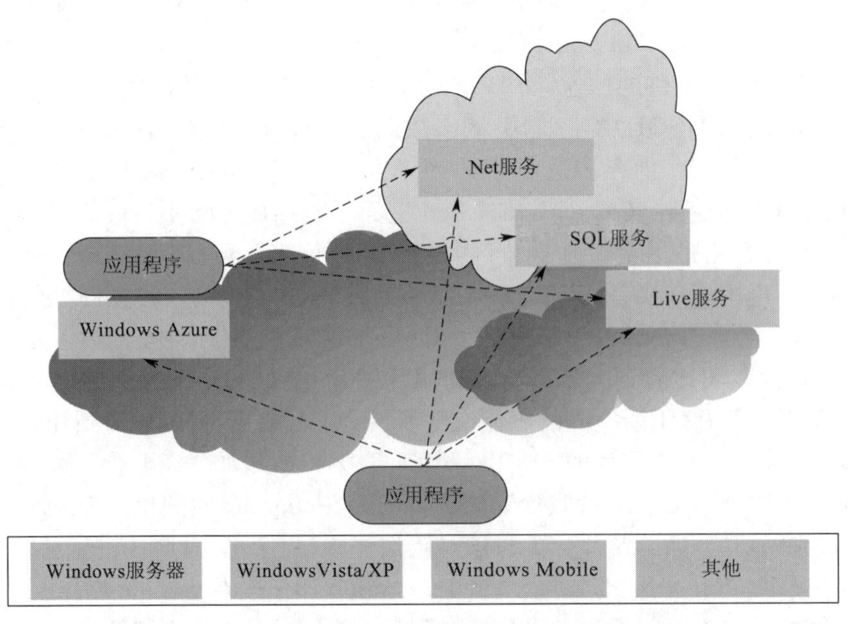

图 7-9　Windows Azure 服务平台主要组成部分图

首先来介绍 Windows Azure 平台在微软产品大家族中的定位，并且把它和大家所熟悉的产品作个比较。

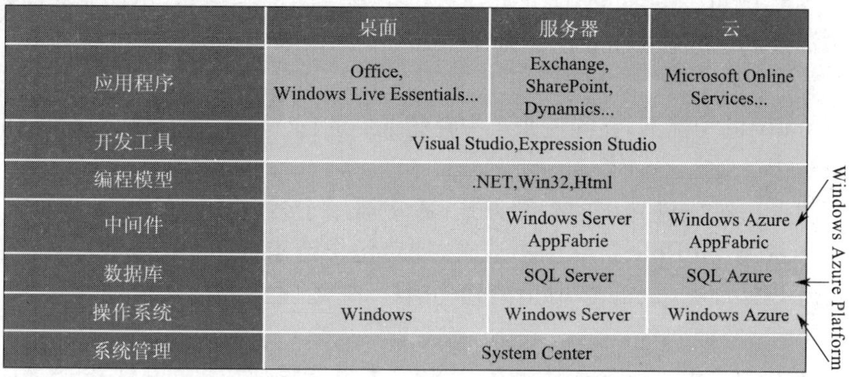

	桌面	服务器	云
应用程序	Office, Windows Live Essentials...	Exchange, SharePoint, Dynamics...	Microsoft Online Services...
开发工具	Visual Studio,Expression Studio		
编程模型	.NET,Win32,Html		
中间件		Windows Server AppFabrie	Windows Azure AppFabric
数据库		SQL Server	SQL Azure
操作系统	Windows	Windows Server	Windows Azure
系统管理	System Center		

Windows Azure Platform

图 7-10　Windows 产品的开发和管理模式

由图 7-10 可知，无论用户的目标面向的是桌面、服务器，还是云，Windows Azure 可以提供统一的开发和管理模式。正如同桌面操作系统 Windows 和服务器操作系统 Windows Server 一样，Windows Azure 是一个云端的操作系统。SQL Server 是服务器数据库产品，而 SQL Azure 则是云端数据库产品。AppFabric 作为中间件层，将起到连接非云端程序与云端程序的桥梁的功能。开发人员可以使用同一套技术：.NET（包括 Silverlight）或者 Win32，同时针对桌面，服务器以及云开发程序，而不需要针对某个平台学习专门的技术。Visual Studio 和 Expression Studio 为开发人员提供了强大的工具支持。

Windows Azure 提供计算、存储以及管理这三个主要功能。

1. 计算

（1）作为一个部署服务的平台

用户可以在 Windows Azure 上部署自行开发的服务，例如使用 WCF 开发的 Web Service、WF 开发的工作流或 ASP. NET 开发的运行在服务器上的网站等。

（2）作为一个软件分发平台

用户可以使用 Windows Azure 来分发自己的软件，例如 Silverlight、XBAP、AJAX 程序、WPF 和 Windows Forms 程序，甚至是提供一个安装包的下载链接。当然，为了充分利用云的特性，这些软件常常需要和部署在云端的服务进行交互。

（3）作为一个一般的分布式计算平台

Windows Azure 也可以作为一个一般的分布式计算平台来使用，Fabric 提供了极其强大的负载平衡的支持，所以可以很好的执行一些极为复杂的并行算法。Windows Azure 支持多种开发技术，例如. NET，Win32，甚至是 Java，从而满足大多数客户对分布式计算的需求。

2. 四种存储服务

（1）Blob

和文件系统一样，用户可以针对每个 container 设置访问权限，对某个 blob 进行加锁(lease)从而防止 concurrency 问题，还可以使用诸如创建、删除、复制、备份等众多功能。

（2）Table

Windows Azure table storage 并不是关系型数据库，提供的是一种结构化的存储方式。通俗来说，一个 table 可以被想像成一个 xml 文件，在 xml 文件中存放各种各样的数据，在一个 table 中也可以存放各种各样的 entity，同一个 table 可以存储结构完全不同的两个 entity，这和关系型数据库中需要对每张表制定统一的 schema 是不同的。

Table storage 的可变的 schema 充分体现出了其灵活性。例如，用户业务需要扩展，需要往数据结构中添加新的字段，可以在完全不修改 table schema、不影响现有 entity 的情况下，对新的 entity 添加新的字段。如果程序可以被二次开发，第三方开发人员也完全可以在不影响程序所需要的 entity 的情况下，在同一张表中存储他们的程序所需要的、结构不同的 entity。

(3)Queue

Queue 提供了一种先进先出的存储方式，通常被用于各种不同的程序间的通信。例如一个经典的应用场景：Web Role 接受用户请求，针对每个请求，在一个 queue 中创建一条消息。Worker Role 则不断的从 queue 中取出消息，并且一一处理。

(4)Drive

目前尚处于 beta 阶段的 drive storage 让开发人员能够使用标准的 NTFS API 读写文件。一个 drive 可以被挂载到某个特定的实例上，当作该实例对应虚拟机的一块硬盘使用。由于 drive 在后台是由 page blob 实现的，因此用户往 drive 中写入的文件也会自动被写入后台的 page blob。这样一来数据便得到了持久化，即使运行当前实例的虚拟机出了问题，用户还可以在其他实例中再次挂载这块虚拟硬盘，数据并不会丢失。

3. 管理

管理员可以直接使用 Windows Azure 门户来管理他们的程序。门户提供了创建、删除、更新部署等众多功能。此外，为了更灵活地管理部署在 Windows Azure 上的程序，Windows Azure 还提供了 Management API，让开发人员自行开发程序来管理他们的部署。

7.3.3 应用案例

Epicor 是一家全球范围的企业资源规划方案提供商，该机构最近寻求满足用户需求的、低廉的基于互联网的 ERP 方案。为了做到这一点，Epicor 使用 Windows Azure Platform 开发了一款新的 ERP 应用程序。有了 Azure，公司节省了成本，提供了大量基于互联网的服务，拓展了现有开发者技能，所有这一切都为用户提供更好的体验。

2008 年 6 月，Epicor 获得了评估 Windows Azure Platform 的机会，即微软云计算平台，用以在互联网上开发和部署软件解决方案。Azure 提供了一个互联网级别的操作系统，开发者工具和 Web 服务，用来加强现有应用程序，或运行一个新的基于互联网的应用程序和服务。该新技术也提供了用于开发的服务套件，包括文件存储、验证服务、访问控制、工作流和分布式数据库。类似于 Epicor 的机构可以在 Azure 云端创建自己的服务，或运行完整的应用程序，并为所需的服务和能力付费。

在引入 Azure 之后不久，Epicor 决定将 Epicor Enterprise Search(一款包括其 ERP 套件的互联网搜索体验应用程序)迁移至云端，应用程序使用索引和上传至基于互联网的存储服务的数据来实现搜索功能。现有的方案使用了微软 SQL Server 数据管理软件和包括 Web 功能的微软.NET 框架。为了将搜索程序迁移至 Azure，Epicor 以 Azure 数据服务取代了 SQL Server，Epicor 能够在做了一些额外微调之后完全的在 Azure 上部署应用程序。因为应用程序在 Azure 上开发和部署，顾客可以轻松为其关键业务数据获得互联网搜索体验，无需防火墙外额外的内部服务器。

通过在 Windows Azure Platform 开发其新 ERP 应用程序，Epicor 获得了以下三个优势：

(1)更低的成本。使用 Azure，Epicor 开发者能够在互联网上提供 Epicor Enterprise

Search，无需担心构建自己的数据中心环境的复杂性。Azure 不仅是一个操作系统，也是开发环境，能够将.NET 应用程序直接部署至互联网。因此，开发经费显著降低，在开发流程中节省了很多成本。基于云的模式也减少了 Epicor Enterprise Search 用户的运营成本。Azure 也为用户提供了软件服务化的另一层面。这样意味着他们拥有和管理的软件无需向在线提供商注册，或雇佣大量 IT 职员。

(2)提供基于互联网的服务。有了 Microsoft .Net Access Control Service，Epicor Enterprise Search 用户会得到一个单一验证基础设施，域名内外皆是。用户有一个可以轻松访问的应用程序，无需使用应用程序为所有供应链合作伙伴建立账户。Epicor 也可以使用 Azure 在云端发布应用程序的搜索索引，所以远程用户不必用笔记本或移动设备来运行应用程序，远程用户可以轻松地访问这些索引，无需使用 VPN 来连入系统。

(3)构建于已有的 IT 投入之上。Epicor 也可以用微软技术来拓展现有投入，因为 Azure 为开发者提供熟悉的.Net 框架，以及利用构建和拓展非云端或云端应用程序的机会能让开发者的现有.Net 开发技能和经验得以施展，因此，Epicor 能够轻松的迁移应用程序至 Azure 环境中。由于 Azure 能让开发者使用现有的开发经验和技能，Epicor 能够更快的构建和部署 Epicor Enterprise Search。

7.4　IBM 云计算

IBM 云计算经历了从蓝云到智慧云计算(Smart Cloud)的演进过程。2007 年 11 月 15 日，IBM 推出了蓝云计算平台，为客户带来即买即用的云计算平台。它包括一系列的云计算产品，使得计算不仅仅局限在本地机器或远程服务器集群，通过架构一个分布式、可全球访问的资源结构，使得数据中心在类似于互联网的环境下运行计算。

2011 年 11 月 10 日，IBM 在北京隆重召开了 IBM Smart Cloud 战略解决方案发布会，并推出了业内领先的云计算服务和产品，全面满足企业客户的需求。IBM 全新的智慧云计算服务(Smart Cloud)及相关产品包含全新 Smart Cloud Foundation 私有云解决方案组合，帮助企业在虚拟化技术基础上快速部署和管理私有云。

7.4.1　蓝云

IBM 的蓝云计算平台是一套软、硬件平台，将 Internet 上使用的技术扩展到企业平台上，使得数据中心使用类似于互联网的计算环境。蓝云大量使用了 IBM 先进的大规模计算技术，结合了 IBM 自身的软、硬件系统以及服务技术，支持开放标准与开放源代码软件。蓝云基于 IBM Almaden 研究中心的云基础架构，采用了 Xen 和 Power VM 虚拟化软件，Linux 操作系统映像以及 Hadoop 软件(Google File System 和 Map-Reduce 的开源实现)。

从图 7-11 可以看出，蓝云计算平台由一个数据中心、IBM Tivoli 部署管理软件(Tivoli provisioning manager)、IBM Tivoli 监控软件(IBM Tivoli monitoring)、IBM WebSphere 应用服务器、IBM DB2 数据库以及一些开源信息处理软件和开源虚拟化软件共同组成。蓝云的硬件平台环境与一般的 x86 服务器集群类似，使用刀片的方式增加了计算密度。蓝云软件平台的特点主要体现在虚拟机以及对于大规模数据处理软件 Apache Hadoop 的使用上。Hadoop 是开源版本的 Google File System 软件和 Map-Reduce 编程规范。

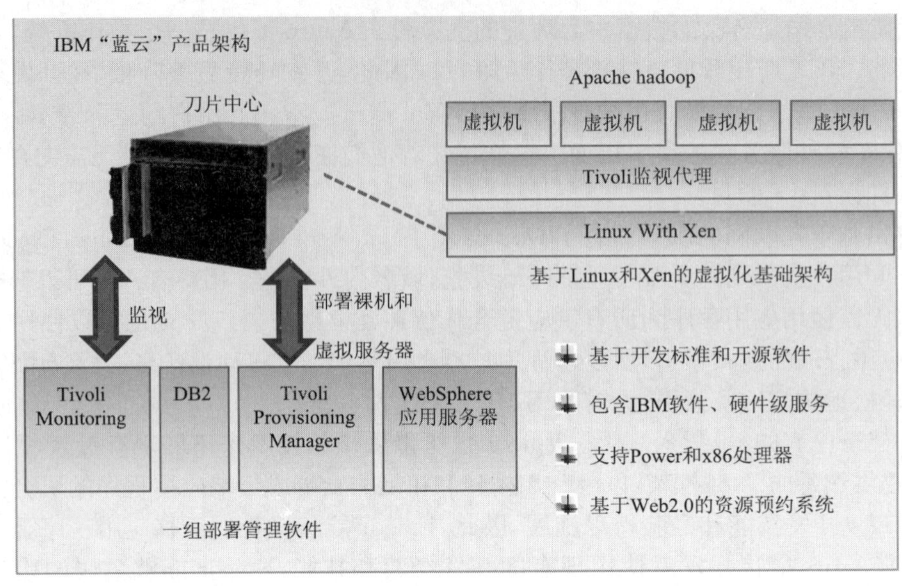

图 7-11　IBM 蓝云架构图

1. IBM 蓝云架构体系

蓝云解决方案是由 IBM 云计算中心开发的企业级云计算解决方案。该解决方案可以对企业现有的基础架构进行整合，通过虚拟化技术和自动化技术，构建企业自己拥有的云计算中心，实现企业硬件资源和软件资源的统一管理、统一分配、统一部署、统一监控和统一备份，打破应用对资源的独占，从而帮助企业实现云计算理念。

2. 蓝云中的虚拟化

从蓝云的结构上还可以看出，在每一个节点上运行的软件栈与传统的软件栈一个很大的不同在于蓝云内部使用了虚拟化技术。虚拟化的方式在云计算中可以在两个级别上实现，一个级别是在硬件级别上实现虚拟化，这个过程可以使用 IBM p 系列的服务器，获得硬件的逻辑分区 LPAR，逻辑分区的 CPU 资源能够通过 IBM Enterprise Workload Manager 来管理，通过这样的方式加上在实际使用过程中的资源分配策略，能够使得相应的资源合理地分配到各个逻辑分区，P 系列系统的逻辑分区最小粒度是 1/10 颗中央处理器(CPU)。虚拟化的另外一个级别可以通过软件来获得，在蓝云计算平台中使用了 Xen 虚拟化软件，Xen 也是一个开源的虚拟化软件，能够在现有的 Linux 基础之上运行另外一个操作系统，并通过虚拟机的方式灵活地进行软件部署和操作。

通过虚拟机的方式进行云计算资源的管理具有特殊的好处，由于虚拟机是一类特殊的软件，能够完全模拟硬件的执行，因此能够在上面运行操作系统，进而能够保留一整套运行环境语义。这样可以将整个执行环境通过打包的方式传输到其他物理节点上，使得执行环境与物理环境隔离，方便整个应用程序模块的部署。总体上来说，通过将虚拟化的技术应用到云计算的平台，可以获得一些良好的特性。

(1)云计算的管理平台能够动态地将计算平台定位到所需要的物理平台上，而无需停止运行在虚拟机平台上的应用程序，这比采用虚拟化技术之前的进程迁移方法更加灵活。

(2)能够更加有效率地使用主机资源，将多个负载不是很重的虚拟机计算节点合并到同一个物理节点上，从而能够关闭空闲的物理节点，达到节约电能的目的。

(3)通过虚拟机在不同物理节点上的动态迁移，能够获得与应用无关的负载平衡性能。由于虚拟机包含了整个虚拟化的操作系统以及应用程序环境，因此在进行迁移的时候带着整个运行环境，达到了与应用无关的目的。

(4)在部署上也更加灵活，即可以将虚拟机直接部署到物理计算平台当中。

总而言之，通过虚拟化的方式，云计算平台能够达到极其灵活的特性，而如果不使用虚拟化的方式则会有很多的局限。

3. 蓝云中的存储结构

蓝云计算平台中的存储体系结构对于云计算来说也是非常重要的，无论是操作系统，服务程序还是用户应用程序的数据都保存在存储体系中。云计算并不排斥任何一种有用的存储体系结构，而是需要跟应用程序的需求结合起来获得最好的性能提升。总体上来说，云计算的存储体系结构包含类似于 Google File System 的集群文件系统以及基于块设备方式的存储区域网络 SAN 两种方式。

在设计云计算平台的存储体系结构的时候，不仅仅是需要考虑存储的容量。实际上随着硬盘容量的不断扩充以及硬盘价格的不断下降，使用当前的磁盘技术，可以很容易通过使用多个磁盘的方式获得很大的磁盘容量。相对于磁盘的容量，在云计算平台的存储中，磁盘数据的读写速度是一个更重要的问题。单个磁盘的速度很有可能限制应用程序对数据的访问，因此在实际使用的过程中，需要将数据分布到多个磁盘之上，并且通过对于多个磁盘的同时读写以达到提高速度的目的。在云计算平台中，数据如何放置是一个非常重要的问题，在实际使用的过程中，需要将数据分配到多个节点的多个磁盘当中，而能够达到这一目的的存储技术趋势当前有两种方式，一种是使用类似于 Google File System 的集群文件系统，另外一种是基于块设备的存储区域网络 SAN 系统。

Google 文件系统在前面已经作过一定的描述，在 IBM 的蓝云计算平台中使用的是它的开源实现 HDFS(Hadoop Distributed File System)，这种使用方式将磁盘附着于节点的内部，并且为外部提供一个共享的分布式文件系统空间，并且在文件系统级别做冗余以提高可靠性。在合适的分布式数据处理模式下，这种方式能够提高总体的数据处理效率，Google 文件系统的这种架构与 SAN 系统有很大的不同。

SAN 系统是云计算平台的另外一种存储体系结构选择，在蓝云平台上也有一定的体现，IBM 也提供 SAN 的平台能够接入到蓝云计算平台中。图 7-12 就是一个 SAN 系统的结构示意图。SAN 系统是在存储端构建存储的网络，将多个存储设备构成一个存储区域网络，前端的主机可以通过网络的方式访问后端的存储设备。而且，由于提供了块设备的访问方式，与前端操作系统无关，在 SAN 连接方式上可以有多种选择。

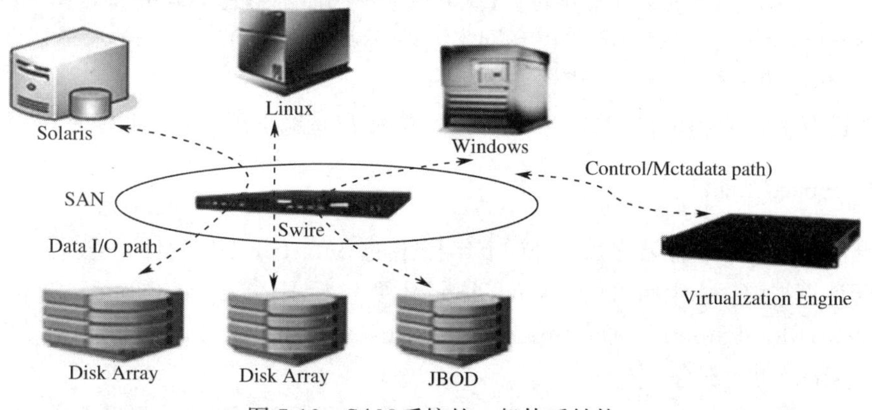

图 7-12　SAN 系统的一般体系结构

在蓝云计算平台上，SAN系统与分布式文件系统（例如Google File System）并不是相互对立的系统，SAN提供的是块设备接口，需要在此基础上构建文件系统，才能被上层应用程序所使用。而Google File System正好是一个分布式的文件系统，能够建立在SAN之上。两者都能提供可靠性、可扩展性，至于如何使用还需要由建立在云计算平台上的应用程序来决定，这也体现了计算平台与上层应用相互协作的关系。

与Google不同的是，IBM并没有基于云计算提供外部可访问的网络应用程序，这主要是由于IBM并不是一个网络公司，而是一个IT的服务公司。当然，IBM内部以及IBM未来为客户提供的软件服务会基于云计算的架构。

4. 蓝云的商业优势

对人员全球化连接、透明进行业务、计算新领域的需求，再加上智能设备与已连接对象的增殖，将生成大量数据。将数据转化为洞察力可创造机遇，以使组织、行业和世界更智能、更动态。IBM的实力就在于能使洞察力切实可行，能利用技术和技能解决真实世界中的问题。

IBM已将云计算的益处显著整合到其客户端服务基础设施中。通过IBM云计算中心，可以帮助客户转换到动态基础设施，并为之提供创新的自由。

IBM云计算平台对软件园外包企业在商务上的优势：

(1)提供了统一标准的先进平台，保证了产品开发的质量。与国际接轨，提供统一质量控制的方法论和工具。

(2)降低了IT管理的复杂性，并大大降低产品开发和获取信息的成本。共享昂贵的软件工具费用，解决软件版权问题。

(3)提高了对业务需求的响应速度，具有可扩展性。当业务需求提高时，可以动态调整系统容量，为软件园区的可持续发展提供可能。

(4)提供一个鼓励开放协作的平台。有效共享基础设施资源，并共享软件园区内企业的资源。

IBM云计算平台对政府服务水平提高的优势：

(1)政府向生产型服务转型，提供现代服务业，鼓励创新

向企业和公众提供标准的高质量的IT资源平台；提供孵化服务，鼓励创新，IBM的创新梦工场Idea Factory应用可以在云计算平台上运行，为创新提供了IT平台；提供一个鼓励开放和协作的平台。

(2)招商引资的平台

云计算平台提供了软件外包业务的基石；可根据不同需求搭建不同的云计算平台；政府向进驻软件园的企业，除提供工作场所、水电和网络之外，还可以提供IT资源，如服务器和软件。

(3)绿色环保的平台——高可用性、动态分配、节能

云计算具有虚拟化和可扩展的特性；可以快速和容易地扩展；有效地共享IT资源。

7.4.2　SmartCloud

IBM继2007年发布蓝云之后于2011年提出的SmartCloud并不是全新的发布，而是与IBM以往云计算战略一脉相承的。SmartCloud主要包括IBM SmartCloud Application Service、IBM SmartCloud Foundation、SmartCloud Business and Industry Service、IBM SmartCloud Ecosystem四大部分。

IBM SmartCloud Application Service是新型平台即服务（PaaS），帮助企业节省针对各种企业应用部署云环境的成本和时间，同时保证部署和运行的高可控性和安全性。SmartCloud

Application Services 提供不受供应商限制的企业级安全、开放式 Java 和跨平台支持，以及整套应用基础架构和托管服务，以支持云计算环境下开发和部署企业应用。Application Services 基于 IBM SmartCloud Enterprise 和 Enterprise 运行，专门用于在业务中心的服务协议支持下，运行企业工作负载。SmartCloud Application Services 将复杂的基础设施管理置于平台服务之下，简化应用、中间件和应用工具的安装、设置、配置和管理，从而使企业得以专注于应用本身的业务要求。

IBM SmartCloud Foundation 是实现技术突破的新型云计算软件和硬件组合产品，可供企业在防火墙之内快速部署并控制云计算。SmartCloud Foundation 产品组合含有基于数以千计 IBM 客户项目和 IBM 管理日常数以万计云计算交易项目的开发经验的成套私有云功能，这一产品组合专门用来帮助入门级企业和高端客户从头开始快速部署私有云，或将其现在虚拟化系统转型为高效的云计算平台。这套方案包括 IBM SmartCloud Entry 解决方案、IBM SmartCloud Provisioning 软件以及 IBM SmartCloud Monitiring。SmartCloud Application Service 是一种新型的企业级 PaaS，满足客户在云计算环境下开发、部署和管理企业应用的需求。

IBM SmartCloud Business and Industry Service 将为行业用户提供更加一体化、包含了行业经验的云计算解决方案，帮助行业用户更快地走进云计算。

IBM SmartCloud Ecosystem 是面向 IBM 合作伙伴和独立软件供应商(ISV)的新型服务，帮助合作伙伴协助银行、电信、医疗和政府等各领域的客户构建云平台或安全地迁移到 IBM SmartCloud，为成千上万中小企业采用云计算模式管理大量基于云计算的交易提供支持。通过 IBM SmartCloud Ecosystem，IBM 能帮助合作伙伴迅速跟进并参与行业向云计算的转型，更加轻松地为客户提供企业级公有云和私有云解决方案。

SmartCloud 主要功能包括以下五点：

(1)应用生命周期：供开发组织快速创建以团队为单位的开发环境和功能。

(2)应用资源：利用共享服务降低成本并简化云计算应用开发、交付和维护管理。

(3)应用环境：加快并优化基于通用应用模式预定义环境下的应用部署和管理。

(4)应用管理：支持高效部署和管理第三方应用，根据特定应用优化部署和管理功能。

(5)集成：集成用户的云交付应用与其他基础或云计算环境下的应用或资源。

同时，SmartCloud 的一项重要增强功能还包括自动化云计算环境下管理 SAP 系统的大部分普通人工密集型任务。面向 SAP 应用的 SmartCloud 利用 IBM 管理 150 多万 SAP 用户的经验，极大地降低 SAP 克隆、更新和补丁管理的成本及工作量。

SmartCloud 可以显著降低成本和节约时间，表 7-1 简单地比较了运用传统方式和利用 IBM SmartCloud 的开发运维时间。

表 7-1　利用传统方式和 SmartCloud 的开发运维时间比较

工作内容	传统方式	利用 IBM SmartCloud
开发环境设置	周	小时
每个数据库的管理小时	每周 6 小时	每周 1 小时
Web 应用部署	周	分钟
应用集成	月	日或小时
配置 SAP 测试环境	周	分钟
应用管理	每 10 个应用 1 个操作员	每 100 个应用 1 个操作员

7.4.3 应用案例

中化集团海内外业务发展迅速，收购、合并等都带来 IT 资源整合需求，业务的快速变化需要 IT 的密切配合，IT 资源的逐渐增多和复杂化使业务响应速度降低。中化集团利用 IBM 蓝云，建成以服务为中心的 IT 平台，资源使用从独占方式转变为完全共享方式，可以自动部署，分配调整资源，并建成了基于业务的自动化管理的数据中心。应用 IBM 蓝云后，业务响应速度提高，可以迅速响应市场需求，并且提高了 IT 资源使用率，降低 IT 管理复杂性和运营成本。

基于对中化现有 IT 状况和业务发展需要的全面深入，并参考了 IBM 蓝云 6＋1 解决方案中的场景设计，IBM 为中化搭建了企业云计算平台。这种企业云模式可使大型企业在降低现阶段运营成本的同时，最大限度地挖掘先前 IT 投资的价值。在 IBM 为中化搭建的企业云计算环境中，IBM Power Systems 的虚拟化技术实现了更高级别的硬件虚拟化。由于 IBM 云计算技术的高度开放性，这个平台还可管理中化 IT 环境中的所有系统。这使中化内系统的服务器虚拟化水平从 10％～15％增至 50％～60％。除了 IBM Power Systems 的虚拟化技术外，IBM 还为云计算环境配备了 IBM Tivoli 自动化软件，从而使中化的开发团队能够自主访问所需的软件环境（如 WebSphere 等 Java 应用部署平台），同时管理整个流程。

在私有云方面，交通银行是成功的先期采用者。2009 年交通银行提出了“走国际化、综合化道路，建设以财富管理为特色的一流公众持股银行集团”的战略目标，在该发展战略下，交通银行在 IT 的建设和发展中也迎来了新的挑战与机遇。IT 建设需要从传统的业务支撑角色向产品创新和业务驱动的角色转变，IT 运维管理也需要突破原有 IT 模式的束缚，全面提升 IT 基础架构的灵活性、可扩展性和快速交付能力。因此，交通银行与 IBM 共同合作，通过对交行当前的 IT 运维发展状态以及未来业务发展需求的分析，制定数据中心云计算发展规划，并拟定出打造数据中心“系统运维云”的实施计划。

交行的“系统运维云”将云计算的应用从基础设施云（PaaS）上升到运维服务云（BPaaS）的层面，是一次创新和突破，具有重要意义。该“系统运维云”主要包含云服务平台门户、运维服务自动化、配置与软件生命周期管理、运维支持管理四大部分，并以服务目录为中心，实现服务标准化、自动化和虚拟化。该平台是一款端到端的面向服务的系统运维流程平台，可以覆盖系统安装、健康检查、系统巡检、信息收集、日常监控、容量管理、安全审计等全方位的日常运维服务。同时，该平台还将通过统一的 IT 运维管理，集成各类智能化管理工具，实现集中统一的自动化管理。

在公有云方面，IBM 帮助新奥集团利用“泛能云”实现自身业务转型，“泛能云”是新奥集团寻求自身突破，开拓新增长点的一项重要战略。“泛能云”将利用云计算、物联网和互联网等技术，在多种能源的网管中部署传感器、控制器和特定功能的芯片，捕捉人们消耗的燃气、热量、电量等信息，再用可视化的方式动态地展现出来。通过对这些信息的实时处理和智能分析产生高级应用，及时指出浪费，并提出优化建议，帮助用户合理规划能源的使用、降低能耗。目前，新奥集团和 IBM 共同规划的“泛能云”试点项目，在一些城市建立能源物联网，在源管网中部署传感器、控制器和智能芯片，从而随时感知、测量、捕获和传递信息，并将这些信息传递给“泛能云”平台，形成用户与能源服务企业之间的互动。“泛能云”是能源网、物联网、互联网的有机融合，通过三类技术有效调度资源，提升能源系统能效，这种智能能源服务的整体解决方案，将帮助新奥集团完成从能源提供商向能源服务商的重要转型。

7.5 阿里云

阿里云操作系统(OS)的本质就是数据中心上的操作系统，它把成千上万台通用 PC 服务器变成一台超级计算机。

7.5.1 阿里云技术

如图 7-13 所示，阿里云 OS 运行在成千上万台服务器的 Linux 系统之上，飞天-大规模计算系统相当于 Windows 中的内核，负责管理集群系统资源，控制分布式程序运行，隐藏下层故障恢复和数据冗余等细节，有效地提供弹性计算和负载均衡的服务；开放存储服务(OSS)、开放结构化数据服务(OTS)和开放数据处理服务(ODPS)类似于 Windows API，提供了方便的大规模数据的存储、查询和处理服务；在这之上的 Cloud Engine 为第三方云应用提供了弹性、低成本的运行环境，帮助开发者简化云应用的构建和部署；在互联网基础应用的层面，如同 Windows 自带记事本和画笔，阿里云 OS 自带了搜索、邮箱和地图的服务。

图 7-13　阿里云 OS 架构

这样的体系结构可以有效并广泛地支持各种互联网的应用，并且作为一个开放系统，为第三方开发者提供简易的操纵整个数据中心计算资源的能力。阿里云给开发者带来了很多机会，对于电商服务企业来说，采用云计算后不需要采购服务器，不需要复杂的部署，就可以在 2～3 h 内完成配置，这在以前是不可想象的。同时，以一站式解决方案提供的云服务，对技术门槛的要求也大大降低，开发者只要经过简单的培训就可以应对，也在一定程度上为企业降低了成本。对企业来说，低成本获取原来大企业才能使用的技术，项目上线速度快，运行成本也非常低。

阿里云通过构建阿里云 OS 来实现以数据为中心的云计算，解决了大规模、低成本、可服务运营这三个本质的问题。同时，阿里云 OS 在移动终端的努力，使用户可以以更便捷的方式来获取互联网服务。

从总体来说，云计算为中小企业带来的意义肯定远大于大中型企业。电商通过与阿里云联合推出面向电商用户的解决方案，使所有应用以服务方式提供，相关应用也为电商量身定制、按需购买，让企业向往的功能得以实现。这个过程实际上是把云形成虚拟化、队列、缓存，将以往高端客户才能享受到的服务(包括内容分析、地图、楼所引擎、短信、位置服务等)提供给中小企业。

7.5.2　应用案例

广州市汇流信息科技是一间专注于移动互联网产品开发运营的科技企业,其淘乐圈网站,以及旗下向苹果用户开发的淘乐圈无线应用是专门针对爱网购的女生开发的女性购物分享社区。

业务需求:客户量急速增长,传统服务器扩容成本过高。

解决方案:所有资源文件储存于阿里云的开放储存服务(OSS)上,主要为图片文件,用户使用 APP 逛街浏览商品时,就会调用 OSS 中的图片进行快速展示。

切换到阿里云的 OSS 进行储存后,成本大幅降低,由四台服务器变成一台,200 Mbit/s 的带宽换成了 20 Mbit/s 的带宽,成本降低了 90%。并且再也不用担心用户剧增带来的压力,云计算资源可以随着用户量变化而完全弹性伸缩,现在企业能集中精力于核心业务的开发,为用户提供更好的移动体验上。

够快团队文档协同服务是用于团队用户之间分享、同步和备份相关的文档、文件和照片的在线存储服务。够快有超过 100 万的个人用户,目前的团队版本完全基于阿里云平台。

业务需求:海量的存储量需求使服务器成本过高,人工维护使成本与服务器稳定性无法有效保障与提高。

解决方案:够快产品将完整的数据服务和应用服务构筑在阿里云平台上,所有的网站和 API 服务均使用了阿里云的弹性计算,用户的所有数据将存放在阿里云的 OSS 上,用户的索引文件则是存放在阿里云的 OTS 上,同时用户也可以将数据存放在自己的 OSS 平台上的服务。

阿里云提供了一个非常简单而方便的整体的服务解决平台,够快团队作为一个服务型的云存储平台使用了阿里云提供的基础云存储平台,有效地提高了服务质量,同时也大大的节省了维护的成本,包括物质和精神上的成本。同时配合弹性计算取代了原有的托管主机,用 OTS 取代了 MangoDB,这大大提高了整体服务的稳定性和可用性。

7.6　ArcGIS 地理信息系统云平台

7.6.1　ArcGIS 简介

随着云计算作为一种新平台的出现,其与地理信息系统(GIS)的结合也成为 GIS 领域里令人关注的技术方向之一。作为全球领先的 GIS 软件和服务提供商,Esri 认识到云计算必将带来 GIS 产业的革命。因此,近年来,Esri 基于同国内外各云平台供应商亚马逊、VMware、微软、IBM 等的广泛合作基础,提出了一系列基于“云 GIS”的 ArcGIS 地理信息系统云计算技术及产品。

所谓云 GIS,就是将云计算的各种特征用于支撑地理空间信息的各要素,包括建模、存储、处理等,从而改变用户传统的 GIS 应用方法和建设模式,以一种更加友好的方式,高效率、低成本的使用地理信息资源。云 GIS 是一个集中的空间信息存储环境,也是一个以服务为基础的空间信息应用平台,更是一个以租赁为主要形式的商业运营模式,其应用价值主要体现在降低资源使用成本、实现业务的连续性、灵活性和创新能力,以及提供良好的用户体验。GIS 云计算建设模式与云计算相同,主要有三种建设模式:公有 GIS 云、私有 GIS 云和混合 GIS 云。

ArcGIS 地理信息系统云平台系列产品中,ArcGIS Online 是 Esri 提供的一个公有云 GIS 应用平台,为用户提供了一站式的云 GIS 服务。如图 7-14 所示为 ArcGIS 云平台体系图。用户能够免费使用大量高质量的底图服务和任务服务,基于这些 GIS 资源用户可以创建自己的

Web Maps 应用和工具，云端存储，创建和加入工作组，将工作成果进行共享和协作。作为一个完整的软件即服务(SaaS)应用程序，ArcGIS Online 将允许用户创建和共享其在云环境中的网络地图和数据，包括存储、管理和托管服务。该系统使用户能够轻松发布内容为他人使用，解锁所选处理业务，分享知识，从而利用低成本的云基础设施扩展自身的能力。用户可利用新型灵活的和可扩展的部署方式来扩展他们的系统，并通过更广泛的使用地理信息来增加其 GIS 的价值。例如，任何人能够直接将其地理数据上传到 ArcGIS Online，并自动转换成网络地图。上传信息可以是利用 ArcGIS 桌面的 ArcMap 应用程序创建的地图，或简单的地图、列表数据，如：shapefiles、CSV 文件或电子表格等。一旦添加此信息，ArcGIS Online 会自动创建一张网络地图，可以发布为一个 Web 服务，为目标或广泛用户使用。这些地图可以共享或与其他图层合并后绘制出内容更丰富的网络地图。

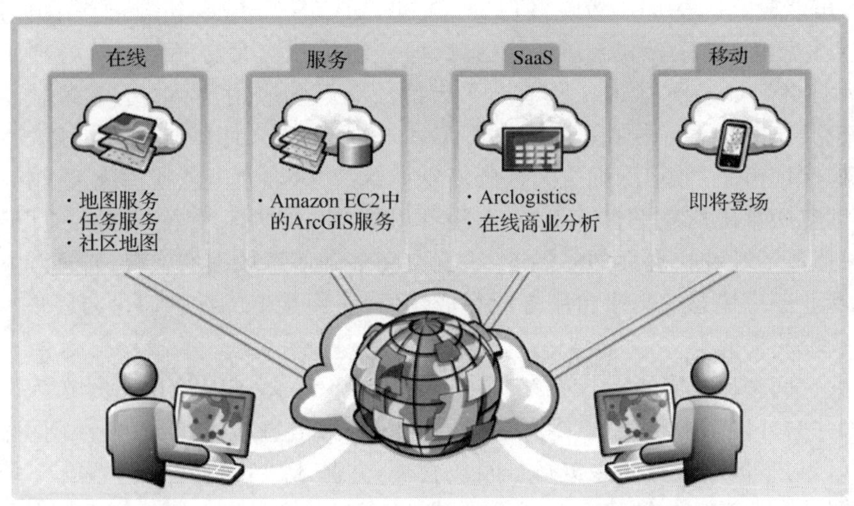

图 7-14　ArcGIS 云平台体系

而私有云搭建工具 Portal for ArcGIS 则可以用于创建私有地理空间内容管理系统，能够部署在用户的防火墙后面。智能支持云架构的 ArcGIS Server 则通过提供基于 Site-GIS Servers 的多节点 P2P 新模型来实现平台部署的性能提升和可伸缩性，同时提供开放的后台接口 ArcGIS Server Admin API 以支持 GIS 服务的智能弹性调整、可度量、精确成本核算和完善的日志描述，还提供了统一的服务文件格式. sd 和多方位的安全机制。

作为全球第一家真正支持云架构 GIS 平台产品的厂商，Esri 实现了 GIS 平台在云中的部署和服务模式，早在亚马逊弹性云平台(Amazon EC2)上搭建了云 GIS 系统并落地后的一个月，其应用模式得到了其他众多行业用户的肯定与借鉴。

7.6.2　应用案例

欧洲环境总署(EEA)是欧盟国家中第一个利用 Esri 公司的 ArcGIS Sever 和 ArcGIS.com 将 SEIS 地图服务迁移到云端的机构。EEA 将其网络制图服务视作一个信息产品，以及提升他们所获信息可持续利用性的一个方式。通过建设基于公有云 GIS 的“共享环境信息系统”(SEIS)可让环境数据提供者们轻松分享相关的方法、创意、标准和技术，在一定区域甚至全球范围内轻松交换数据。

SEIS 平台上维护着 100 个地图应用，并在上面运行着 65 个服务，在过去不但难以管理，而且当访问需求增高后，将可能引起服务器的崩溃，然而，EEA 迁移到 ArcGIS Sever 上的地图服务并没有出现过宕机或者重大事故。比如，去年夏天的某一天，这个地图服务就遭遇了一次访问需求高峰，当时，居民们想要弄清当地户外水域的水质，以便于挑选一个安全的地带去游泳或者开展别的水上娱乐项目，4 h 之内，就有 35 000 访问者点击了那个地图服务，产生了大约 200 万的地图应用请求，即便这样，系统仍然运行良好。EEA 的工作人员确信，该系统可以轻松应对 50 000 用户的并发访问。同时，ArcGIS. com 也是 EEA 信息技术基础设施非常重要的组成部分，可支持不同用户之间的数据分享。ArcGIS. com 是查找和分享 GIS 内容的网络站点，还可对数据进行分组管理，并可创建各种工作组。网站的访问者可以自由地访问各种即拿即用的项目，同时也可以将他们自己的项目和应用分享出来供小组内的成员使用。EEA 工作组的成员们将他们的数据反馈到一个模板上，并将它在 ArcGIS. com 上发布出来。

在国内，虽然云 GIS 的起步较晚，但 Esri 通过 ArcGIS Online China 来为国内用户提供中国地图、兴趣点搜索、地理编码、人口经济信息、导航定位和实时交通路况等各项服务，同时努力帮助国内用户将 ArcGIS Online 公有云平台的成功经验应用到私有云系统上。目前，基于这种云端信息共享的理念，国内有不少采用 ArcGIS 平台和云计算基础虚拟化技术相结合的成功案例。如深圳市的"数字深圳空间基础信息平台"、"深圳市应急指挥决策支持平台"等。

数字深圳空间基础信息平台基于 SOA 设计思想，坚持数据、管理、服务、应用相分离的架构原则，在保持灵活性和扩展性的前提下，实现空间基础信息数据的整合、管理和共享交换，实现不同委办局业务应用系统与平台服务的集成，平台应用接口的综合应用与展现，以及与深圳市 CA 认证系统的集成。

数字深圳空间基础信息平台体系结构如图 7-15 所示，基础设施层运行在 VMWare 虚拟化平台之上，并对外提供多种类型、多种层次的空间基础信息服务，全市各部门可以基于平台应用服务接口，对本部门业务对象进行空间化管理，并基于接口构建部门 GIS 系统。当前，已有 30 余个部门接入该平台，并建立了国土、规划、应急、环保、卫生、气象等多个典型应用。

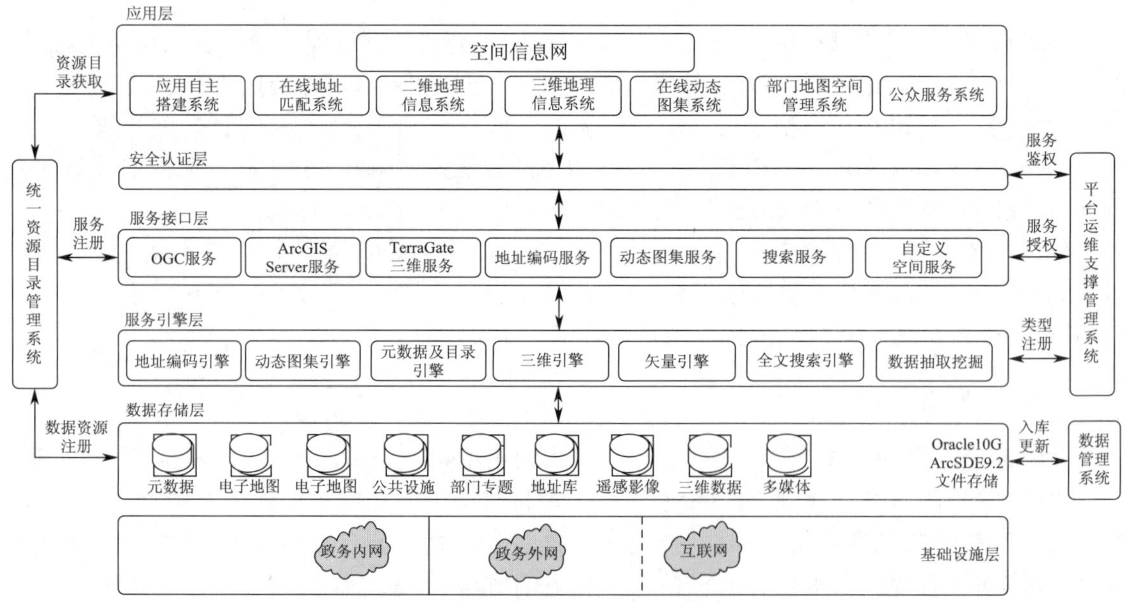

图 7-15　数字深圳空间基础信息平台体系结构图

如图 7-16 所示的深圳市应急指挥决策支持平台则由深圳市应急指挥中心建设，该平台在功能规划方面，重点进行应急指挥决策支持信息资源数据库及其管理系统的设计开发，这是应急指挥决策支持系统的核心和基础，并在此基础上，开发日常值班管理系统、应急指挥决策支持系统、应急指挥 GIS 地理信息系统、后台管理系统、统计分析查询系统及接口管理系统等对决策支持信息资源加以利用和发布，满足深圳市应急指挥中心应急指挥决策的功能需求。

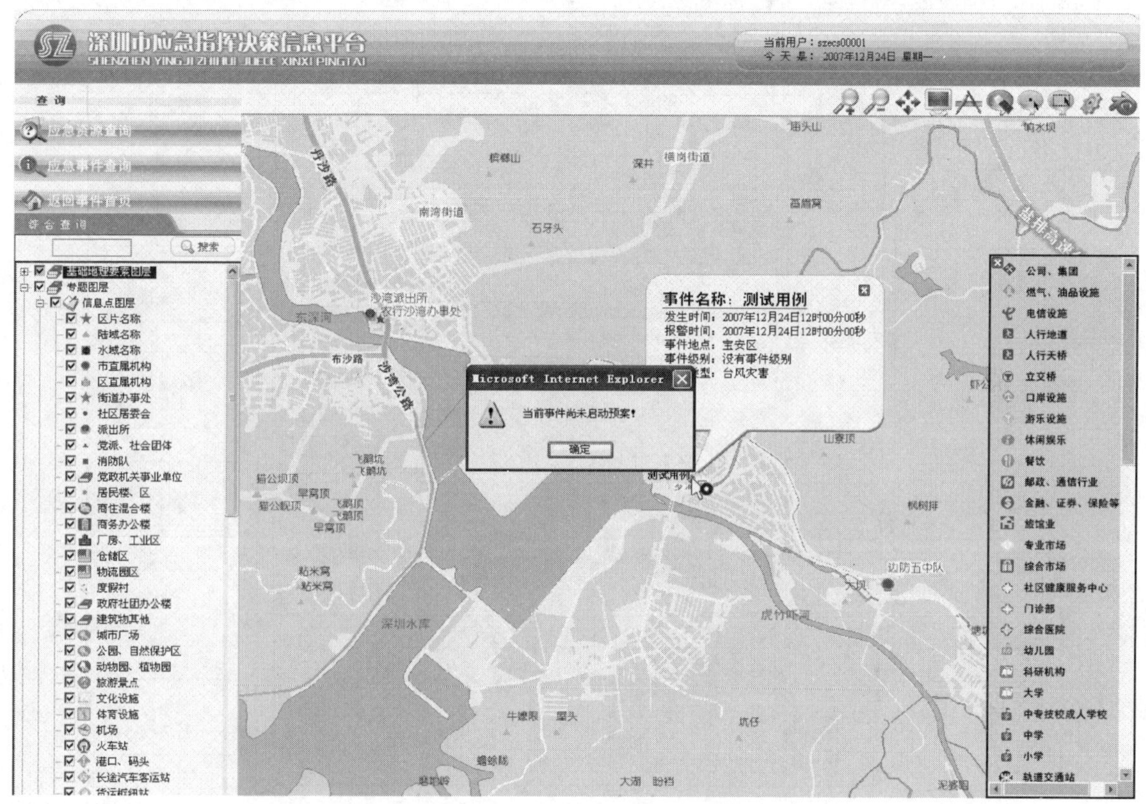

图 7-16　深圳市应急指挥决策支持平台

该平台通过调用空间平台各类空间 Web 服务接口，整合各类空间化和非空间化的资源，满足了应急事件发生地定位、应急事件到达路径分析、应急事件周边设施分布查询、应急预案空间化管理等应急指挥决策需求，实现了应急事件、应急预案、应急资源和公共设施的空间可视化和三维立体化。

7.7　华为云平台

7.7.1　华为云平台简介

华为的云计算方案是一个端到端的解决方案，被命名为 Single Cloud。这个云计算解决方案，从最底层的数据中心机房建设，到 IAAS 层的云硬件，再到上层的系统云软件，直至上层云应用都有相应的产品和方案。为了最有效地使用华为云计算平台，华为还提供了专业工具和服务，帮助从实体物理环境到云环境进行迁移，如容量规划工具、数据采集和评估工具、数据搬迁工具等。

华为的云计算，核心部分是云软件，可以实现虚拟计算和虚拟存储等。即对于最终用户来说，计算资源的物理位置，分配情况完全是透明的。如果用户有多个系统，其中一个系统忙碌，另一个空闲，华为的虚拟计算平台 UVP 可以自动将空闲的资源调度给忙碌的资源使用，达到充分利用硬件的效果。另外，华为提供监控和管理的平台 GALAX 8800，可以帮助使用者随时了解系统的使用情况。

华为云计算平台的系统架构如图 7-17 所示。

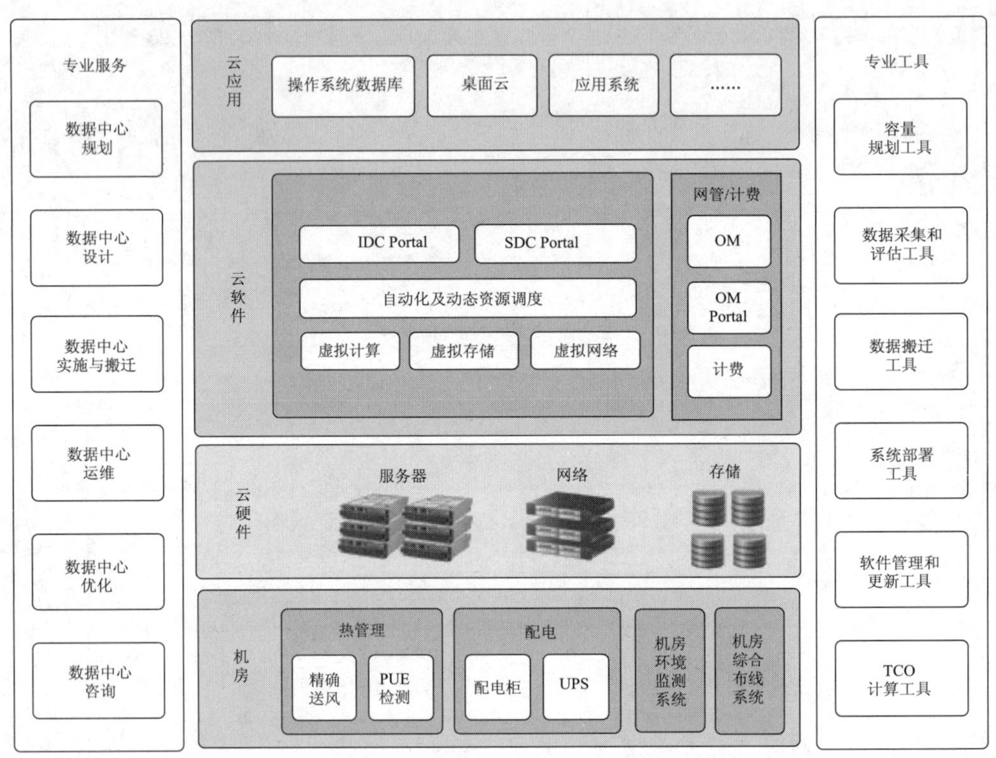

图 7-17　华为云计算平台系统架构

7.7.2　应用案例

华为针对交通物流行业，提供交通云数据中心的解决方案，并在中外运率先实施。帮助中外运整合迁移 48 个业务系统，共 200 台服务器；提供 5 000 虚拟桌面，集成华为以及第三方研发的 UC(办公)系统，支持 40 多个中外运分支机构运营；提供了广州同城两数据中心 60%基础资源的业务容灾和数据备份服务，异地深圳数据中心关键数据备份服务。

中外运通过使用华为的云平台，在工作效率大幅提升的同时，成本反而不断下降，带来的效益包括：

(1)资源利用率由原来的 20%升到 70%；

(2)新业务上线从几个月缩短到三周；

(3)运维人员由原来的 64 人降到现在 4 人；

(4)业务系统稳定性达到 99.99%。

7.8　VMware 云平台

7.8.1　Vmware 云平台简介

VMware vCloud 是集多种技术于一身的 VMware 云计算解决方案，专为希望在云内部和外部均获得生产级性能和可靠性的企业而设计，并拥有三大特点：在方案选择上，VMware 与数百家托管和云计算供应商建立了合作关系，可实现基于通用 VMware 云计算平台的产品交付；在技术可靠性上，VMware vSphere 可使用户像现场那样对应用程序进行管理、迁移和操作；在应用程序支持上，VMware 云计算通过 Virtual Appliance Marketplace 已创建和经过验证的大约有 1 000 个应用程序。

7.8.2　Vmware 云平台技术体系

VMware 毫无疑问是虚拟化和云计算基础架构领域的全球领先企业，提供了经客户验证的云计算基础架构和管理、云计算应用平台，以及终端用户计算解决方案。其解决方案如图 7-18所示。

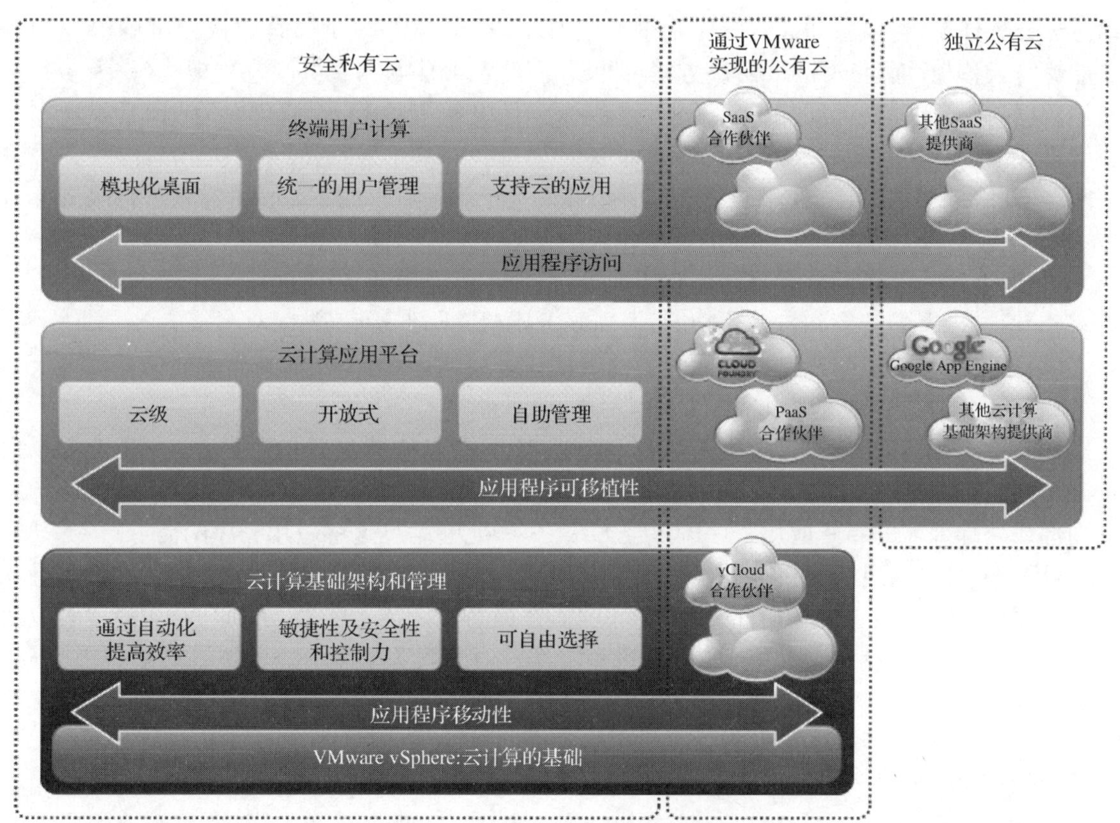

图 7-18　VMware 云平台解决方案

VMware 通过一套完整的解决方案提供企业级混合云模式，可以为整个 IT 体系创建一致的策略：云计算基础架构和管理、云计算应用平台和终端用户计算。

1. 云计算基础架构和管理解决方案

支持企业级混合云部署的关键是跨公有云和私有云实现框架和基础架构的标准化，其中包括：通用平台；通用管理；通用安全保护。

经客户验证的VMware云计算基础架构和管理解决方案可提供交付IaaS的标准化机制，从而提高IT敏捷性。VMware解决方案提供了智能化虚拟基础架构，其具有高度自适应性，可以感知和响应不断变化的业务需求。这一内置的智能监控和管理资源的分析方法，使IT组织能够自动执行动态、虚拟化和云计算环境中的大多数手动任务。

VMware云计算基础架构和管理解决方案包括可提供应用程序和数据可移植性、可访问性和安全性的通用框架和基础架构。此外，它们还扩展成为了一个由3 500多家服务提供商构成的庞大体系，从而可以确保跨云实现可管理性和互操作性。VMware解决方案基于开放式标准，其中包括已由美国国家标准协会(ANSI)采用作为标准的开放式虚拟化格式(OVF)。

VMware vSphere是部署最广泛的云计算基础平台，可将IT环境转变为智能化虚拟基础架构。vSphere与VMware vCenter产品系列一起可以提供合规的零接触式基础架构，这种基础架构内置自动化功能和策略驱动的控制机制来管理云资源和服务使用情况。

通过VMware vShield，可以使用统一的安全框架有效地保护具有自适应安全保护机制的动态云计算环境，将风险和成本降至最低。同时，vCloud服务提供商合作伙伴可确保应用程序能够跨云移植，而且vCloud解决方案可通过基于Web的目录在共享基础架构(作为多租户虚拟数据中心)上提供标准化IT服务。这些标准化服务使得IT团队可在简化IT管理和消除管理性维护的同时交付所承诺的“IT即服务”。此外，基于VMware解决方案构建其服务的vCloud服务提供商还支持跨云移植，因此可以基于业务需求而不是技术需求进行决策。

基于VMware解决方案构建的智能化虚拟基础架构具有如下特性：

(1)通过消除停机和降低总体拥有成本，自信地运行关键业务应用。

(2)通过内置的智能和自动化功能，提高服务质量并降低运营开销。

(3)通过提供用于构建企业级混合云的灵活体系结构，不折不扣地提高敏捷性。

2. 云计算应用平台解决方案

新式应用程序变得越来越面向Web，动态和数据密集特性也日趋明显，旨在基于虚拟化基础架构运行而构建。VMware vFabric Cloud Application Platform是用于构建、运行和扩展在内部或外部部署的新式应用程序的最佳方法之一，能够满足这些应用程序的需求。

vFabric平台通过智能化地利用底层基础架构，可提供最佳的应用程序性能、服务质量和资源利用率，还可让企业对现有的投资实现增值并提高专业技术能力，从而与新的消费者应用模式相结合，其中包括社交网络、移动访问和协作。当开发人员利用vFabric框架和工具(包括Spring，它是该平台的一个核心组件)时，它们可以加快应用程序开发和部署速度，从而支持IT创新。它们不但可以革新当前正在使用的应用，而且还能构建在未来使用的应用。

使用VMware的全面应用管理解决方案，IT团队可以快速、准确和自信地虚拟化应用程序并将其迁移到云中。它们可以跨数据中心动态映射应用程序依赖关系，监控和确保应用程序事务及性能，通过封装应用程序提供可移植性和移动性，如图7-19所示。

为了向开发组织提供更多选择，VMware推出了Cloud Foundry，它是业界第一个开放式“平台即服务”(PaaS)平台，如图7-20所示。Cloud Foundry代表专门为云计算环境构建的新一代应用平台，将作为一项服务交付。

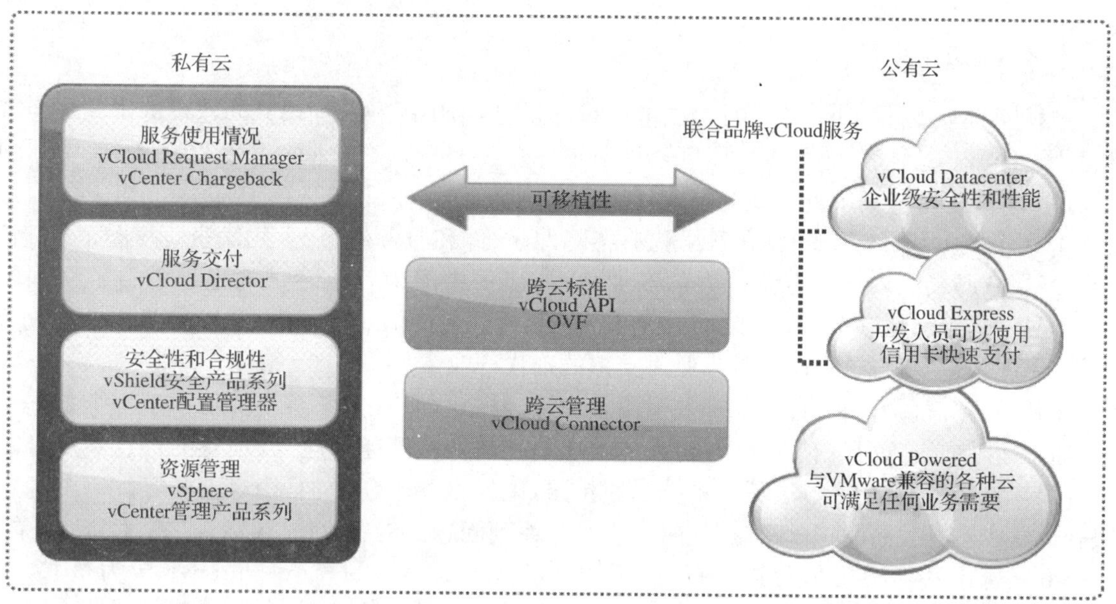

图 7-19　VMware 解决方案

图 7-20　Cloud Foundry

Cloud Foundry 是内部 vFabric 部署的完美补充，可大幅提高开发人员部署、运行和扩展应用程序的能力，同时支持公有云和私有云、业界标准、高生产力开发人员框架和应用基础架构服务的最广泛选择。

通过使用 VMware 云计算应用平台：

(1)以少于传统方法一半的时间构建面向 Web 的新式应用。

(2)交付为在虚拟基础架构上运行而优化的支持云计算的应用。

(3)提高应用程序在公有云和私有云之间的可移植性。

(4)克服关系数据库的瓶颈，并支持实时数据。

(5)提高应用程序的可靠性、可用性和可扩展性。

7.8.3　应用案例

苏州工业园区是1994年2月经国务院批准设立，由中国和新加坡共同建设的国家级经济开发区。至2010年底，苏州工业园区累计引进外企4 000余家、合同外资403亿美元、实际利用外资189亿美元，其中世界500强项目137个、上亿美元项目112个，10亿美元以上的项目7个。在集成电路、液晶显示、汽车及航空零部件、软件和服务外包、生物医药、纳米新材料新能源等领域形成了具有一定竞争力的产业集群，以占中国十万分之三的土地创造了全国约3%进出口总额、3%IT产值、15%IC产值和5%离岸外包产值，初步形成了以高新技术产业为主导、先进制造业为支柱、现代服务业为支撑的现代产业体系。

园区政务信息系统一直以来都是采用集中管理模式，所有信息系统都集中于一个数据中心，随着园区向服务型政府的转型，对政务信息系统的依赖度越来越高，现有的信息系统必须进行架构整合及优化，以解决信息系统迅速扩张，硬件设备不断增加，机房空间等配套资源短缺和运营成本日益高涨，升级维护耗时耗力等一系列问题。沿着改造"灵活、高效、智能、简单"的政务信息化基础架构平台这一思路，通过以VMware VSphere/VCenter平台为核心，以VMware View为辅助的架构重组，在持续地调整、分析、完善的过程中，逐步形成了适合园区政务私有云自身应用体系的架构模式，实现了一种既环保又高效的政务私有云环境。

(1)资源高度整合，利用率大大提高。有效的将传统的垂直封闭的IT计算环境转化为弹性、可动态调节的资源池模式，所有计算环境将按需从各个资源池中提取资源，进而组成更为精准的、完全以应用类别为基础的计算单元，实现现有硬件资源的充分利用。与政务数据服务最多时候的100台物理服务器相比，目前政务私有云资源池中物理服务器仅为12台，减少了近90台。整体虚拟率达到90%，资源利用率达到85%，系统可用度达到99.99%。

(2)能耗需求降低，实现绿色IT。改造后的平台在能源消耗、散热等方面也实现了有效控制。目前政务私有云资源池中有12台物理服务器(平均功耗1 000瓦/时)，已投入运行的虚拟服务器约240台左右(与此配置相当的物理服务器平均功耗为350瓦/时)。设备每年的耗电量约为10.1万度，而原有传统模式下则约为73.6万度，仅此一项每年可节约耗电63.5万度左右，相应的机房配套制冷设备也可每年节电达77.5万度。

(3)总体拥有成本降低，动态优化IT管理。除了能耗方面的节省，由于云模式通过虚拟化对资源进行统筹分配和调度，可节约设备支出约180万元，远低于传统模式。同时，VCenter为IT环境提供了集中化管理、操作自动化、资源优化和高可用性。高度的执行效率和相当程度的自动化显著降低IT维护人员的工作量。园区政务启用了约240台虚拟服务器，物理服务器数量12台，而政务数据中心的管理人员仅有2人。

(4)政务处理更安全可靠，充分满足多样性需求。VMware的架构体系经过多代以及各种复杂环境的磨炼，相对市场其他技术产品而言，其体系更加安全可靠，更不易受到攻击。此外，VMware以其开放式的架构带来一个非常广泛的技术生态圈，使得几乎所有的主流IT硬件厂商都能非常完美地支持VMware的架构，让园区环境中其他IT设备，尤其是存储设备能非常便捷、高效地同VMware相互配合，进而达到事半功倍的效果。

第 8 章　交通运输云计算平台结构

8.1　云计算体系结构

为了有效支持云计算，其体系结构必须支持几个关键特征。首先，系统必须是自治的，即需要内嵌有自动化技术，以减轻或消除人工部署和管理任务，而允许平台智能地响应应用的要求；其次，云计算的架构必须是敏捷的，能够对需求信号或变化做出迅速的反应。内嵌的虚拟化技术和集群化技术，能应付增长或服务级要求的快速变化。

云计算平台是一个强大的"云"网络，连接了大量并发的网络计算和服务，可利用虚拟化技术扩展每一个服务器的能力，将各自的资源通过云计算平台结合起来，提供超级计算和存储能力。通用的云计算平台体系结构如图 8-1 所示。

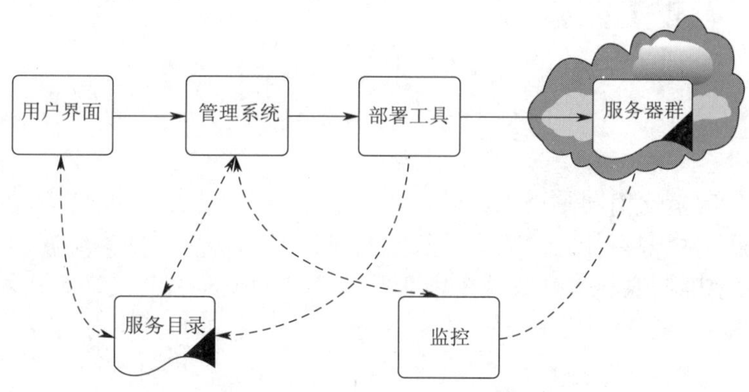

图 8-1　云计算平台的体系结构

(1)用户界面(User Interaction Interface)：提供云用户请求服务的交互界面，也是用户使用云的入口，用户通过 Web 浏览器可以注册、登录及定制服务、配置和管理用户。打开应用实例与本地操作桌面系统一样。

(2)服务目录(Services Catalog)：云用户在取得相应权限(付费或其他限制)后可以选择或定制服务列表，也可以对已有服务进行退订操作，在云用户端界面生成相应的图标或列表来展示相关的服务。

(3)管理系统(System Management)：用于管理可用计算资源和服务；能管理云用户；能对用户的授权、认证和登录进行管理；并可以管理可用计算资源和服务，接收用户发送的请求，并根据用户请求转发到相应的应用程序。

(4)部署工具(Provisioning Tool)：自治的，根据用户请求智能地部署资源和应用，动态地部署、配置和回收资源。

(5)监控(Monitoring and Metering)：监控和计量云系统资源的使用情况，以便做出迅速反应，完成节点同步配置、负载均衡和资源监控，确保资源能顺利分配给合适的用户。

(6)服务器集群(Servers)：虚拟的或物理的服务器，由管理系统管理，负责高并发量的用户请求处理、大运算量计算处理、用户 Web 应用服务，云数据存储时采用相应数据切割算法以并行方式上传和下载大容量数据。

在云计算体系结构模型中，前端的用户交互界面（User Interaction Interface）允许用户通过服务目录（Services Catalog）来选择所需的服务，当服务请求发送并验证通过后，由系统管理（System Management）来找到正确的资源，接着呼叫部署工具（Provisioning Tool）来挖掘服务云中的资源。服务提供工具需要配置正确的服务栈或 Web 应用[55]。

图 8-2 展示了用户获取“云端”资源的基本过程：“云端”为用户提供扩展的、通过互联网即可访问的、运行于大规模服务器集群的各类 Web 应用和服务，系统根据需要动态地提供、配置、再配置和解除提供服务器，用户只需基于实际使用的资源来支付相关的服务费用[56]。

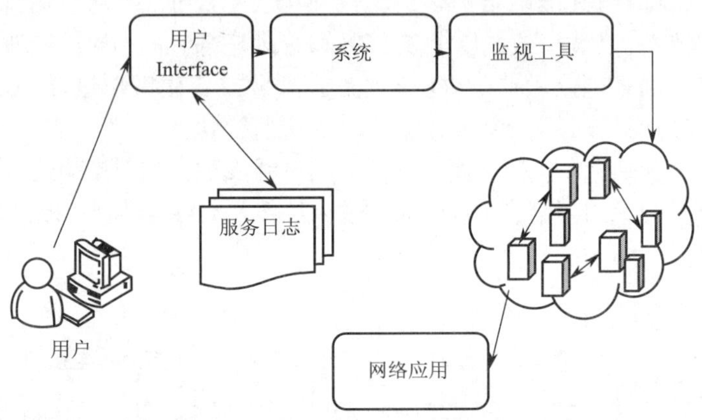

图 8-2　用户获取云资源的过程

云计算的技术体系结构和平台体系结构不是一个概念，后者从服务的角度来划分云，主要突出了云服务能给用户带来什么。而云计算的技术体系结构主要从系统属性和设计思想角度来说明云，是对软硬件资源在云计算技术中所充当角色的说明。从云计算技术角度来分，云计算大致由物理资源、虚拟化资源、中间件管理部分和服务接口四部分构成。如图 8-3所示为云计算的技术体系结构图。

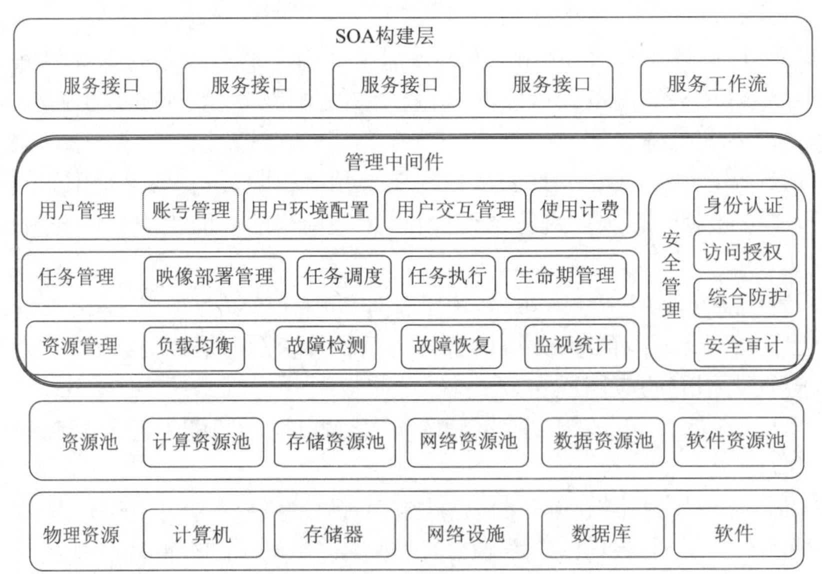

图 8-3　云计算的技术体系结构

按需部署是云计算的核心，要解决它，必须解决资源的动态可重构、监控和自动化部署等，而这些又需要以虚拟化、高性能存储、处理器、高速互联网等技术为基础。所以云计算除了需要仔细研究其体系结构外，还要特别注意研究资源的动态可重构、自动化部署、资源监控、虚拟化、高性能存储、处理器等关键技术。

8.8.1　SaaS（软件即服务，Software as a Service）

SaaS 是一种软件交付模式，将软件以服务的形式交付给用户，用户不再购买软件，而是租用基于 Web 的软件，并按照对软件的使用情况来付费。SaaS 由应用服务提供（asp）发展而来，asp 仅对用户提供定制化的服务，一对一的，而 SaaS 一般是一对多的。SaaS 可以基于 PaaS 构建，也可以直接构建在 IaaS 上。

SaaS 的特性：互联网特性，SaaS 应用一般通过互联网交互，用户仅需要浏览器或者联网终端设备就可以访问应用；多租户特性，通过多租户模式实现多种使用方式，以满足不同用户的个性化需求；按需服务特性，支持可配置型和按使用付费；规模效应特性，一般面向大量用户提供服务，以取得规模效应。

1. SaaS 的技术应用场景

Salesforce 是一家典型的 SaaS 提供商，为用户提供在“云”中运行的应用软件，供用户随时接入。用户只需要通过浏览器调用相关的 Web 服务，就可以直接使用应用软件的相关功能。为了有效地交付 SaaS，服务提供商首先要部署软/硬件执行环境，然后针对用户的需求，根据支撑程序执行的底层软/硬件的安装和部署情况，对软件进行设计和实现。对应于云计算系统的层次化架构，应用软件层需要依赖基础资源层、云操作系统层和云系统软件层的支持。如果提供商在云操作系统层以分布式集群的方式组织基础资源，并在系统软件层部署了分布式系统软件，那么应用软件层的软件就必须进行分布式改造。服务提供商提供的应用软件运行实例能够同时被多个用户访问和使用，在接收到用户通过网络发送的服务请求后执行用户所请求的功能，并将结果返回给用户。SaaS 的另一个关键是要尽量保证用户能够获得与在本地运行应用软件一致的体验。

在使用 SaaS 时，大多数情况下，用户通过简单的 Web 访问就可以获得需要的软件执行结果，无需对软件运行的各个细节（包括所用软件运行软/硬件的环境及软件自身）进行管理和控制，而只需要关心一些为方便用户应用而提供的应用配置。云计算系统架构从下至上所有层次的开发、部署、维护等工作都由服务提供商完成，即使系统中发生了一些变化，提供商也要为用户提供一致的访问界面，最大限度地方便用户的使用。

SaaS 典型代表还有 Google Apps 或微软提供的在线办公软件。

2. SaaS 的关键支撑技术

服务提供商以 Web 服务的方式向用户交付 SaaS，SaaS 技术本质是在云计算系统架构的应用软件层进行面向 Web 服务的软件设计和开发，其中的关键技术包括多租户技术和 Web 呈现技术等。

多租户技术的目的是使不同用户能够通过网络共享同一个应用软件的执行实例。多租户技术要保证不同租户数据的隔离，确保用户访问服务的安全性，还要为用户提供彼此独立的应用体验，实现一定程度的定制化。因为一个执行实例需要被多个用户共享访问，因此用于提供 SaaS 的软件在设计和实现时需要在数据库、应用服务和 Web 界面等方面进行优化，特别是多租户的横向扩展能力是应对海量用户压力的关键。

Web 呈现技术的目的是使用户获得更好的应用体验，这也是衡量 SaaS 服务水平的重要指标。对 SaaS 的用户而言，他们需要的是便捷的、基于 Web 的网络访问方式，同时，他们希望获得与在本地运行应用软件相同甚至更好的体验。因此，SaaS 提供商需要利用更先进的 Web 呈现技术实现软件服务的功能展现，甚至可以设计必要的客户端，供用户在访问 SaaS 时使用。

SaaS 位于云计算服务体系的顶层，它的有效交付离不开用于支撑 IaaS 和 PaaS 相关层次的关键技术的支持。服务提供商需要在高效、灵活的软/硬件执行环境的基础上，根据底层软/硬件环境对软件进行设计和实现，才能提供让用户满意的 SaaS 服务。

8.8.2 PaaS(平台即服务，Platform as a Service)

这种形式的云计算把开发环境作为一种服务来提供，用户可以使用中间商的设备来开发自己的程序并通过互联网和其服务器传到用户手中。PaaS 为部署和运行应用系统提供所需的平台，所以应用开发人员无需关心应用的底层硬件和应用基础设施，并且可以根据应用需求动态扩展应用系统所需的资源。不同类型的 PaaS 供应商产品可能很广泛，包括应用程序托管、开发、测试和部署环境，以及广泛的综合服务(包括可伸缩性、维护和版本控制)。

1. PaaS 的技术应用场景

Google 的 App Engine 是典型的 PaaS 服务，在该服务中，服务提供商为用户提供了用于部署、运行应用软件的相关软件环境，用户可以通过网络将自己创建的或者从别处获取的应用软件部署到服务提供商提供的环境中运行。

为了有效地交付 PaaS，服务提供商首先要为用户屏蔽底层的硬件细节，并对资源进行合理的组织，然后再在其上部署用于支撑应用软件运行的系统软件。对应于云计算实现模型，PaaS 的提供需要以底层基础架构层为依托，然后在其上增加支撑应用开发和运行的部件，如 API 框架、应用容器、SDK、应用管理等。

应用运行环境的搭建过程：首先选择部署节点，然后安装部署相关支撑软件(如操作系统、数据库、函数库、其他运行时环境等)，在具体部署中，支撑软件既可部署于虚拟服务器上，也可部署于物理服务器上。除去为实现可扩展性屏蔽掉部分开发功能以及支持多个应用共享运行平台外，应用运行环境与传统本地应用服务器的部署方式相似。另外，对于面向互联网的 PaaS，其使用的文件存储、数据库服务一般不会采用传统的文件系统和数据库，而是采用基于分布式技术构建的具备高可扩展性的海量数据存储系统(如基于 Google Big Table 提供的数据库服务)，不仅能高效地支持应用软件的执行，更重要的是能根据用户部署的应用软件的规模进行按需扩展。

在使用 PaaS 时，用户看到的是应用软件运行所需的完整的支撑环境，类似于传统 PC 系统上的系统软件。PaaS 能够提供应用中间件、数据库等功能供用户使用。为了利用这个环境，用户部署的应用软件需要使用该环境提供的接口进行编程。在应用的部署和运行过程中，除了可能要对应用的执行进行部分配置外，用户不必关心任何与操作系统和系统软件相关的问题，而只需对其部署的应用进行管理和控制。

PaaS 消除了用户自行搭建软件开发平台和运行环境所需的成本和开销，但是应用软件的实现功能和性能会受到服务提供商提供的环境的约束，特别是当前各服务提供商提供的应用接口尚不统一、彼此之间具有差异性，影响了应用软件的跨平台可移植性。

PaaS 的典型代表包括 Google App Engine 平台、微软的 Microsoft Windows Azure、Salesforce. com 的 Force. com、新浪的 Sina App Engine、百度的 Web App 等。

2. PaaS 的关键支撑技术

PaaS 在基础设施上同时为很多用户提供其专属的应用运行平台，实现多应用的可扩展性和隔离运行。可扩展性要求 PaaS 能为用户提供根据应用负载自动扩展平台的能力，因此以 Google 为代表的大多数 PaaS 服务提供商都将分布式系统作为其开放平台的基础架构，并将分布式基础平台能力直接集成到其应用运行环境中，使利用其 PaaS 服务运行的应用在数据存储和处理方面具有强大的可扩展能力。隔离运行表示用户的应用互不影响，具有很好的性能和安全性，主要采用多租户技术实现。

分布式技术体系主要包括分布式文件系统、分布式数据库、并行计算模型、分布式同步等。分布式文件系统的目的是在分布式系统中以文件方式实现数据的共享。分布式文件系统实现了对底层存储资源的管理，屏蔽了存储过程的细节，特别是实现了位置透明性和性能透明性，使用户无需关心文件在云中的存储位置。与传统的分布式文件系统不同，云计算分布式文件系统具有更为海量的存储能力，更强的系统可扩展性和可靠性，也更为经济。

分布式数据库的目的是利用分布式系统对结构化/半结构化数据实现存储和管理。因为分布式文件系统更偏向于对非结构化的文件进行存储和管理，所以分布式数据库是分布式文件系统的有益补充，它能够便捷地实现对数据的随机访问和快速查询。与之前主流的传统关系型数据库不同，分布式数据库具有更好的可扩展性，但对关系型操作的支持较弱。

分布式计算模型的目的是充分利用分布式系统进行高效的并行计算。之前的分布式并行计算模型普遍采用将数据移动到计算节点进行处理的方法，但是在云计算系统中，分布更为广泛的计算资源和存储资源通过网络互连互通，海量数据的移动将导致巨大的性能损失。因此，更适合于云计算场景的分布式计算模型被提出，它依赖底层分布式文件系统的支持，能够通过把计算移动到存储节点的方式完成数据处理任务，具有更高的性能。

分布式协同管理的目的是确保系统的一致性。因为云计算系统中的所有资源都分布在网络之上，一旦网络出现异常，会造成数据操作的不一致，进而严重影响系统的正常运行。针对支撑 PaaS 的分布式系统的松耦合特性，分布式协同管理技术也具有特别的设计。

8.8.3　IaaS(基础设施即服务，Infrastructure as a Service)

顾名思义，IaaS 针对的是开发者和厂商，提供的是计算、存储和带宽资源等，指将 IT 基础设施能力(如服务器、存储、计算能力等)通过互联网提供给用户使用，并根据用户对资源的实际使用量或占用量进行计费的一种服务。

IaaS 提供的只是“硬件”，保证同一基础设施上的大量用户拥有自己的“硬件”资源，实现硬件的可扩展性和可隔离性。

1. IaaS 的技术应用场景

Amazon 的 EC2 是一种典型的 IaaS 服务。在该服务中，服务提供商按照用户的需求为其提供虚拟服务器；用户可以通过网络访问虚拟服务器，并像使用物理服务器一样在其上安装和部署自己需要的软件。

为了有效地交付 IaaS，服务提供商首先需要搭建和部署拥有海量资源(特别是便于管理的虚拟化资源)的资源池供用户随时使用。当获知用户的需求后，服务提供商从资源池中选取用户所需的处理器、内存、磁盘、网络等资源，并将这些资源组织成虚拟服务器提供给用户。对应于云计算系统的层次化架构，IaaS 的提供需要依赖资源池层和云操作系统资源管理层的关键技术。

在资源池层，服务提供商通过使用虚拟化技术，将各种物理资源抽象为能够被上层使用的虚拟化资源，以屏蔽底层硬件差异的影响，提高资源的利用率。在资源管理层，服务提供商利用资源管理软件根据用户的需求对基础资源层的各类资源进行有效的组织，以构成用户需要的服务器硬件平台，其中涉及基础资源的调度、整合等。

通俗地说，IaaS 服务看起来和普通的网站一样，也可以通过浏览器访问，但是与一般的信息类网站不同的是，用户获得的不是信息，而是服务器、存储、计算能力等；与电子商务网站不同的是，并不会有人将这台服务器送到用户家里（办公室），而是直接给用户一个 IP 地址和访问服务器的口令（或密钥），让用户通过互联网直接控制和使用这台服务器，这个过程往往只有几分钟，省去了用户采购、配置服务器，进行服务器托管、上架及分配 IP 地址等一系列繁琐的过程，使服务器的运维工作量大大减少，这就是一个典型的 IaaS 应用场景。

当然，IaaS 中提供给用户的服务器不是真正的物理服务器，而是虚拟服务器，称其为虚拟机。虚拟机其实是通过软件模拟出来的，但是对用户来说，它所表现出来的行为却与物理服务器一模一样，因此用户完全可以把它当作一台普通的服务器来对待。

具体来说，IaaS 应该有如下特征和优势：(1)更低的使用门槛：用户可以以低成本租用的方式获得可用的计算资源，而不需要进行大量的硬件和软件采购。(2)更好的可扩展性：用户可以根据需要动态增加或减少资源，而不必关心资源位于何处或者是否够用。(3)更方便的管理：资源可直接通过互联网管理，不需要到资源所在机房实地操作，降低了管理成本。(4)更灵活的使用：用户获得完全独立的服务器，并拥有管理员权限，因此用户可以不受限制地进行任何操作。(5)更灵活的资费：所有的资源可以随时开始或停止使用，用户只需为自己使用的资源付费。

在使用 IaaS 时，用户看到的就是一台能够通过网络访问的服务器。在这台服务器上，用户可以根据自己的实际需要安装软件，而不必关心该服务器底层硬件的实现细节（如资源的类型、分布位置等），也无需控制底层的硬件资源。但是，用户需要负责对操作系统、系统软件和应用软件等进行部署和管理。

需要指出的是，在实际的 IaaS 交付中，为了方便用户的使用，服务提供商往往会在操作系统层和系统软件层为用户提供增值服务，例如在为用户提供虚拟服务器的同时为其安装好操作系统和相关的中间件、数据库软件等。

2. IaaS 的关键支撑技术

从 IaaS 的建设角度上看，构建一个面向公众用户的 IaaS 不仅要使用 Web 技术，更多的是要应用虚拟化技术，例如服务器虚拟化技术、存储虚拟化技术、网络虚拟化技术、虚拟化管理平台（即将这些技术整合在一起，并根据业务需要为用户提供服务的平台）技术。

(1)服务器虚拟化

服务器虚拟化技术是指能够在一台物理服务器上运行多台虚拟服务器的技术，上述虚拟服务器在用户、应用软件甚至操作系统看来，几乎与物理服务器没有区别，用户可以在虚拟服务器上灵活地安装任何软件。除此以外，服务器虚拟化技术还应该确保上述多个虚拟服务器之间的数据是隔离的，虚拟服务器对资源的占用是可控的。

在服务器虚拟化技术中，被虚拟出来的服务器称为虚拟机（VM，Virtual Machine）。运行在虚拟机里的操作系统称为客户操作系统，即 Guest OS。负责管理虚拟机的软件称为虚拟机管理器，缩写为 VMM，也称为 Hypervisor。

服务器虚拟化通常有两种架构，分别是寄生架构（Hosted）与裸金属架构（Bare Metal）。

①寄生架构

一般而言，在使用计算机之前，首先要安装操作系统，该操作系统称为宿主操作系统，即 Host OS。如果采用虚拟机技术，则需要在操作系统之上再安装一个 VMM，然后利用这个 VMM 创建并管理虚拟机。这种后装模式称为寄生架构，因为 VMM 看起来像是“寄生”在操作系统上的。例如，Oracle 公司的 VirtualBox 就是一种寄生架构。

②裸金属架构

顾名思义，裸金属架构是指将 VMM 直接安装在物理服务器之上而无须先安装操作系统的预装模式。在安装了 VMM 之后，再在 VMM 上安装其他操作系统（如 Windows、Linux 等）。由于 VMM“看起来”是直接安装在物理计算机上的，所以称为裸金属架构，例如 KVM、Xen、VMware ESX。

普遍认为裸金属架构的性能要比寄生架构高。裸金属架构是直接运行在物理硬件之上的，无须通过 Host OS，所以性能更高。

从目前的趋势来看，虚拟化将成为操作系统本身功能的一部分。例如，KVM 就是 Linux 标准内核的一个模块，微软的 Windows 2008 也自带 Hyper-V。

(2)网络虚拟化

在面向公众服务的 IaaS 中，网络虚拟化是必不可少的部分。IaaS 网络虚拟化技术分为两类：一类是以 VPN、VLAN 等为代表的传统网络虚拟化技术，主要侧重于网络的虚拟化，例如将多个网络虚拟成一个大的网络（如 VPN），或者将一个大的网络虚拟成多个小的网络（如 VLAN）；另一类则是以虚拟网卡和虚拟网桥为代表的、随着云计算的兴起而发展的网络虚拟化技术，主要侧重于主机内部的网络虚拟化，例如将一块网卡虚拟成多块物理网卡。除此以外，随着云计算的兴起，网络设备厂商也推出了具备虚拟化功能的网络设备。

网络虚拟化是将多个硬件或软件网络资源及相关的网络功能集成到一个可用软件中统一管控的过程，并且对于网络应用而言，该网络环境的实现方式是透明的，称之为虚拟网络，形成该虚拟网络的过程称为网络虚拟化。更具体的，如果一个网络不能通过软件被统一管理，而需要通过改变物理组网结构才能完成网络环境的改变，则不能被称作虚拟网络。

在不同的应用场景下，虚拟网络的架构是多种多样的。例如，对于一个企业内部的私有云环境来说，虚拟机的用户一般是企业内部员工，可信度较高，因此对网络安全性的要求相对较低；同时，对虚拟机的访问往往是从企业内部网络发起的，虚拟机也不需要为公网用户提供服务，因此网络架构的设计可以不考虑或较少考虑公网 IP 地址的管理问题。相反，如果是为公网用户提供数据中心业务，对这些问题都必须给予特别的重视。

不同的虚拟网络架构需要相应的技术作为支撑。当前，以 VPN、VLAN 等为代表的传统网络虚拟化技术已经非常成熟，而随着云计算的发展，很多新的问题不断涌现，对网络虚拟化提出了更大的挑战。对于 IaaS 服务而言，交付给用户的不再是物理机而是虚拟机。虚拟机的优势在于其更加灵活、可配置性更好，可以满足用户更加动态的需求。因此，网络虚拟化技术也必须跟随这一脚步，满足用户对更加灵活、更加动态的网络结构的需求，同时还必须保证这一灵活性的加入不会降低网络的安全性。

以一个实际应用场景为例：用户从“云”中租用了 3 台虚拟机，其中一台虚拟机作为前端 Web 服务器，另外两台虚拟机作为后端数据库服务器；前端 Web 服务器拥有两个 IP 地址，分别是用于被公网访客访问的公网 IP 地址和用于与后端数据库服务器通信的内网 IP 地址。因为虚拟机所在物理机的物理网络配置是相对固定的，所以如何根据用户需求在这 3 台虚拟机之间构建灵活的虚拟局域网是一个关键问题。另外，这 3 台虚拟机可能会和其他虚拟机共同部署在同一物理机上，如何保证数据不被窃听、不被伪造成为对网络虚拟化技术提出的新需求。

因此，在云计算环境下，网络虚拟化技术需要解决如下问题：

(1)如何实现物理机内部的虚拟网络。

(2)外部网络如何动态调整以适应虚拟机对网络不断变化的要求。

(3)如何确保虚拟网络环境的安全性。如何对物理机内、外部的虚拟网络进行统一管理。

这些问题都是在云计算环境下产生的新问题，需要在主机网络虚拟化技术、网络交换设备虚拟化技术和 IaaS 服务实际运营等各个关键技术环节着手解决。

8.2 交通云计算系统架构

交通云计算系统架构以共建共享为目的，整合交通运输行业信息、业务资源、现有业务系统，搭建交通运输云服务平台集成开发环境，提供云计算平台计算资源、存储资源、网络资源等基础设施整合，将数据中心、中间件、集成架构、公共服务、交通基础业务服务等能力整合，为交通运输行业信息、业务服务的快速接入、组合、交付提供基础。目的是将 IT 相关的能力以服务的方式提供给用户，用户可按需方便地通过网络访问共享的可配置计算资源(如网络、服务器、存储、应用程序和服务)池。

整个平台分为：基础设施服务(IaaS)层、应用平台服务(PaaS)层、应用软件服务(SaaS)层、用户层以及云运营支撑平台。

交通运输云计算平台以服务为核心，通过深度整合交通运输行业信息、业务资源、现有业务系统，为政府部门、企业、公众用户提供多项应用服务。同时，搭建交通运输云计算平台集成开发环境，为开发人员提供应用开发平台。典型的交通运输云计算平台总体系统架构如图 8-4所示。

(1)IaaS 层构建整个平台的硬件基础，包括各种服务器(如 x86 服务器、小型机等)、存储设备(如 SAN、NAS 等)、网络设备(如网络、核心路由器、接入路由器、负载均衡设备、防火墙等)等。IaaS 层实现硬件资源的虚拟化聚合管理，即资源池化，加上云管理，可以提供自我服务的功能。资源池层依托于 IaaS 层的动态基础架构的随需应变的优势，为 SaaS 层的应用软件提供丰富的应用开发及运行支持。

(2)PaaS 层提供的软件服务主要是运行时环境、数据库和中间件，从而为上层的应用软件服务层 SaaS 提供运行时环境和数据库等“支撑环境”。同时，应用平台服务贯穿 SaaS 应用从业务建模、开发、部署、运行到治理的全生命周期过程，并结合 SaaS 层的业务建模及服务转换平台提供业务服务集成及治理环境服务。其主要的建设内容可分为三个部分：支撑环境搭建、通用中间件融合和交通信息化业务中间件集成。PaaS 层又包括三层：公共服务，中间件以及集成环境。

(3)SaaS 层为平台提供了用户最终所需要的业务服务功能，分为三类服务：交通运输行业物联网基础服务，为企业或公众用户提供个性化的 SaaS 应用；交通运输行业物联网公众出行服务，为公众用户提供交通业务信息服务；交通运输行业物联网物流业务服务，为物流企业和公众用户提供物流业务信息服务。SaaS 层是交通运输行业物联网应用整合与服务平台的最上层，直接对最终用户或应用服务提供商提供服务。其根本任务就是为各类应用提供一个可孵化、可持续治理的应用服务环境。

图8-4　交通运输云计算系统架构

(4)用户层为用户提供使用平台服务的各种方式，除了传统的Web浏览器接入门户外，还提供了手机等移动终端接入门户。云平台中共有四种用户，分别为：云计算平台管理员、云计算平台操作员、客户经理、客户用户。

①云计算平台管理员能够对云平台上所有资源分配请求进行审批，增加或减少资源数目，变更项目时间，终止或删除项目。

②云计算平台操作员能够对云平台上的所有项目查看。

③客户经理可以是云平台中心人员，也可以是客户人员。这取决于是否要让客户通过自服务界面申请资源。客户经理能够对资源分配提出申请，对资源的增加或减少提出申请，提出变更项目时间的申请，提出终止项目的申请。

④客户用户能够登录云平台对他的项目的使用情况进行查看，同时可以进行一些自服务操作，比如重启服务器、映射用户盘、备份磁盘等。

云计算平台管理员可以进行所有用户的添加、修改、删除、修改密码的操作。客户经理可以对本客户的用户进行添加、修改、删除、修改密码的操作。

(5)运营支撑平台则提供整个平台的管理功能，包括用户管理、流量管理、安全管理和计费管理等。服务管理进行运维保障体系建设，为平台提供了用户最终所需要的业务应用功能，其根本任务就是为各类应用提供一个可孵化、可持续治理的应用服务环境。标准规范体系保证了平台与外部系统的数据交换，其中主要包括：开发规范、数据标准、代码标准、接口标准，此外还包括技术标准性能指标、应用服务标准等，这些标准为开发人员提供了良好的应用系统开发环境。安全管理则提供平台安全保障，安全保障体系建设参照信息系统等级保护技术设计要求，以安全需求为驱动，结合平台所承载的业务信息数据及系统服务情况，将分别从平台的IaaS、PaaS、SaaS三个层次来构建结构化信息安全体系架构，层次之间的安全措施彼此间存在互补、增强，整体上形成一个策略、组织、技术和运维结合的信息安全保障体系，保证平台信息的安全及业务的连续，并适应随着未来业务应用和管理需求的不断发展而动态性调整，最终达到"整体合规、资源可控、数据可信、持续发展"的生存管理与安全运维目的。

交通运输行业物联网是建立在交通运输云计算平台的基础之上，并对其进行部分的技术升级和扩容以适应运行和研发的需求。平台建设的软件投资主要是数据库管理系统和SOA集成等中间件，硬件投资主要是小型机和x86服务器，均采用了著名厂商成熟的企业级产品。建立交通运输行业物联网应用整合与服务平台的目的是整合利用行业和社会各方面的信息资源，为交通行业提供智慧化的信息服务，也为社会提供开放的交通专业服务，充分体现"深入感知，广泛互联，高度智能"的信息开放融合服务的特点。与此同时，其系统规划和设计与单一系统有很大的不同，必须充分考虑以下特点：

①需要集成已有的其他系统的功能或服务，这些功能或服务的内部结构不为整体所见(构成部分的自治性)；

②无论从功能还是从物理结构考虑，系统边界模糊，需要随着形势的发展不断变化或扩充；

③系统功能需要不断调整，并为用户提供服务重组手段，以满足他们的业务要求；

④社会开放服务要求系统逐步演化，不断适应新环境和新的商务技术要求，不可能以推翻重来的方式进行升级；

⑤系统的计算、存储等资源能力不确定，需要在运行中不断扩充或调整。

交通运输行业物联网应用整合与服务平台IaaS层建设主要通过对现有交通运输云计算平台进行技术升级和扩容；为应用服务及应用示范系统建设提供云计算资源、存储资源、网络资源、中间件等基础资源；为交通运输行业物联网行业信息、应用服务的快速接入、组合、交付提供基础。

到目前为止，省交通运输厅已逐步建成多个业务系统，交通运输行业物联网应用整合与服务平台的业务应用的关键在于业务流程协同、集成和数据的交换与共享，并对外提供应用服务。PaaS 层是支持 SaaS 应用的，根据 SaaS 应用从业务建模、开发、部署、运行及治理的全生命周期过程，应用平台服务层还应该结合 SaaS 层的业务建模及服务转换平台提供业务服务集成及治理环境服务。

目前 SaaS 可以提供多种服务：交通基础数据服务；交通地理信息服务；交通移动位置信息公共服务；交通视频监控信息服务；交通物流信息服务；交通公众出行信息服务；交通安全应急服务；公共交通信息服务；经济运行信息服务。

第 9 章　交通运输云计算平台主要关键技术

9.1　数据存储技术

云存储是在云计算概念上延伸和发展出来的一个新的概念。云计算使更大数据量的处理成为可能，被称为下一代的因特网计算和下一代的数据中心。云计算是分布式处理、并行处理和网格计算的发展，是透过网络将庞大的计算处理程序自动分拆成无数个较小的子程序，再交由多部服务器所组成的庞大系统经计算分析之后将处理结果回传给用户[57]。

通过云计算技术，网络服务提供者可以在数秒之内，处理数以千万计甚至亿计的信息，达到和“超级计算机”同样强大的网络服务。云存储是指通过集群应用、网格技术或分布式文件系统等功能，将网络中大量各种不同类型的存储设备通过应用软件集合起来协同工作，共同对外提供数据存储和业务访问功能的系统。

9.1.1　数据存储技术原理

与传统的存储设备相比，云存储不仅仅是一个硬件，而是一个由网络设备、存储设备、服务器、应用软件、公用访问接口、接入网、和客户端程序等多个部分组成的复杂系统。各部分以存储设备为核心，通过应用软件来对外提供数据存储和业务访问服务[58]。云存储系统的结构模型如图 9-1 所示。

图 9-1　存储系统结构模型

云存储系统的结构模型由四层组成。

(1)存储层。存储层是云存储最基础的部分。存储设备可以是 FC 光纤通道存储设备，可以是 NAS 和 SCSI 等 IP 存储设备，也可以是 SCSI 或 SAS 等 DAS 存储设备。云存储中的存储设备往往数量庞大且分布于不同地域，彼此之间通过广域网、互联网或者 FC 光纤通道网络连接在一起。存储设备之上是一个统一存储设备管理系统，可以实现存储设备的逻辑虚拟化管理、多链路冗余管理，以及硬件设备的状态监控和故障维护。

(2)基础管理层。基础管理层是云存储最核心的部分，也是云存储中最难以实现的部分。基础管理层通过集群、分布式文件系统和网格计算等技术，实现云存储中多个存储设备之间的协同工作，使多个的存储设备可以对外提供同一种服务，并提供更大更强更好的数据访问性能。CDN 内容分发系统、数据加密技术保证云存储中的数据不会被未授权的用户所访问，同时，通过各种数据备份、容灾技术和措施可以保证云存储中的数据不会丢失，保证云存储自身的安全和稳定。

(3)应用接口层。应用接口层是云存储最灵活多变的部分。不同的云存储运营单位可以根据实际业务类型，开发不同的应用服务接口，提供不同的应用服务。比如视频监控应用平台；IPTV 和视频点播应用平台；网络硬盘引用平台；远程数据备份应用平台等。

(4)访问层。任何一个授权用户都可以通过标准的公用应用接口来登录云存储系统，享受云存储服务。云存储运营单位不同，云存储提供的访问类型和访问手段也不同。

为保证高可用、高可靠性和经济性，云计算采用分布式存储的方式来存储数据，采用冗余存储的方式来保证存储数据的可靠性，即为同一份数据存储多个副本。另外，云计算系统需要同时满足大量用户的需求，并行地为大量用户提供服务。因此，云计算的数据存储技术必须具有高吞吐率和高传输率的特点。

云计算的数据存储技术主要有谷歌的非开源的 GFS(Google File System)和 Hadoop 开发团队开发的 GFS 的开源实现 HDFS(Hadoop Distributed File System)。大部分 IT 厂商，包括 Yahoo、Intel 的“云”计划采用的都是 HDFS 的数据存储技术。未来的发展将集中在超大规模的数据存储、数据加密和安全性保证以及继续提高 I/O 速率等方面。

1. GFS

GFS 是一个可扩展的分布式文件系统，用于大型的、分布式的、对大量数据进行访问的应用。运行于廉价的普通硬件上，但可以提供容错功能，也可以给大量的用户提供总体性能较高的服务。

一个 GFS 集群由一个 Master 和大量的 Chunkserver 构成，并被许多客户(Client)访问，如图 9-2 所示。Master 和 Chunkserver 通常是运行用户层服务进程的 Linux 机器。只要资源和可靠性允许，Chunkserver 和 Client 可以运行在同一个机器上。

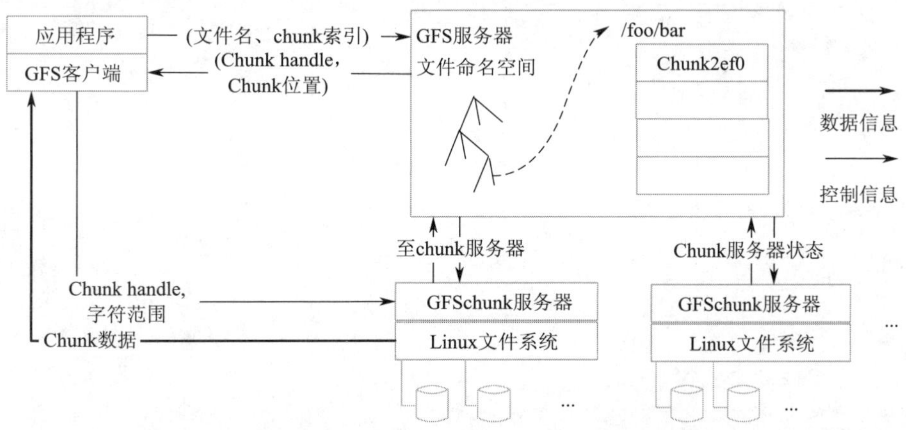

图 9-2　Google File System 架构

文件被分成固定大小的块。每个块由一个不变的、全局唯一的 64 位 Chunk-Handle 标识，Chunk-Handle 是在块创建时由 Master 分配的。ChunkServer 将块当作 Linux 文件存储在本地磁盘并可以读和写由 Chunk-Handle 和位区间指定的数据。出于可靠性考虑，每一个块被复制到多个 Chunkserver 上。默认情况下，保存三个副本，但这可以由用户指定。

Master 维护文件系统所以的元数据（Metadata），包括名字空间、访问控制信息、从文件到块的映射以及块的当前位置。它也控制系统范围的活动，如块租约（Lease）管理，孤儿块的垃圾收集，ChunkServer 间的块迁移。Master 定期通过 HeartBeat 消息与每一个 ChunkServer 通信，给 ChunkServer 传递指令并收集它的状态。

与每个应用相联的 GFS 客户代码实现了文件系统的 API 并与 Master 和 ChunkServer 通信以代表应用程序读和写数据。客户与 Master 的交换只限于对 Metadata 的操作，所有数据方面的通信都直接和 ChunkServer 联系。客户和 ChunkServer 都不缓存文件数据。因为用户缓存的益处微乎其微，这是由于数据太多或工作集太大而无法缓存。不缓存数据简化了客户程序和整个系统，因为不必考虑缓存的一致性问题。但用户缓存 Metadata。ChunkServer 也不必缓存文件，因为块是作为本地文件存储的。

2. HDFS

Hadoop 中的分布式文件系统 HDFS 由一个管理结点（NameNode）和 N 个数据结点（DataNode）组成，如图 9-3 所示，NameNode 是中心服务器，管理文件系统的 Namespace 和客户端对文件的访问。每个 DataNode 结点均是一台普通的计算机。在使用上同熟悉的单机上的文件系统非常类似，一样可以建目录，创建，复制，删除文件，查看文件内容等。但其底层实现上是把文件切割成 Block，然后这些 Block 分散地存储于不同的 DataNode 上，每个 Block 还可以复制数份存储于不同的 DataNode 上，达到容错容灾之目的。NameNode 则是整个 HDFS 的核心，它通过维护一些数据结构，记录了每一个文件被切割成了多少个 Block，这些 Block 可以从哪些 DataNode 中获得各个 DataNode 的状态等重要信息。

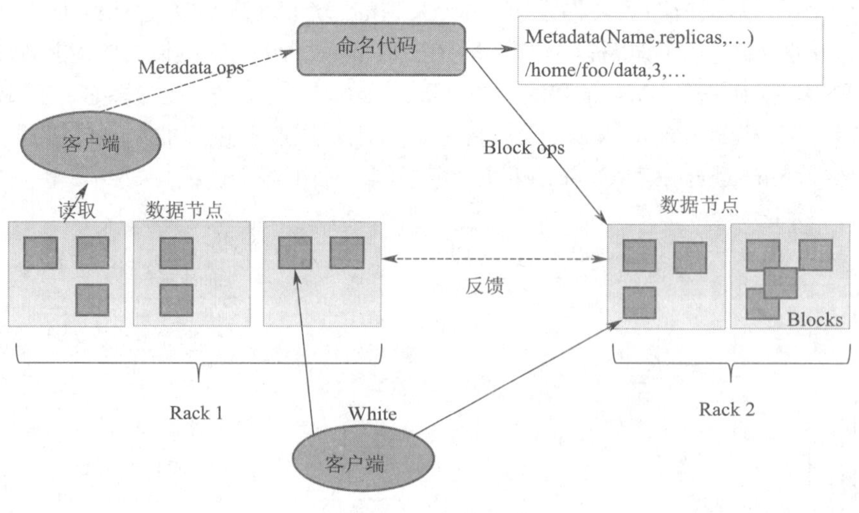

图 9-3 HDFS 架构

9.1.2 数据存储技术的特点

云存储已经成为未来存储发展的一种趋势，目前，云存储厂商正在将各类搜索、应用技术和云存储相结合，以便能够向企业提供一系列的数据服务。但是，未来云存储的发展趋势，主要还是要从安全性、便携性及数据访问等角度进行发展。

我国对云存储技术的研究处于刚刚起步阶段，但云存储已经成为未来存储方式发展的一种趋势。在《中国云存储服务报告，China Cloud Storage Services Report》中指出未来 5 年，中国云存储服务市场的年复合增长率将达到 103%，中型企业将成为中国第一轮大规模采用云存储服务的企业。也有机构预测，到 2013 年，企业对私有云的投资会超过公有云，至少 5∶1。在云存储时代，目前各个云存储企业及研究机构也正在将各类搜索、虚拟化等技术与云存储相结合，从而能够提供一系列的数据服务。

云计算的数据存储技术，可用于大规模集群。主要特性包括：

(1)高可靠性：云存储系统支持节点间保存多副本功能，以提供数据的可靠性。

(2)高访问性能：根据数据重要性和访问频率将数据分级多副本存储，热点数据并行读写，提高访问性能。

(3)在线迁移、复制：存储节点支持在线迁移、复制，扩容不影响上层应用。

(4)自动负载均衡：可以依据当前系统负荷将原有节点上的数据搬移到新增的节点。特有的分片存储，以块为最小单位来存储，当存储和查询时所有存储节点并行计算。

(5)元数据与数据分离：采取元数据与数据分离的方式设计分布式文件存储系统。

未来的发展将集中在超大规模的数据存储、数据加密和安全性保证以及继续提高 I/O 速率等方面。云存储相比普通的存储技术有许多的优势：

(1)减少企业投入成本。普通企业需要投资很多才能构建自己的数据中心，而云存储服务商有专业的存储解决方案，所以对于普通企业租用公共云存储更合适。

(2)能够很好的应付突发的大访问量。普通企业的数据中心通常不能应对突发性的大访问量，如大型赛事的购票系统，但云存储使用了服务器集群和虚拟化技术，可以临时调用集群中的各个设备。

(3)能够提供存储服务的同步升级和数据的有效管理。如果企业自己构建数据中心，需要购买各种设备管理软件，负责设备和软件的升级、维护及管理。使用云存储服务，则可以把这些工作交给专业的云存储服务商来进行。所以说云存储是未来存储发展的一种趋势。

云存储作为一种新兴的存储模式，对于不同的用户，具有诸多不同的优点：

(1)对政府机构用户。由于政府机构的特殊性，对其数据安全性和可备份性的要求特别严格。云存储的应用，避免了因不可抗力或操作不当情况等原因，而造成数据丢失所引发的严重后果，节约了大量额外财政支出。

(2)对企业用户。随着企业信息化建设的不断发展和深化，现代企业越来越重视核心数据的存储安全和信息管理系统化办公的实现。云存储模式的不断成熟，使得企业可以通过网络，在云端建立包括数据库和各类信息管理系统在内的综合平台，实现远程移动办公和管理信息系统化。企业信息化的发展，促进了信息的有效流通和资源知识的共享，极大提高了工作和管理效率，降低了管理成本，为企业适应激烈的市场经济竞争环境，求得最大经济效益提供了保证。

(3)对个人用户。云存储模式的出现，为个人用户提供了几乎无限容量的稳定空间，以便其保存日益增多的照片、视频、音频、电子文档等个人数据。用户可以通过功能设置，进行数据文档的浏览、同步修改、共享等操作，十分便捷和方便。

但是，云存储的发展也面临很多问题，这些问题不解决势必会影响云存储技术的发展及推广应用。

(1)安全性。由于数据存储在云中,各个用户都能访问,因此保证数据的安全是首要问题。数据加密、数据备份等技术的应用保证了数据的安全性。

(2)网络带宽。由于云的服务器及用户分布在网络中的各个地方,所有的数据都需要在网络中传输。目前基本上是通过 ADSL、DDN 等宽带接入设备,只有带宽充足了,才能提高传输速度,用户才能更好地享受云存储的服务。

(3)数据管理。由于云服务器是各个云厂商提供的,分布广泛且配置不同。当用户需要访问数据时,应该能够快速地找到,当用户存储数据时,应该能够把数据存放在合适的服务器中,而且必须解决服务器的故障。这些都需要进行管理。

(4)云数据中心的建设及维护问题。建设云数据中心需要大量的资金投入,对于我国国内企业来说还是一个很大的挑战,

9.2 数据管理技术

云计算的诞生与海量数据问题有着密切的联系,即为了解决海量数据的获取、存储、管理和搜索的问题,从而使数据越来越智能化、结构化。云数据管理是指在云计算环境中的数据管理技术,数据密集型的计算是云计算中的重要一类,其核心内涵是数据管理。互联网企业如亚马逊、谷歌、淘宝,百度等的发展依赖于他们各自有效的数据管理,像中国移动、国家电网这样的大型跨地域企业则更需要大型数据中心支持其科学决策,全球或全国范围的科研协作网需要管理大规模的科学实验和观测数据并提供共享和分析。传统的数据管理技术难以满足这些应用所提出的对数据管理的需求,在云计算环境下,传统数据管理技术的基本假设不再成立。借鉴传统数据管理技术的理念,研究、设计和开发新的面向云计算环境的数据管理技术已经成为一个重要的研究课题[59,60]。

云计算中数据的特点主要表现在以下方面:

(1)海量性。近年来,随着物联网等应用的兴起,很多应用主要通过相当数量的传感器来采集数据。随着这种应用规模的扩大和在越来越多领域中的应用,数据量会呈现爆炸性增长的趋势。如何有效地改进已有的技术和方法或提出新的技术和方法来高效地管理和处理这些海量数据将是从数据中提取信息并进一步融合、推理和决策的关键。

(2)异构性。在云计算各种各样的应用中,不同领域不同行业在数据获取阶段所采用的设备、手段和方式都千差万别,取得的数据在数据形态、数据结构上也各不相同。传感器有不同的类别,如二氧化碳浓度传感器、温度传感器、湿度传感器等,不同类别的传感器所捕获、传递的信息内容和信息格式会存在差异。以上因素导致了对数据访问、分析和处理方式多种多样。数据多源性导致数据有不同的分类,不同的分类具有不同的数据格式,最终导致结构化数据、半结构化数据、非结构化数据并存,造成了数据资源的异构性。

(3)非确定性。云计算中的数据具有明显的不确定性特征,主要包括数据本身的不确定性、语义匹配的不确定性和查询分析的不确定性等。为了获得客观对象的准确信息,需要去粗取精、去伪存真,以便人们更全面地进行表达和推理。

9.2.1 数据管理技术原理

云计算需要对分布的、海量的数据进行处理、分析,因此,数据管理技术必须能够对大量的

数据进行高效的管理。云数据管理有三个特点：计算资源是可伸缩的、数据具有备份、数据存储在大量分布的结点之上。云计算系统中的数据管理技术最著名的是 Google 的 BT(BigTable 分布式存储系统)数据管理技术和 Hadoop 团队开发的开源数据管理模块 HBase(HBase-Hadoop Database)。

1. BigTable 分布式存储系统

BigTable 是 Google 的一个分布式存储系统，也是一个分布式的结构化数据存储系统，它被设计用来处理海量数据，通常是分布在数千台普通服务器上的 PB 级的数据。Google 的很多项目使用 Bigtable 存储数据，包括 Web 索引、Google Earth、Google Finance。这些应用对 Bigtable 提出的要求差异非常大，无论是在数据量(从 URL 到网页到卫星图像)还是在响应速度上(从后端的批量处理到实时数据服务)。尽管应用需求差异很大，但是，针对 Google 的这些产品，Bigtable 还是成功地提供了一个灵活的、高性能的解决方案。这一部分在第七章第一节已经详细讲述。

BigTable 在很多地方与数据库很类似，使用了很多数据库的实现策略。但不支持完全的关系数据模型，而是为客户提供了简单的数据模型。BigTable 对数据读操作进行优化，采用列存储的方式，提高数据读取效率。BigTable 的基本元素包括行(row)、列族(column families)和时间戳(Timestamps)等。其中，行关键字可以是任意字符串(目前支持最多 64 kB，多数情况下 10～100 字节足够)，在一个行关键字下的每一个读写操作都是原子操作(不管读写这一行里有多少个不同列)，这样在对同一行进行并发操作时，用户对于系统行为更容易理解和掌控。列族由一组同一类型的列关键字组成，是访问控制的基本单位。列族必须先创建，然后能在其中的列关键字下存放数据，列族创建后，族中任何一个列关键字均可使用。一张表中的不同列族不能太多(最多几百个)，并且在运作中很少改变。表中每一个表项都可以包含同一数据的多个版本，由 64 位整型的时间戳来标识。时间戳可以由 BigTable 来赋值，表示准确到毫秒的“实时”或者由用户应用程序来赋值。不同版本的表项内容按时间戳倒序排列，即最新的排在前面。为了简化对于不同数据版本的数据的管理，对每一个列族支持两个设定，以便于 BigTable 对表项的版本自动进行垃圾清除。用户可以指明只保留表项的最后 n 个版本，或者只保留足够新的版本(比如只保留最近 7 天的内容)。

在图 9-4 所示的 Web 网页存储范例中，行名是一个反向 URL(即 com. cnn. www)，列族“contents”用于存放网页内容，列族“anchor”则用于存放引用该网页的锚链接文本。这里 CNN 的主页被“Spore llhstrater”(CNN 的体育节目)和“MY-look”的主页引用，因此该行包含了名为“anchor：cnnsi. corn”和“anchhor：my. l00k. ca”的列。每个锚链接只有一个版本，分别由时间戳 t_8 和 t_9 标识，而 contents 列则包括分别由时间戳 t_3、t_5 和 t_6 标识的 3 个版本。

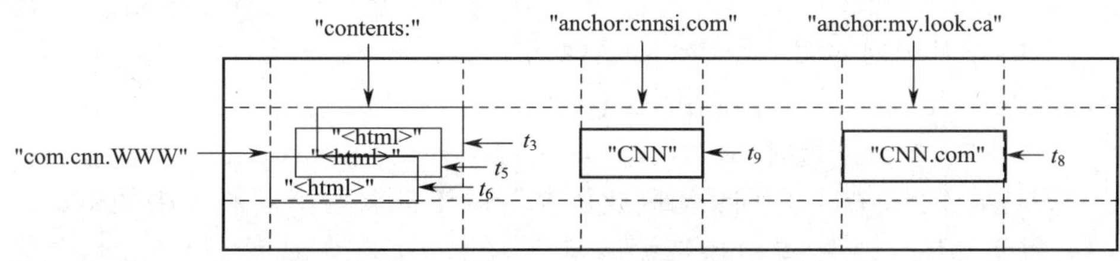

图 9-4　BigTable 的网页存储范例

大表(BigTable)的内容按照行来划分，由多个行组成一个小表(Tablet)，保存到某个小表服务器(Tablet server)节点中。在物理层，数据存储的格式为 SSTable. 每个 SSTable 包含一系列大小为 64 kB(可以配置)的数据块(block)。图 9-5 所示为 BigTable 的体系结构。

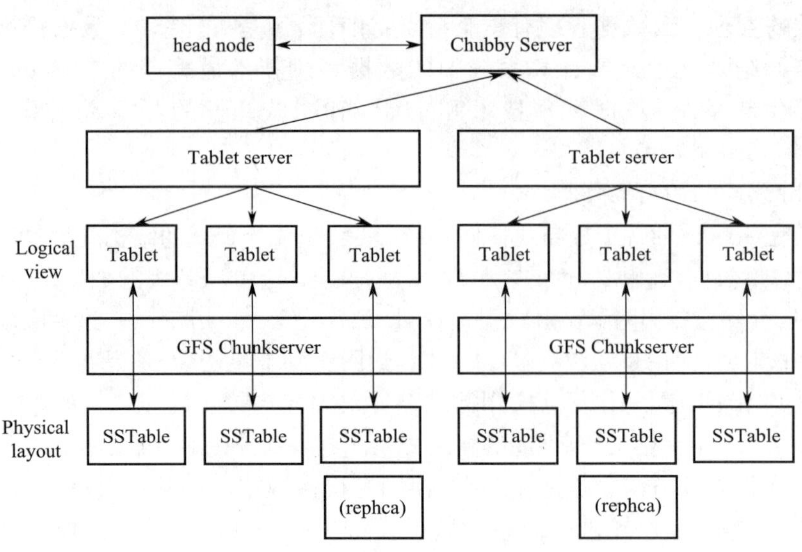

图 9-5　BigTable 的体系结构

如果说 BigTable 是一块布，Tablets 就好像是从这块布上扯下的布条，每个 Tablet 所需要的存储空间为 100～200 MB，而每台服务器(廉价 PC)大约存储 100 个左右的 Tablets，同一台机器上的所有 Tablets 共享一个日志，SSTable 提供一个从关键字到值持续有序的映射，关键字和值都可以是任意字符串。块索引(block index)存储在 SSTable 的最后，用来定位数据块，Chubby 是 BigTable 采用的一个高度可用的持续分布式数据锁服务。每个 Chubby 服务由 5 个活的备份构成，其中一个为主备份并响应服务请求，只有当大多数备份都保持运行并保持互相通信时，相应的服务才是活动的。当有备份失效时，Chubby 使用 Paxos 算法来保证备份的一致性，Chubby 提供了一个由目录和小文件组成的名字空间(namespace)，每个目录或者文件可以当成一个锁来用，读写文件操作都是原子化的。

BigTable 于 2004 年开始研发并投入应用，至今已运行了 8 年。基本上能够满足 Google 数据管理的需求，处理海量数据，实现高速存储与查找。目前，基于 BigTable 的应用包括 Google Analytics、Google Finance、Orkut、Personalized Search、Writely、Google Earth 等 60 多个项目。

2. 开源数据管理模块 HBase

就像 Bigtable 利用了 Google 文件系统(File System)所提供的分布式数据存储一样，HBase 在 Hadoop 之上提供了类似于 Bigtable 的能力。HBase 是 Apache 的 Hadoop 项目的子项目，HBase 不同于一般的关系数据库，它是一个适合于非结构化数据存储的数据库，另一个不同的是 HBase 基于列的而不是基于行的模式。

HBase 采用与 Bigtable 非常相似的数据模型，用户存储数据行(data row)在一个标识表(labelled table)中. 一个数据行有一个可排序的主键或分类键(sortable key)和任意数量的列(column)。表是疏松(sparsely)存储的，因此用户可以根据需要给同一表中的不同行定义各种不同的列，每张 HBase 表的索引是行关键字(row key)、列关键字(column key)和时间戳(timestamp)。

列名字的格式是“＜family＞:＜label＞”，都是由字符串组成，每一张表有一个族(family)集合，这个集合是固定不变的，相当于表的结构，只能通过改变表结构来改变，标识(label)值相对于每一行来说都是可以改变的。HBase 把同族里面的数据存储在同一个目录下，而

Hbase 的写操作是锁行的，每一行都是一个原子元素，都可以加锁。所有数据库的更新都有一个时间戳标记，每个更新都是一个新的版本，系统会保留一定数量的版本，这个值是可以设定的。用户可以选择获取距离某个时间最近的版本，或者一次获取所有版本。

HBase 遵从如图 9-6 所示的简单主从服务器架构，每个 HBase 集群通常由单个主服务器(master server)、数百个或更多区域服务器(region server)构成。每个 Region 由某个表的连续数据行组成，从开始主键到结束主键，某张表的所有行保存在一组 Region 中。通过用表名和开始/结束主键来区分不同的 Region。区域服务器主要通过 3 种方式保存数据：Hmemcache 高速缓存，保留的是最新写入的数据；Hlog 记录文件，保留的是提交成功了，但未被写入文件的数据；Hstores 文件，数据的物理存放形式。

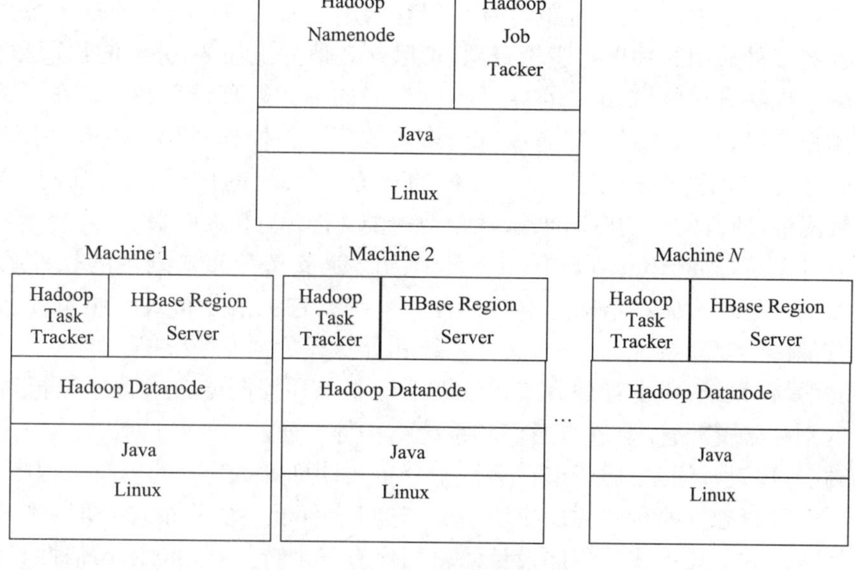

图 9-6　Hbase 集群体系结构

主服务器的主要任务是分配每个区域服务器需要维护的 Region，因此每个区域服务器都需要与主服务器通信。主服务器会和每个区域服务器保持一个长连接，如果该连接超时或者断开，会导致区域服务器自动重启，同时主服务器认为该区域服务器已死机而把其负责的 Region 分配给其他区域服务器。

9.2.2　数据管理技术的特点

HBase 是一个高可靠性、高性能、面向列、可伸缩的分布式存储系统，利用 HBase 技术可在廉价 PC Server 上搭建起大规模结构化存储集群[61]。

HBase 是 Google Bigtable 的开源实现，类似 Google Bigtable 利用 GFS 作为其文件存储系统，HBase 利用 Hadoop HDFS 作为其文件存储系统；Google 运行 MapReduce 来处理 Bigtable 中的海量数据，HBase 同样利用 Hadoop MapReduce 来处理 HBase 中的海量数据；Google Bigtable 利用 Chubby 作为协同服务，HBase 利用 Zookeeper 作为对应。

9.3 分布式处理技术

分布式系统(Distributed System)是建立在网络之上的软件系统,正是因为软件的特性,所以分布式系统具有高度的内聚性和透明性。因此,网络和分布式系统之间的区别更多的在于高层软件(特别是操作系统),而不是硬件。内聚性是指每一个数据库分布节点高度自治,有本地的数据库管理系统。透明性是指每一个数据库分布节点对用户的应用来说都是透明的,看不出是本地还是远程。在分布式数据库系统中,用户感觉不到数据是分布的,即用户不需知道关系是否分割、有无复本、数据存于哪个站点以及事务在哪个站点上执行等。

9.3.1 分布式处理技术原理

在一个分布式系统中,一组独立的计算机展现给用户的是一个统一的整体,就好像是一个系统。系统拥有多种通用的物理和逻辑资源,可以动态地分配任务,分散的物理和逻辑资源通过计算机网络实现信息交换,系统中存在一个以全局的方式管理计算机资源的分布式操作系统。通常对用户来说,分布式系统只有一个模型或范型。在操作系统之上有一层软件中间件(middleware)负责实现这个模型。一个著名的分布式系统的例子是万维网(World Wide Web),在万维网中,所有的一切看起来就好像是一个文档(Web 页面)。

分布式软件系统(Distributed Software Systems)是支持分布式处理的软件系统,是在由通信网络互联的多处理机体系结构上执行任务的系统。它包括分布式操作系统、分布式程序设计语言及其编译(解释)系统、分布式文件系统和分布式数据库系统等。

(1)分布式操作系统:负责管理分布式处理系统资源和控制分布式程序运行,它和集中式操作系统的区别在于资源管理、进程通信和系统结构等方面。

(2)分布式程序设计语言:用于编写运行于分布式计算机系统上的分布式程序。一个分布式程序由若干个可以独立执行的程序模块组成,它们分布于一个分布式处理系统的多台计算机上被同时执行。它与集中式的程序设计语言相比有三个特点:分布性、通信性和稳健性。

(3)分布式文件系统:具有执行远程文件存取的能力,并以透明方式对分布在网络上的文件进行管理和存取。

(4)分布式数据库系统:由分布于多个计算机结点上的若干个数据库系统组成,它提供有效的存取手段来操纵这些结点上的子数据库。分布式数据库在使用上可视为一个完整的数据库,而实际上它是分布在地理分散的各个结点上。当然,分布在各个结点上的子数据库在逻辑上是相关的。

为了使用户能更轻松地享受云计算带来的服务,让用户能利用分布式处理技术编写简单的程序来实现特定的目的,云计算上的分布式处理开发框架必须十分简单,保证后台复杂的并行执行和任务调度向用户和编程人员透明。云计算普遍采用类似 Map-Reduce 的分布式处理开发框架。现在所有 IT 厂商提出的“云”计划中采用的开发框架,都是基于 Map-Reduce 思想开发的编程工具。

Map-Reduce 是 Google 开发的 Java、Python、C++分布式处理开发框架,它是一种简化而高效的任务调度模型,可用于大规模数据集(大于 1 TB)的并行运算,严格的分布式处理开发框架使云计算环境下的编程十分简单。Map-Reduce 模式的思想是将要执行的问题分解成 Map(映射)和 Reduce(化简)的方式,先通过 Map 程序将数据切割成不相关的区块,分配(调度)给大量计算机处理,达到分布式运算的效果,再通过 Reduce 程序将结果汇整输出[62]。

MAP-Reduce 不仅仅是一种开发框架,同时也是一种高效的任务调度模型。Map-Reduce 开发框架并不仅适用于云计算,在多核和多处理器、cellprocessor 以及异构机群上同样有良好的性能。该开发框架仅适用于编写任务内部松耦合、能够高度并行化的程序。如何改进该开发框架,使程序员得能够轻松的编写紧耦合的程序,运行时能高效的调度和执行任务,是 Map-Reduce 开发框架未来的发展方向。

9.3.2　分布式处理技术的特点

分布式数据库系统已经成为信息处理学科的重要领域,正在迅速发展之中,原因基于以下几点:

(1)它可以解决组织机构分散而数据需要相互联系的问题。比如银行系统,总行与各分行处于不同的城市或城市中的各个地区,在业务上它们需要处理各自的数据,也需要彼此之间的交换和处理,这就需要分布式的系统。

(2)如果一个组织机构需要增加新的相对自主的组织单位来扩充机构,则分布式数据库系统可以在对当前机构影响最小的情况下进行扩充。

(3)均衡负载的需要。数据的分解采用使局部应用达到最大,这使得各处理机之间的相互干扰降到最低,负载在各处理机之间分担,可以避免临界瓶颈。

(4)当现有机构中已存在几个数据库系统,而且实现全局应用的必要性增加时,就可以由这些数据库自下而上构成分布式数据库系统。

(5)相等规模的分布式数据库系统在出现故障的几率上不会比集中式数据库系统低,但由于其故障的影响仅限于局部数据应用,因此就整个系统来讲它的可靠性是比较高的。

分布式数据库系统特点主要包括:

(1)在分布式数据库系统中不强调集中控制概念,它具有一个以全局数据库管理员为基础的分层控制结构,但是每个局部数据库管理员都具有高度的自主权。

(2)在分布式数据库系统中数据独立性概念也同样重要,然而增加了一个新的概念,就是分布式透明性。所谓分布式透明性就是在编写程序时好象数据没有被分布一样,因此把数据进行转移不会影响程序的正确性,但程序的执行速度会有所降低。

(3)与集中式数据库系统不同,数据冗余在分布式系统中被看作是所需要的特性,其原因在于:如果在需要的节点复制数据,则可以提高局部的应用性;当某节点发生故障时,可以操作其他节点上的复制数据,因此可以增加系统的有效性;在分布式系统中对最佳冗余度的评价是很复杂的。

9.4　虚拟化技术

虚拟化是一个广义的术语,在计算机方面通常是指计算元件在虚拟的基础上而不是真实的基础上运行。虚拟化技术可以扩大硬件的容量,简化软件的重新配置过程。CPU 的虚拟化技术可以单 CPU 模拟多 CPU 并行,允许一个平台同时运行多个操作系统,并且应用程序都可以在相互独立的空间内运行而互不影响,从而显著提高计算机的工作效率。实际上,虚拟化涉及的范围广泛,包括网络虚拟化、存储虚拟化、服务器虚拟化、桌面虚拟化、应用程序虚拟化、表示层虚拟化等。

虚拟化技术是云计算实现的关键技术,单个服务器可以支持多个虚拟机运行多个操作系统和应用,从而大大提高服务器的利用率,通过虚拟化为应用提供了灵活可变、可扩展的平台服务。自从 1998 年 VMware 将只有在大型机中采用的虚拟化技术引入 x86 平台至今,虚拟化已经为全球用户节约了大量成本，提升了服务器运营效率，更重要的是下一代的数据中心也将基于虚拟化来进行构建，特别是云计算，更是离不开虚拟化技术的支撑。

9.4.1 虚拟化技术原理

云计算的特征体现在虚拟化、分布式和动态可扩展。虚拟化是云计算最主要特点。每一个应用部署的环境和物理平台没有关系，通过虚拟平台进行管理、扩展、迁移、备份，种种操作都通过虚拟化层次完成；动态可扩展指通过动态扩展虚拟化的层次，进而达到对以上应用进行扩展的目的；分布式指计算所使用的物理节点分布。从云计算最重要的虚拟化特点来看，大部分软件和硬件已经对虚拟化有一定支持，可以把各种 IT 资源、软件、硬件、操作系统和存储网络等要素都进行虚拟化，放在云计算平台中统一管理。虚拟化技术打破了物理结构之间的壁垒，代表着把物理资源转变为逻辑可管理资源的必然趋势。未来的资源将透明地运行在各种物理平台上，资源的管理都将按逻辑方式进行，完全实现资源的自动化分配，而虚拟化技术则是实现这一理想的唯一工具。针对云计算，虚拟化技术的融合和应用应面向高级虚拟机、应用以及虚拟化存储等方面[63]。

1. 云计算虚拟化分类

根据抽象层的位置不同，通常将虚拟化分为四类：完全虚拟化（Full Virtualization）、准虚拟化（Para Virtualization）、操作系统虚拟化（OS Virtualization）和应用程序虚拟化（Application Virtualization）。

(1)完全虚拟化

完全虚拟化是目前最主要的虚拟化方法，使用一种名为 Hypervisor 的软件，在虚拟服务器和底层硬件之间建立一个抽象层，该虚拟化方案具有很高的效率。Hypervisor 可以捕获 CPU 指令，为指令访问硬件控制器和外设充当中介，作为一个对硬件资源进行访问的代理来协调上层 OS 对底层资源的访问，如图 9-7 所示。从虚拟技术的发展历史来看，此虚拟化方法也称为硬件虚拟化（Hardware Virtualization）。在这种情况下，每个虚拟机完全独立而互不相干，每个虚拟机提出的系统资源请求（处理器、硬盘、内存或网络）均被 Hypervisor 捕捉（最初由软件实现，现在已有 CPU 硬件支持）并被发送到物理硬件上进行处理。市场上可见的该类虚拟化产品包括 VM/370、微软的 Virtual Server、VMware 公的 VMwareServer 和 VMware ESX。

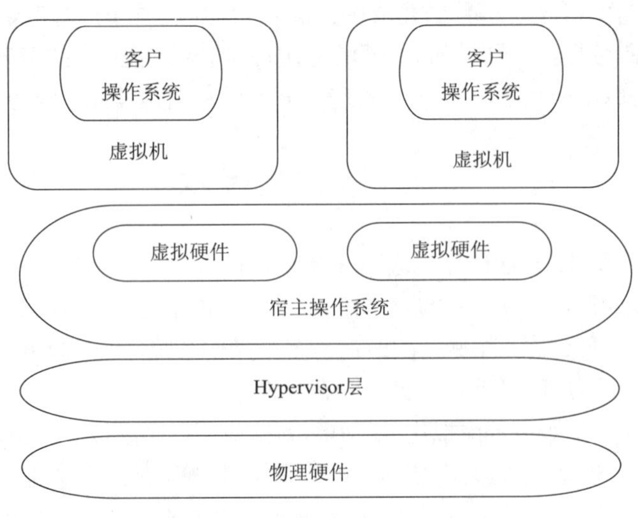

图 9-7 完全虚拟化结构示意图

(2)准虚拟化

准虚拟化减轻了处理器的负担,客户操作系统需要在核心层面进行改动,能够与 Hypervisor 协同工作。准虚拟化技术同样支持在一个宿主机上运行。

多个虚拟机,从广义角度来讲,宿主机可以由操作系统和准虚拟化层共同构成,也可以仅仅包括一个准虚拟化层。与完全虚拟化的不同之处在于准虚拟化技术虚拟机导出了一系列的 API 供虚拟机调用而不是为虚拟机模拟硬件设备,适应于 BSD、Linux、Solaris 等某些开源操作系统,典型的准虚拟化产品包括开源项目 Xen 和 Denai,以及很多由 Xen 所衍生出来的商业版本,如 Citrlx XenSource。Xen 作为准虚拟化技术的典型代表,其层次结构如图 9-8 所示。

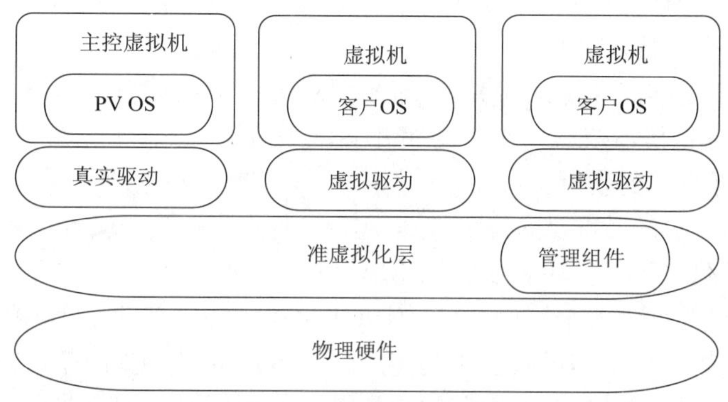

图 9-8 准虚拟化结构示意图

(3)操作系统虚拟化

在准虚拟化或者完全虚拟化的基础上,将虚拟化抽象层向上移动到宿主操作系统之上,形成了操作系统虚拟化。操作系统层虚拟化没有独立的 Hypervisor 层,主机操作系统本身负责在多个虚拟服务器之间分配硬件资源,并且让这些服务器彼此独立。与前面所述的虚拟化方案相比:操作系统虚拟化技术提供了更高运行效率;架构在所有虚拟服务器上使用单一、标准的操作系统,管理起来比异构环境要容易;各个虚拟机共享一套宿主操作系统的机制,作为宿主操作系统的一种“快照”存在,同时各个虚拟机在一定程度上来看都是在共享宿主操作系统的文件,虚拟化结构得到简化;但是,所有虚拟服务器必须同时运行同一操作系统(不过每个实例有各自的应用程序和用户账户),灵活性比较差;操作系统虚拟化技术由于各个虚拟机的宿主操作系统文件及其他相关资源的共享,使得其提供的隔离性也不如前面所述的虚拟化方案。

在操作系统虚拟化领域,主要的成形方案和产品是基于容器的虚拟化技术(COS Virtualization),典型的代表有 Solaris 10 所提出的 Zone 和 Parallels Virtuozzo 容器。COS 虚拟化方案往往在设计层次上更加简单,如图 9-9。在 COS 虚拟化中,虚拟机的启动过程类似于创建一个文件一样简单,与之相伴的是 COS 虚拟化可以更有效地对虚拟机需求资源进行动态调配;同时由于虚拟机之间的相似性,COS 通常具有更高的系统整合比。而该方案最大的局限性在于每个虚拟机具有同源性,因此所有运行的虚拟机具有同样的版本,而且虚拟化抽象层必须严格控制各个虚拟机

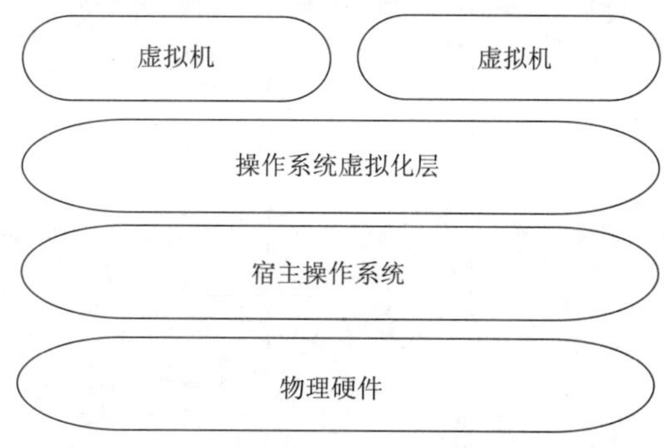

图 9-9 操作系统虚拟化平台结构示意图

之间的运行隔离性。

(4)应用程序虚拟化

应用程序虚拟化的思想是将单个应用程序的文件、注册键以及其他相关的配置封装成为一个新的数据结构(通常为一个具有特定格式的文件),以方便应用程序的安装和删除等。为了保护应用程序的隔离性,通常虚拟层的封装不允许操作系统直接与应用程序内部的组件进行交互,而应用程序内部的构建可以利用系统资源来运行自己。通常有一组工具与应用程序虚拟化相伴,使得应用程序可以被“流化”到客户端,且这样“流化”过程只会对客户端所需要的组件进行按需拷贝,从而提高程序运行的效率。基于应用程序虚拟化的产品主要有:微软的SoftGrid,Citrix的StreaMServer,Thinstall Virtualization Suite和Vmware的ThinApp等。

2. 云虚拟化技术分层原理

随着虚拟化的应用推广和深入研究,甚至不同的虚拟化技术在相互学习以吸收对方的优点。如现在的Xen虚拟机不仅是一个简单的准虚拟化平台,还支持全虚拟化的部分特性,这些得益于虚拟化硬件技术的发展。

虚拟化是实现云计算的最重要的技术基础,实现了物理资源的逻辑抽象和统一表示。通过虚拟化技术可以提高资源的利用率,并能够根据用户业务需求的变化,快速、灵活地进行资源部署。

云虚拟化技术主要分为两个层面:物理资源池化和资源池管理。其中物理资源池化是把物理设备由大化小,将一个物理设备虚拟为多个性能可配的最小资源单位;资源池管理是对集群中虚拟化后的最小资源单位进行管理,根据资源的使用情况和用户对资源的申请情况,按照一定的策略对资源进行灵活分配和调度,实现按需分配资源。

(1)物理资源的池化

如图9-10所示为物理资源的池化图。物理硬件设备的虚拟化对象包括服务器、存储、网络、安全等多个方面,不同的虚拟化技术从不同角度解决系统的各种问题。

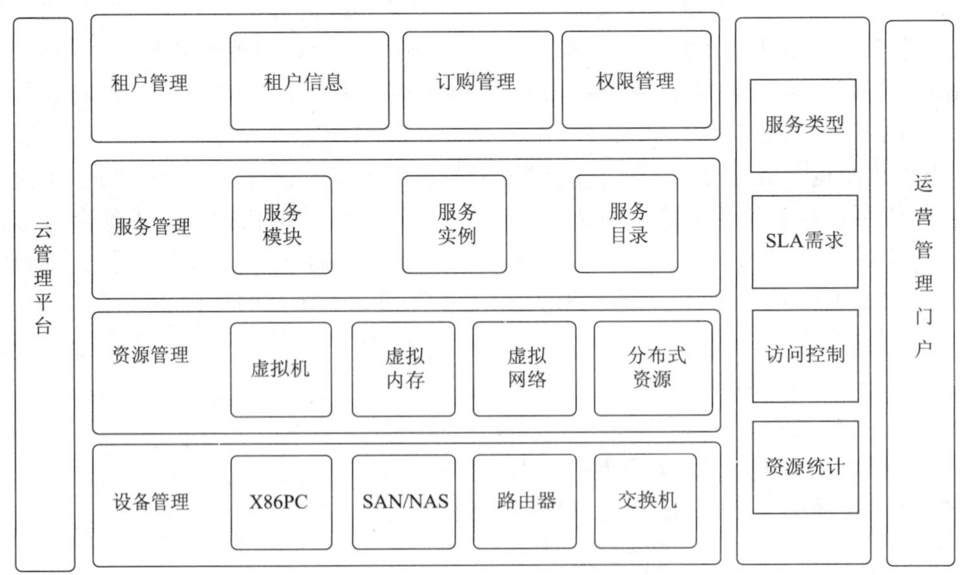

图9-10　物理资源的池化

①服务器虚拟化

服务器虚拟化对服务器进行资源虚拟和池化,将一台服务器虚拟为多个同构的虚拟服务器，同时对集群中的虚拟服务器资源池进行管理。

②存储虚拟化

存储虚拟化主要是对传统的存储区域网络（SAN）、网络附加存储（NAS）设备进行异构，将存储资源按类型统一集中为一个大容量的存储资源，并将统一的存储资源通过分卷、分目录的权限和资源管理方法进行池化，然后将虚拟存储资源分配给各个应用使用，或者是直接分配给最终用户使用。

③网络虚拟化

网络虚拟化将一个物理网络节点虚拟成多个虚拟的网络设备（交换机、负载均衡器等），并进行资源管理，配合虚拟机和虚拟存储空间为应用提供云服务。

（2）资源池的管理和使用

资源池由云管理平台实现统一的管理、调度和监控，涉及云平台的合理使用和维护管理。云管理平台共分为 4 个管理层面，分别为：设备管理、虚拟资源管理、服务的管理和租户管理。

①设备管理

设备管理为云计算平台的硬件设备提供管理和告警功能，主要包括系统管理员在日常的维护工作中查询各物理设备性能情况，并对应用服务器的 CPU 使用率、内存使用率、硬盘使用率、网络接口使用率、存储设备的空间使用率、IO 情况等关键指标进行监控。用户可以根据应用物理设备的实际配置，设置相应的监控阈值，系统会自动启动对相应指标的监控并报警。

②虚拟资源管理

虚拟资源管理为各种应用提供虚拟资源的统一管理、资源分配和灵活调度，同时还包括系统管理员在日常的维护工作中查询各个最小虚拟资源的性能情况，并对应用虚拟机的 CPU 使用率、内存使用率、硬盘使用率、网络接口使用率，虚拟存储（如亚马逊的 EBS）的空间使用率、IO 情况等关键指标进行监控。用户可以根据虚拟资源的实际配置，设置相应的监控阈值，系统会自动启动对相应指标的监控并报警。

③服务管理

服务管理包括服务模板、服务实例、服务目录等管理。服务管理在虚拟资源的基础上，快速向租户提供用户指定的操作系统、应用软件等资源。

④租户管理

租户管理对每一个租户对应的资源群进行管理，内容包括资源的种类、数量、分布情况等，同时对租户生命周期进行管理，包括租户的申请、审核、正常、暂停、注销等。

9.4.2　虚拟化技术的特点

结合其实现原理，可以总结出虚拟化技术的 6 大特性：

（1）软件实现。以软件的方式模拟硬件，通过软件的方式逻辑切分服务器资源，形成统一的虚拟资源池，创建虚拟机运行的独立环境。

（2）隔离运行。运行在同一物理服务器上的多个虚拟机之间相互隔离，虚拟机与虚拟机之间互不影响。包括：计算隔离、数据隔离、存储隔离、网络隔离、访问隔离，虚拟机之间不会泄露数据，应用程序只能通过配置的网络连接进行通信。

（3）封装抽象。操作系统和应用被封装成虚拟机，封装是虚拟机具有自由迁移能力的前提。真实硬件被封装成标准化的虚拟硬件，整个虚拟机以文件形式保存，便于进行备份、移动和复制。

(4)硬件独立。服务器虚拟化带来了虚拟机和硬件相互依赖性的剥离,为虚拟机的自由移动提供了良好的平台。

(5)广泛兼容。兼容多种硬件平台,支持多种操作系统平台。

(6)标准接口。虚拟硬件遵循业界标准化接口,以保证兼容性。

9.5　云安全技术

“云安全(Cloud Security)”计划是网络时代信息安全的最新体现,它融合了并行处理、网格计算、未知病毒行为判断等新兴技术和概念,通过网状的大量客户端对网络中软件行为的异常监测,获取互联网中木马、恶意程序的最新信息,推送到 Server 端进行自动分析和处理,再把病毒和木马的解决方案分发到每一个客户端。

云计算改变了服务方式,但并没有颠覆传统的安全模式。所不同的是,在云计算时代,安全设备和安全措施的部署位置有所不同,安全责任的主体发生了变化。之前,用户自己要保证服务的安全性,现在则由云计算服务提供商来保证服务提供的安全性。

9.5.1　云安全技术原理

云安全是一群探针的结果上报、专业处理结果的分享,好处是理论上可以把病毒的传播范围控制在一定区域内,这和探针的数量、存活及病毒处理的速度有关。传统的上报是人为手动的,而云安全是系统内自动快捷几秒钟内就完成的,这一种上报是最及时的,人工上报就做不到这一点。理想状态下,从一个盗号木马从攻击某台电脑,到整个“云安全”(Cloud Security)网络对其拥有免疫、查杀能力,仅需几秒的时间。

云安全技术是 P2P 技术、网格技术、云计算技术等分布式计算技术混合发展、自然演化的结果。

云计算安全技术分为三大领域:身份的保护、基础设施的保护和信息数据的保护。

(1)对于身份安全来说,用户需要的是强认证机制,这种强认证机制要考虑一般的 ID 和密码保护,从而确保得到授权的用户访问某一应用或系统。在云环境中,安全技术所面临的挑战是:在云环境里面没有关于身份认证的定义。换句话说,从一个云服务转移到另一个云服务的时候,如何证明用户的身份是合法的以及访问的云服务是权限范围内的将成为云安全技术首要关心的内容。显然,在云环境中需要联合身份认证技术,才能实现云服务和云应用的安全迁移。必须承认,云计算环境中的身份认证是一件困难的事情。

(2)第二个领域是保护基础架构的安全技术。基础架构包括一些硬件和网络设施、操作系统、应用环境。对基础架构安全来说,要确保基础架构的安全有非常大的挑战,在虚拟机从一个云环境进入另一个云环境的时候,如何保证虚拟机不受攻击,也是非常大的挑战。在基础架构安全方面还有一点非常重要,就是需要非常强的可信链条,这个可信链条包括硬件上要安全,还有因特网、操作系统和整个虚拟化,所有的链条里面都要打造非常强的可信性。

(3)第三领域是保护数据和信息的安全。这方面技术也面临很多挑战,要确保用户访问云环境的时候,一方面确保数据的保密性,也就是谁能够阅读这些数据;另一方面要保证云环境中的数据完整性,也就是这些数据在访问的时候,不应该被任何人随意篡改。在这个领域中的技术主要包括分布式的密钥管理技术、密钥的加密技术、DLP 技术等。云服务提供商需要确保整个数据在云环境中传输的时候，内容不会丢失和被篡改。

9.5.2　云安全技术的特点

要想建立“云安全”系统，并使之正常运行，需要解决四大问题：

(1)需要海量的客户端(云安全探针)。只有拥有海量的客户端，才能对互联网上出现的恶意程序或危险网站有最灵敏的感知能力。一般而言安全厂商的产品使用率越高，反映应当越快，最终应当能够实现无论哪个网民中毒、访问挂马网页，都能在第一时间做出反应。

(2)需要专业的反病毒技术和经验。发现的恶意程序被探测到，应当在尽量短的时间内被分析，这需要安全厂商具有过硬的技术，否则容易造成样本的堆积，使云安全的快速探测的结果大打折扣。

(3)需要大量的资金和技术投入。“云安全”系统在服务器、带宽等硬件需要极大的投入，同时要求安全厂商应当具有相应的顶尖技术团队、持续的研究花费。

(4)可以是开放的系统，允许合作伙伴的加入。“云安全”可以是个开放性的系统，其“探针”应当与其他软件相兼容，即使用户使用不同的杀毒软件，也可以享受“云安全”系统带来的成果。

第 10 章　交通物联网发展思路探讨

近几年来，信息化在全国交通行业发展迅速，信息技术的高渗透性和高集成能力为交通信息化建设提供了良好的技术支撑，有效地改造和提升了交通传统产业。

建设前期，全国交通信息化建设围绕以政务内网、政务外网和行业专网为基本构架的交通政务信息网络平台建设取得新进展，建设了一批业务应用系统，在各业务领域初步实现了管理的信息化，有效提高了交通行业管理水平，交通信息资源得到进一步整合和积累，信息共享的范围逐步延伸和扩大，信息化对交通行业发展的促进效应逐步得到体现。

随后，交通信息化建设工作以提高政府决策、监管、服务和应急保障能力为目标，以信息资源的整合与开发利用为重点，采用最新信息化技术，以“智慧交通”为发展目标，实现对交通运输过程中的人、车(船)、路、货、环境等多元交通要素的信息进行有效集成，建立起大范围、全时空、实时、准确、高效的智能交通运输综合管理系统，从而全面提高交通行业管理和服务水平，为社会公众提供全面的交通信息服务。

交通信息化建设的持续推进将有力促进交通物联网产业的快速形成与可持续性发展，形成共生共赢的交通信息化服务产业链。

10.1　需求分析

围绕交通物联网的发展问题，福建省交通运输行业主管部门在福建省内进行了需求调研分析，调研对象包括政府部门、企业用户和公众用户三类。

首先是政府部门，调研单位主要是交通厅内部各业务部门，其核心需求是提升交通信息的服务和管理水平。存在的主要问题包括：

(1)数据的整合与深度挖掘严重不足，不能很好地支持决策分析；

(2)既有应用系统联动不足，不能很好地支持应急指挥；

(3)既有应用系统的普及推广程度不一，不能很好地支持行业监管；

(4)单一应用系统的信息服务价值不足，既有应用系统之间的应用服务整合不足，不能提供满足公众真正需求的综合性交通物联网信息服务。

其次是企业，主要包括交通运输企业、软件开发商和运营商，其核心需求是缺乏权威的全方位的交通物联网信息数据源。目前主要需求包括：

(1)交通运输企业需要客源/货源、车辆动态位置与状态、实时路况等信息服务，提升其业务管理水平；

(2)软件开发企业需要全面覆盖人、车、路、货、环境的交通信息数据资源，以方便快捷地进行交通物联网创新应用开发；

(3)电信运营商需要大力发展交通信息服务产业以充分地发挥其传输通道的商业价值，并提升其用户吸引力。

第三是公众用户，主要包括驾车出行和公交出行两类用户。对于驾车出行用户，迫切需要以安全便捷的方式了解车辆运行状况、前方实时路况、危险驾驶行为预警、谨慎驾驶路段提醒、图像视频等可视化交通信息服务等;对于公交出行用户,迫切需要以便捷的方式了解公交换乘、公交预计到站时间、公交拥挤程度等。

10.2 建设现状

目前,美日欧等西方发达国家已经建立起了比较完善的交通信息化系统,我国对交通信息化的发展非常重视,已经取得了可喜的成绩,但还存在着一些问题,例如:开发的交通信息系统,单项应用较多,综合应用少;信息资源缺乏统筹开发,共享率低等[64]。

以福建省为例,在"十一五"期间福建省交通信息化取得了突出的成绩,初步构建了福建省交通运输信息化体系,完成了交通数据信息服务、交通地理信息公共服务、交通动态位置信息服务、公众出行信息服务等应用服务(应用系统)的建设。但目前这些应用系统的集成度不高,综合性的管理和服务系统的开发应用尚处在起步阶段,不能很好地满足行业监管部门、企业以及公众用户的需求;同时由于缺乏公共的交通信息服务平台,虽然已经掌握了大量的交通运输信息资源,但是由于标准不统一、信息共享与交换渠道不畅,造成各单位、各部门之间的信息资源共享和开发利用水平不高,信息资源没有充分发挥出效益,且存在重复建设现象。

10.3 建设目标

以"为民服务"为根本目标,面向公众用户的出行及行业应用需求,对福建省交通运输行业物联网应用进行全面摸底,开展交通运输行业物联网应用整合与服务平台(包括配套的研发灾备平台)建设和运营模式的设计,从基础服务、公众出行服务两个方面开展应用服务设计、建设和推广,同时进行交通物联网标准体系建设,并确立服务落地示范工程。

通过开展交通运输行业物联网应用整合与服务平台建设,制定信息资源共享与交换规范,充分利用和整合已有的物联网信息服务资源,建立人、车(船)、路、货、环境一体的自主采集与服务模型。为信息服务或信息开发企业提供资源服务,延伸更多的物联网应用,为政府、行业以及公众提供服务,推动交通运输信息化基础设施进一步完善,显著提升我省交通信息服务水平,形成共生共赢的信息化服务产业链,促进我省交通信息化建设的可持续发展。并开展试点工程建设,形成相关行业标准,进行全国推广。具体目标如下:

(1)推广交通物联网基础、出行、物流等行业应用服务,推动交通物联网应用的资源共建共享;

(2)建成交通运输行业物联网应用整合与服务平台,大幅提升交通信息服务和管理水平;

(3)推动交通运输行业广泛应用物联网信息化技术,构建便捷、高效、绿色、安全的智能交通运输体系;

(4)构建交通运输行业物联网应用标准体系,引导和规范行业的健康发展,推动交通物联网的应用推广;

(5)以业务需求促进交通物联网产业发展,培育和引导交通物联网产业链,形成围绕信息服务多实体共生、多方共赢的局面,支撑交通运输行业物联网应用工程可持续建设和发展。

10.4 建设原则

在国家《公路水路交通运输信息化"十二五"发展规划》、《关于推进综合运输体系建设的指导意见》等统一指导、部署下，坚持以下建设原则：

(1)坚持“标准是基础、协同是关键、服务是核心、效益是方向”的发展理念；

(2)坚持“政企互动、联合推进、互联互通、共建共享”的交通运输信息化发展模式。

10.5　建设思路

基于上述讨论，对于交通物联网的建设和发展而言，重点将是整合交通运输行业主管部门及各社会力量正在建设或建成的相关支撑系统的数据资源，开展数据服务的设计，并在前期进行应用示范系统的建设和推广。

交通物联网转变了传统的交通信息化建设发展方式，在充分利用前期建设成果的同时，通过物联网和云计算等信息技术，对接/整合交通行业主管部门及各社会力量已经建成并正在投入使用中的交通信息系统，将其可向公众、企业、政府部门和开发人员开放的应用服务进行统一的建设和应用推广，从而充分地挖掘既有系统的应用潜力，显著提升交通信息服务水平，并促进交通信息化建设的可持续发展。为此，工信部与福建省共同制定了《2012－2015 年工信部与福建省共同深化“数字福建”建设实施方案》，计划开展《福建省交通运输行业物联网应用整合与服务工程》项目建设，其工程系统架构如图 10-1 所示。

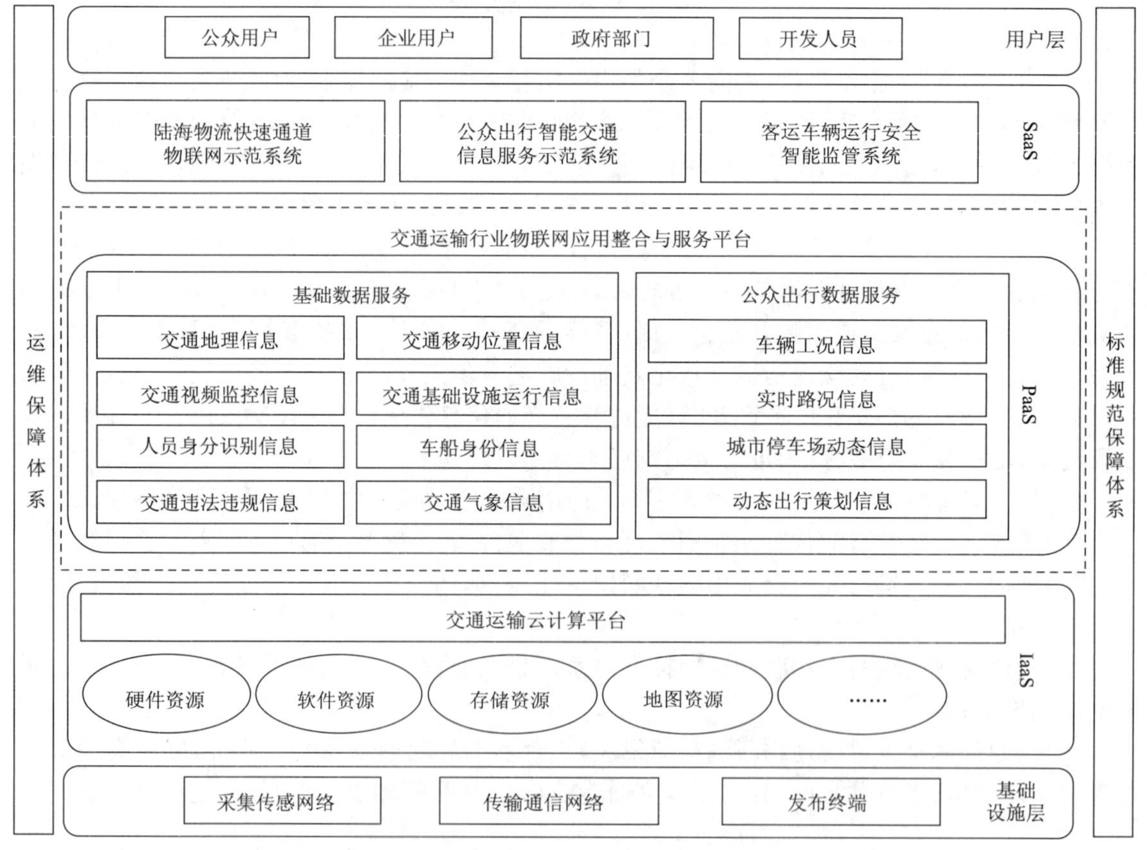

图 10-1　交通物联网应用工程系统架构

工程面向公众用户的出行及行业应用需求，坚持项目建设的基本原则，开展交通运输行业物联网应用整合与服务平台(包括配套的研发、灾备平台)建设和运营模式的设计,从基础服务、公众出行服务两个方面开展应用服务设计、建设和推广,同时进行交通物联网标准体系建设,并确立服务落地示范工程。主要建设内容如下:

(1)交通物联网"云服务"平台。依托云计算技术,深度整合交通运输行业信息、业务资源、现有业务系统(平台),建设交通物联网应用整合与服务平台,为政府部门、企业、公众用户提供基础数据服务和公众出行数据服务。其中:基础数据服务基本覆盖了人、车、路、环境等全方位的交通信息,可为政府部门和相关企业提供基础性的交通物联网公共应用服务,公众出行数据服务可为公众出行提供全方位的应用服务支持。在此基础上,可开展陆海物流快速通道、出行信息主动推送服务等试点示范项目的建设,实现应用服务的落地。同时搭建交通运输行业物联网应用整合与服务平台集成开发环境,为开发人员提供应用开发平台。

(2)交通物联网标准体系。工程的高度综合性和整合性决定了标准化是其建设过程中的重要技术基础,工程标准体系建设主要包括交通物联网标准体系和交通物联网云平台技术规范及数据元格式等核心标准草案的编制与推广,从而引导和规范行业的健康发展;并通过标准化促进交通物联网系统在全国范围的应用示范和推广。

(3)交通物联网运营模式。交通物联网系统能否实现应用推广及可持续性发展的关键因素之一在于是否有一个成功的运营模式,平台运营主要是为了形成一个产业链上下游合作共赢的良性运营模式,形成围绕信息服务多实体共生、多方共赢的局面,支撑交通物联网应用工程的可持续建设和服务,LBS 应用服务、VICS 系统等成功案例可以给予良好的借鉴意义。

图 10-1 所示的系统架构图中,IaaS 层主要提供弹性可扩展的云服务,包括硬件资源(服务器、存储、网络等)、软件资源(操作系统、ArcGIS 等行业应用软件)以及地图数据资源等;PaaS 层将建设交通运输行业物联网应用整合与服务平台,通过封装的 API 接口等模式为政府部门、企业、开发者等提供数据服务,这里仅初步列出了 12 类数据信息,通过这些数据信息进而可以开发出更多的数据服务;基于 PaaS 层的数据信息,可以在 SaaS 层开展应用示范系统建设,同时也可以为其他用户提供应用示范系统建设的平台。

参考文献

[1] 交通运输部."十二五"综合交通运输体系规划[Z].

[2] 中华人民共和国交通运输部.公路水路交通运输信息化"十二五"发展规划[Z].2011.

[3] 陈超,吕植勇,付姗姗,等.国内外车路协同系统发展现状综述[J].交通信息与安全,2010.

[4] GWENAELLE T,JACQUES B,CLAUDE L. Comparative synthesis of the 3 main European projects dealing with Cooperative Systems (CVIS,SAFESPOT and COOPERS) and description of COOPERS Demonstration Site 4[Z]. 2008.

[5] FRANCISCO R S,VICENTE R T,MARTA P. Deploying harmonized ITS services in the framework of EasyWay project:Traffic Management Plan for corridors and networks[Z]. 2012.

[6] 中国智能交通网.欧洲 ITS 的发展历程与现状[Z].

[7] 陈洪亮,张保忠.交通路线引导系统及其技术发展跟踪[J].中国公路学报,1996,9(2):84-89.

[8] RITA. Research and Innovative Technology Administration. Five Year ITS Strategic Plan (2010-2014) [EB/OL]. http://www. its. dot. gov/strategic_plan2010_2014/ppt/5yr_its_strategic_planv2. ppt.

[9] 中国智能交通协会.美国 ITS 的发展历程与现状[Z].

[10] 中国智能交通网.日本 ITS 的发展历程与现状[Z].

[11] 李宏海,刘冬梅,王晶.日本 VICS 系统的发展介绍[J].交通标准化,2011,8(15):107-113.

[12] 中国智能交通网.国内各城市 ITS 发展介绍[Z].

[13] 吴忠泽.诠释国际智能交通的新动向透析我国智能交通的未来发展"2011 中国智能交通年会暨中国国际智能交通展览会、第七届国际节能与新能源汽车创新发展论坛暨展览会"主题报告[R].2011.

[14] 福建省信息化局.福建省加快物联网发展行动方案(2010—2012 年)[Z].

[15] 唐山平台国家中小企业公共服务平台.中国物联网产业发展现状及展望 http://smets. org. cn/Item/86. aspx[Z].

[16] 朱洪波,杨龙祥,于全.物联网的技术思想与应用策略研究[J].通信学报,2010,31(11):2-9.

[17] 张继红,陈小全.海量交通安全数据的元数据管理研究[J].计算机研究与发展,2011,48(S1):74-77.

[18] 周开乐,丁帅,胡小建.面向海量数据应用的物联网信息服务系统研究综述[J].计算机应用研究,2012,29(1):8-11.

[19] 罗军舟,金嘉晖,宋爱波,等.云计算:体系架构与关键技术[J].通信学报,2011,32(7):3-21.

[20] 陈康,郑纬民.云计算:系统实例与研究现状[J].软件学报,2009,20(5):1337-1348.

[21] 刘正伟,文中领,张海涛.云计算和云数据管理技术[J].计算机研究与发展,2012,49(S1):26-31.

[22] 亓开元,赵卓峰,房俊,等.针对高速数据流的大规模数据实时处理方法[J].计算机学报,2012,35(3):477-490.

[23] 王意洁,孙伟东,周松,等.云计算环境下的分布存储关键技术[J].软件学报,2012,23(4):962-986.

[24] EPOSS. Internet of Things in 2020:Roadmap for the Future[R]. European Union,2008.

[25] 张平,苗杰,胡铮,等.泛在网络研究综述[J].北京邮电大学学报,2010,33(5):1-6.

[26] 童晓渝,张云勇,戴元顺.公众计算通信网架构及关键技术[J].通信学报,2010,31(8):134-140.

[27] YICK J,MUKHERJEE B,GHOSAL D. Wireless sensor network survey[J]. Computer Networks. 2008 (52):2292-2330.

[28] 吴振强,周彦伟,马建峰. 物联网安全传输模型[J]. 计算机学报,2011,34(8):1351-1364.

[29] IERC. Internet of Things Strategic Research Roadmap 2011[EB/OL]. 2012.

[30] 龚金梅,肖红卫,刘消寒,等. 物联网领域关键技术专利分析[J]. 云南大学学报(自然科学版),2012,34(2):152-158.

[31] 胡光武,陈文龙,徐恪. 一种基于IPv6的物联网分布式源地址验证方案[J]. 计算机学报,2012,35(3):518-528.

[32] 朱铨,蒋新华,邹复民. 交通干线无线宽带覆盖网络传输性能研究[J]. 计算机工程与应用,2012,48(9):15-17.

[33] 殷波,王颖,孟洛明,等. 综合迁移成本和通信成本的云计算节能策略[J]. 北京邮电大学学报,2012,35(1):68-71.

[34] 黄訸,易晓东,李姗姗,等. 面向高性能计算机的海量数据处理平台实现与评测[J]. 计算机研究与发展,2012,49(S1):357-361.

[35] MICHAMEL A, ARMANDO F, REAN G. A View of Cloud Computing[J]. Communications of the ACM. ,D oi:10. 1145/1721654. 1721672.

[36] ROBERT L G. The Case for Cloud Computing[J]. IEEE Computer Society. 2009.

[37] ERIC K,GALEN G. What cloud computing really means[J]. http://www. infoworld. com. 2010.

[38] 王晟,赵壁芳. 云计算及其应用研究[J]. 计算机测量与控制,2011,19(12):3152-3154.

[39] 李乔,郑啸. 云计算研究现状综述[J]. 计算机科学,2011,38(4).

[40] 张建勋,古志民,郑超. 云计算研究进展综述[J]. Application Research of Computer. 2010,21(2).

[41] BRODKIN J. Gartner:Seven cloud -computing security risks [J]. Network World. 2008.

[42] COLUMBUS L. Hype Cycle for Cloud Computing Shows Enterprises Finding Value in Big Data,Virtualization[J]. 20120408(http://www. forbes. com).

[43] INFOGRAPHIC Why the Future for Marketers is in The Cloud[J]. 20120801(http://www. uberflip. com).

[44] EKANAYAKE J,FOX G. HighPerformance Parallel Computing with Clouds and Cloud Technologies[J]. Institutefor ComputerSciences,Social-Informatic s andTelecommunications Engineering2010.

[45] FOSTER I,ZHAO Y. Cloud Computing and Grid Computing 360-Degree Compared[J]. Grid Computing Environments Workshop,2008. GCE '08. ,1-10.

[46] 魏先民. 云计算研究现状与发展趋势[J]. 第六届系统建模与仿真技术高层论坛.

[47] 宫彦磊. 基于云计算的车载GPS导航终端的研究与设计[J]. 延边大学,2011(TN967. 1;TP3).

[48] 亚琴. 应用云计算技术 北斗定位系统满足个人导航需求[J]. 科技日报,20110518.

[49] 李少丹. 云GIS_的发展趋势分析[J]. Computer Knowledge and Technology,2011,7(16):3824-3826.

[50] 王者婧. Esri:云计算为GIS带来新机遇[EB/OL][J]. http://soft. chinabyte. com/281/11677781. shtml.

[51] Yin G,Liu Y,Guo G. 云计算在分布式地理信息系统中的应用[J]. 山西电子技术,2010,(6).

[52] 浅述中小企业物流中的云计算[EB/OL]. http://tech. ifeng. com/internet/detail_2012_07/02/15714994_0. shtml.

[53] 潘应麟. 物流行业云计算的机遇与挑战[J]. http://www. cioage. com/art/201103/91186. htm.

[54] 福建省交通物流云计算平台[EB/OL]. http://www. wlfj. cn/openhtml/index. html.

[55] 王聪,王翠荣. 面向云计算的数据中心网络体系结构设计[J]. 计算机研究与发展,(1SSN1000~1239/CN 11-1777/TP).

[56] 米海波,王怀民,蔡华. 面向云计算平台的层次化性能问题诊断方法[J]. 通信学报,2011,32(7).

[57] 刘琨,董龙江. 云数据存储与管理[J]. 计算机系统与应用,2011,20(6).

[58] 拓守恒. 云计算与云数据存储技术研究[J]. 电脑开发与应用,2010,23(9).

[59] 郑徘,崔立真. 云计算环境下面向数据密集型应用的数据布局策略与方法[J]. 计算机学报,2010,33(6).

[60] 吴吉义,傅建庆. 云数据管理研究综述 [J]. 电信科学,2010,(5).
[61] 于戈,谷峪. 云计算环境下的大规模图数据处理技术 [J]. 计算机学报,2011,34(10).
[62] 丁琳琳,信俊昌. 基于 Map_Reduce 的海量数据高效 Skyline 查询处理[J]. 计算机学报,2011,34(10).
[63] 袁文成,朱怡安,陆伟. 面向虚拟资源的云计算资源管理机制[J]. 西北工业大学学报,2010,28(5).
[64] 谢军,张生瑞,胡长水. 交通信息化发展评价[J]. 长安大学学报(自然科学版),2007,27(6):76-79.